读客®图书

分享经济的爆发

[印] 阿鲁·萨丹拉彻 著 周恂 译
Arun Sundararajan

THE SHARING ECONOMY
THE END OF EMPLOYMENT
AND THE RISE OF CROWD-BASED CAPITALISM

文匯出版社

图书在版编目（CIP）数据

分享经济的爆发 / （印）阿鲁·萨丹拉彻著；周恂
译. -- 上海：文汇出版社，2017.4
　ISBN 978-7-5496-2010-4

　Ⅰ．①分… Ⅱ．①阿… ②周… Ⅲ．①商业模式—研
究 Ⅳ．①F71

　中国版本图书馆CIP数据核字（2017）第044653号

The Sharing Economy: The End of Employment and
the Rise of Crowd-Based Capitalism
Copyright ©2016 by Arun Sundararajan

版权登记号 图字：09-2017-099

分享经济的爆发

作　　者 / 【印】阿鲁·萨丹拉彻
译　　者 / 周　恂

出 品 人 / 华　楠
责任编辑 / 金　蕴
特约编辑 / 读客王韵霏　读客姜一鸣
封面装帧 / 读客陈艳丽

出版发行 / **文匯**出版社
　　　　　　上海市威海路 755 号
　　　　　　（邮政编码 200041）

经　　销 / 全国新华书店
印刷装订 / 三河市良远印务有限公司
版　　次 / 2017 年 4 月第 1 版
印　　次 / 2017 年 4 月第 1 次印刷
开　　本 / 710mm×1000mm　1/16
字　　数 / 228 千字
印　　张 / 20.5

ISBN 978-7-5496-2010-4
定　　价 / 59.00 元

感谢我的父母，教会我写作；

感谢我的姐姐阿努，用她的散文与诗告诉我什么是美；

感谢我最亲爱的女儿玛雅，让我每天都有动力畅想和创造更美好的未来。

阿鲁教授在书中指出，创新的实验性与监管的连续性本身存在矛盾，监管者通常需要通过更新现有法律体系使其与创新性服务相适应，否则就会阻碍创新。随着人类进入了分享经济和数字化时代，许多原有的界限正在日益模糊，政府的监管方式也必将逐渐发生演变。而和法律一样，基于市场和技术而产生的信用体系、行业机构、企业品牌这些因素无论在过去还是将来，都将对安全和服务产生重要的影响，而滴滴正在努力将自身建设成为一个值得信任、让用户感到安全的品牌。

——程维，滴滴出行创始人、董事长兼CEO

信息技术颠覆了交通、酒店、银行等行业的形态，工作的性质也因此发生了巨大的改变。萨丹拉彻的著作为我们提供了富有洞察力的指引，有力地推动了分享经济在当今和未来的发展。

——哈尔·范里安，谷歌首席经济学家

萨丹拉彻的第一本书就选择写"还处于婴儿阶段"的分享经济绝非偶然，有了前期的大量研究工作做基础，《分享经济的爆发》一书才显得不仅有意思、有味道，而且有价值。书中引用了大量的实践案例，分析了分享经济对经济、政府监管和劳动力可能带来的影响，对读者了解分享经济很有帮助。将分享经济看作市场经济和礼物经济的"过渡态"、资本主义和社会主义的"混合体"，体现了作者理论创新的勇气。对政策制定者而言，书中总结出的三种新的监管方式——对等监管、自我监管、委托监管，十分值得重视。书中将分享经济活动中的提供服务者称作"微型创业者"，提醒人们要重新看待工作和就业，相信对所有人都能有所启迪。

——张新红，国家信息中心分享经济研究中心主任

当礼物经济从仅限于"关系紧密的社群"扩展到更广泛的社会成员时，分享经济已经成为了一个规模化行为，然而这仅仅是个开始。当我们亲眼目睹诸多领域在工业化社会积累中出现大量产能过剩，变革的脚步开始在各行各业蔓延开来。萨丹拉彻教授无疑是一位最有发言权的学者，他在本书中不仅列举了大量将分享付诸实践的企业案例，同时也深入浅出地阐释了社群、信用、数字化等决定性因素在经济发展中的作用。或许本书并没有对我们未来生活的场景做大量的预期，但你一定可以通过阅读，发现经济转型期的机遇与挑战！

——张剑，纳什空间CEO

科学技术，特别是信息技术的发展，推动了许多行业的变迁，商业模式被重新塑造（特别是过往的行业边界不断被打破），公司组织架构被重新建构，去交易中心化进程加速，自由职业者比例大幅度上升。阿鲁·萨丹拉彻教授为我们梳理了这些变化的起因、发展以及未来的发展方向，引导我们更深入地了解未来的经济变化。对于身处分享经济的从业者而言，毫无疑问，本书称得上是"分享经济的指导手册"。

——黄涛，FUNWORK联合办公创始人

分享经济创造了一种全新的商业模式。它并不仅仅是在传统商业上启用新的数字化形式做简单的"互联网+"，而是让用户以低成本获得之前无法拥有的高质量的产品和服务。这是一种全新的商业革命。犹如住百家在分享经济领域，

作为一家以住宿为核心的个性化旅游产品公司,给用户提供的是一种全新的高品质轻奢化的个性化旅行方式。而在之前的传统旅游行业,这种私人订制的服务的价格是非常高昂的,而且不可规模化。现在通过分享经济,我们可以让更多的用户负担得起,做到真正的普惠性。在分享经济的变革下,工作和生活模式也发生了改变,对市场的监管方式也将有所不同,社会保障体系会受到巨大的冲击。在《分享经济的爆发》一书中,作者对分享经济中可能出现的监管问题以及未来工作模式的解读,得我们每一位从业者仔细去体会。

——张亨德,住百家创始人兼董事长

未来,分享经济一定会进入快速发展的阶段,分享经济将推动产业的发展和变革,成就企业的商业价值和社会价值的协同。在中国,相比打车、住宿等相对标准化的产业,分享经济在ToB市场领域的发展还需要进一步推动。猪八戒网通过十年的努力证明了智慧共享无论对于雇主端的利益最大化,还是对于服务领域从业者的孵化成长都是有帮助的,我们希望再花十年的时间推动分享经济在中国的蓬勃发展,推动分享经济平台服务成为主流市场的有力支撑。《分享经济的爆发》一书,介绍了大量国外成功的分享经济案例,还提出了分享经济中最重要的监管问题,非常值得从业者学习和借鉴。

——朱明跃,猪八戒网创始人兼CEO

从"分享经济元年"——2015年开始,分享经济在不到两年间以裂变之势汹涌而来,深刻改变着大众的衣食住行、工作、健康、娱乐等生活的方方面面。从国外的Uber、Airbnb、Wework,到中国的滴滴、ofo、优客工场、小猪短租、在行等,分享经济推动着我们迅速进入一个"分享新纪元";同时,也酝酿出巨大的商业和创业机会。全球超级独角兽(估值超过100亿美元的创业公司)中,分享经济型企业超过1/3。萨丹拉彻的这本《分享经济的爆发》,是你快速洞悉分享经济、追赶分享经济大潮的秘笈。

——高超,优客工场执行合伙人兼首席市场官、原Uber中国公关总监尽管何为"分享经济"在学术界还尚存争议，但是我们已经在享受分享经济带来的便利了，无论租房、出行还是购物……为什么我们愿意接受这些服务？他们与传统的提供者有什么样的区别？针对分享经济，政府监管又该发生哪些变化，如何与其相匹配？《分享经济的爆发》一书考察了分享经济的缘起和影响，并对政府监管提出颇有洞见的建议。在作者看来，分享经济和传统的经济形态最为重要的区别就是信任，不仅是对机构的信任，还有对品牌的信任。因此有效率的监管应该是着眼于分享经济的信任机制——即依赖于数字创建的社群信任，而不是比照传统经济形态。这些建议值得中国的监管机构借鉴。

——傅蔚冈，上海金融与法律研究院执行院长

这么多年来我发现大家都很焦虑，原因是怕跟不上时代，跟不上社会进步的脚步。科技进步太快了，每一个个体都很渺小。但我们若能用分享的思维来做事，我们的焦虑症可能会减轻很多，因为群体的智慧通常高于个体。

——王利芬，优米网创始人

分享经济是闲置资源再分配，从而产生新价值的一种全新商业模式。滴滴将打不到车的人和拥有闲置座位的车主联系在了一起；Airbnb为想体验民宿的游客提供了当地人家里闲置的房间；摩拜和ofo为我们解决了"最后一公里"的出行问题……《分享经济的爆发》这本书，为我们揭示了分享经济的本质与价值，强烈推荐给每位创业者，期待你们在分享经济的大潮中抓住更多的机会。

——金错刀，爆品战略研究中心创始人

尽管我们已经看到了分享经济带来的财富，但是它对商业和日常生活的巨大颠覆还没有到来。在经济形态的巨大转变中，没有比萨丹拉彻的著作更好的指导了。

——埃里克·布莱恩约弗森，《第二次机器革命》作者

萨丹拉彻在本书中阐述了有关分享经济的所有话题，逻辑严密，又非常具有可读性。他清楚地表明，这种新的经济形态没有一个固定的模型，但是它代表了人们对公共设施、资本、劳动和就业的思考上的一切深刻转变。

——克莱·舍基，《认知盈余》和《人人时代》作者

　　纽约大学斯特恩商学院教授阿鲁·萨丹拉彻的新书《分享经济的爆发》，提出了"群体资本主义"这个名词。在他看来，分享经济就是一群消费者通过一个平台与一群供应商取得联系，并获得服务。这并不是一种业务，而是一种促进可持续发展的方式。

——《纽约时报》（The New York Times）

　　萨丹拉彻在《分享经济的爆发》一书中最主要的一个观点是，分享经济犹如一次工业革命，自我就业程度越高，点对点交易越普遍。在这种经济形态下，信任成为了一种主要的流通货币。分享经济开创了一种全新的经济模式——资本主义与社会主义的中间地带，在这里，雇主和雇员的边界是模糊的。

——《金融时报》（The Financial Times）

　　《分享经济的爆发》这本书让我们看到作者对分享经济的乐观态度。然而，他也表示，在新兴数字经济中将分出赢家和输家，公众必须重新思考社会安全网络并找到建立它的方式。

——《华尔街日报》（The Wall Street Journal）

　　《分享经济的爆发》中介绍了大量的案例，非常吸引人。萨丹拉彻对这些案例的分析不只停留在表面，还进行了深入的研究。

——《华盛顿邮报》（The Washington Post）

过去，我们免费把自己的车借给朋友，替他们跑腿，或让他们住在自己闲置的房间里；如今，这些行为越来越多地发生在陌生人身上，并会收取一些费用。在《分享经济的爆发》一书中，萨丹拉彻探讨了这种点对点交易的新的经济形态——分享经济，不仅增加了人们赚钱的机会，还让更多闲置的资产产生价值。

——伦敦政治经济学院（London School of Economics and Political Science）

在亚马逊网站上搜索"分享经济"时，会得到大约2600个相关信息的推荐。但其中只有一小部分具有学术价值。纽约大学斯特恩商学院教授阿鲁·萨丹拉彻的最新著作《分享经济的爆发》，是一本非常值得读的书。萨丹拉彻将自己的研究和经济学、社会学、心理学和计算机科学结合在一起，对新经济如何重塑社会、如何完善监管制度进行了宝贵的分析，并提出了如何建立信任的建议。

——《斯坦福大学社会创新评论》（Stanford Social Innovation Review）

我们每天都能在《纽约时报》和英国《卫报》的页面上看到"分享经济"的信息。纽约大学教授阿鲁·萨丹拉彻知道，一股新经济的浪潮已经席卷而来。他是全球最懂分享经济的学者，所以当我拿到他的首部著作《分享经济的爆发》时，相当兴奋。萨丹拉彻为我们开启了分享经济时代的大门。

——《今日管理》（Management Today）

萨丹拉彻充分挖掘出了分享经济的巨大价值。萨丹拉彻在本书中描绘了一幅美丽的蓝图。在分享经济时代，公司和平台的革命性改变必然带来未来工作形式的颠覆。

——TED

程维

（滴滴出行创始人、董事长兼CEO）

  第一次与阿鲁·萨丹拉彻教授会面，是在2015年的夏季达沃斯论坛，
我们同台讨论了关于分享经济在全球以及在中国发展的一些问题。说实话，
当时滴滴和快的刚刚合并不久，正在面对财大气粗的Uber大举进攻，无论是
内部整合，还是外部竞争，都存在很大的压力。然而，和阿鲁教授的交流使
我意识到，重要的不是我们面前有多少困难，而是我们所选择的道路是否正
确，是否符合人类社会和技术发展的方向。换句话说，作为企业，我们的产
品是让这个世界更好，还是仅仅在重复一些已经被验证失败、落后于时代的
经营模式？

  也是在那个时候，我、Jean（柳青）以及滴滴的团队决定，分享经济将
成为滴滴未来发展的重要战略和核心价值之一。因为我们都清楚地看到，仅

仅通过技术让固定数量的出租车和乘客的信息更加对称，通过网约车增加运力，都无法彻底解决城市出行的潮汐问题。如果一个城市，提供出行服务的只有全职司机，那么其数量必然只能够按照平峰期来设计，一旦高峰期必然出现运力不足的情况。而在高峰期、某些地段和时间打不到车的窘况必然又将进一步坚定了人们想自己拥有一辆汽车的愿望，于是私家车的不断增长造成路面拥堵，整个城市的交通就愈加濒临崩溃的临界点，出行就愈加艰难。

为了使我们的城市不陷入这样的恶性循环，分享经济似乎是唯一的出路。当提供出行服务不再是少数专职人员的"特权"，而是在确保司乘安全的前提下，所有合法驾驶车辆的人只要出于自愿（不管是因为纯粹的善意还是部分的经济利益），都可以将自己的车辆和时间分享出来，为需要的人提供出行服务，那么城市出行的运力瓶颈就将被打破，在不增加车辆的情况下让更多的人可以方便地出行。

于是，在接下来的两年时间里，我们上线了快车和顺风车，后来又上线了快车拼车。所有这些产品的终极目标只有一个，就是要用更少的车满足更多人的出行。今天在滴滴的平台上，我们不仅实现了让上千万的私家车主将自己的汽车和时间分享出来，同时还让上亿的乘客自愿与顺路的陌生人分享空闲的座位，这在过去是不可想象的。

一组令人激动的数据或许可以让我们了解到分享经济在中国的蓬勃发展，2016年，超过1750万司机在滴滴平台上通过网约车获得了灵活就业和收入机会，每天有207万网约车司机在滴滴平台上获得平均超过160元的收入。滴滴平台上每天有超过2000万次出行服务，其中200万次是通过快车拼车出行。而在2017年春运期间，共有848万人通过滴滴跨城顺风车往返于故乡和工作的城市，比2016年春运增长了3.46倍，达到整个中国民航春运客运量的14.5%，相当于增开13046列8节动车组或3855列18节绿皮火车。

高速的发展也让我们感到了前所未有的压力和责任，正如阿鲁教授在这本充满真知灼见的书中所描述的，分享经济在带来众多价值的同时也给原有的管理体系带来了不适应性。正如Airbnb与传统酒店行业发生的矛盾一样，我们往往很难简单地去判断对与错。应不应当允许一位纽约的退伍军人将房间分享给游客，使其能够有能力支付其公共政策课程的学费？应不应当允许巴黎的一位单亲母亲用空闲的房间赚取自己和孩子的生活费？如果不允许，不光对社会资源来说是一种浪费，而且对于这些房主来说简直是不人道的，而如果允许，那么如何区分分享经济与专业酒店之间的区别，更重要的是，如何保证房主和租客双方的安全？

同样的事情也发生在滴滴平台上，人们都支持将闲置的车辆和座位分享出来，也都对一个人驾驶一辆车的行为感到浪费，人们也都认同传统出租车的数量和价格管制、份子钱和财政补贴并不能解决打车难和服务差的问题。然而当变革真正发生时，问题的复杂性也显露出来了，从最基本的服务纠纷到交通事故，再到政策法规，人们在拥抱分享经济的同时也充满了担忧和质疑，就像汽车和飞机刚刚出现时一样。

然而正如阿鲁教授所说一样，不管产业法律法规和人们的观念在今天表现得如何根深蒂固，它都是不断进化的系统的一部分。而作为企业来说，通过不断提升技术和规则来完善服务和安全，不仅仅是出于推动系统加快进化的需要，更是自身的一种责任。

因此，在过去一年的时间里，滴滴先后上线了司机三证验真、犯罪背景筛查、人脸识别、行程分享、紧急求助、隐私号码保护等多项安全保障机制，我们给发生交通意外事故的司机和乘客提供先行垫付医疗费用和单人最高120万元的保险，我们通过服务分来提升司机的服务质量，同时我们也通过平台垫付机制来替一些忘记付账或故意赖账的乘客给司机支付车费，以保障司机的权益。

阿鲁教授在书中指出，创新的实验性与监管的连续性本身存在矛盾，监管者通常需要通过更新现有法律体系使其与创新性服务相适应，否则就会阻碍创新。随着人类进入了分享经济和数字化时代，许多原有的界限正在日益模糊，政府的监管方式也必将逐渐发生演变。而和法律一样，基于市场和技术而产生的信用体系、行业机构、企业品牌这些因素无论在过去还是将来，都将对安全和服务产生重要的影响，而滴滴正在努力将自身建设成为一个值得信任、让用户感到安全的品牌。

最后，我希望这本书中文版的出版，可以引发国内关注分享经济的政府、研究者和企业在现有基础上更深一层的思考和实践。尽管中美之间隔着一个太平洋，然而书中许多的内容并不会让中国读者感到陌生。毕竟，互联网让这个世界的联系越来越紧密，而知识和思想正是人类最为古老而永恒的分享经济。

程维

2017年3月

前 言

生命中我们在意的那些东西不再是它们本身。它们有生命，能与我们互动，并承载着一段我们生命的历程。

——布莱恩·切斯基，Airbnb CEO

Introduction

我住在曼哈顿，我没有车，这并不奇怪。在曼哈顿，仅有不到四分之一的家庭拥有私家车。有时候我也需要用车，但是在曼哈顿很难找到一辆空着的出租车。我经常需要走上几英里到皇后区或新泽西州才能找到一辆，租金约100美元一天。

然而，在我公寓周围的街道上就停了上百辆汽车，从老旧的科罗拉到崭新时髦的宝马（不过我还没发现特斯拉，那是我真心想开的车）。回想我女儿读小学二年级的时候，我经常在早上赶时间送她上学。在那许多个寒冷的冬日清晨，我一边疯狂地拦出租车，一边想如果我能借用一下旁边停着的某辆车，把女儿送到学校后再把车开回这里，在仪表盘上放上10美元和一张写着"谢谢"的字条，这样会不会更好。

现在有一个公司做到了。通过手机就能即时借到别人闲置的车，每次可以借用1小时，费用是10美元。这个公司是Getaround（我在2011年偶然接触到了Getaround，但并不是因为早上赶去学校而急需一辆车，这个故事我会在后面讲述）。2012年12月，当我读玛丽·米克尔（Mary Meeker）的年度《互联网趋势报告》（*Internet Trends Report*）[1]的增刊时，我想到了Getaround，以及曼哈顿地区形成的点对点（peer to peer，P2P）车辆借用体系的景象。

米克尔，20世纪90年代后期网页时代的先锋科技分析师，从1995年开始发表极具影响力的年度报告。增刊的重点内容是我们正重新塑造所有事物，从"人机交互"到"借用"，将促进轻资产（asset-light）一代的崛起。从商业不动产、人力资源到个人银行、旅游、娱乐和交通，米克尔描述了一系列数字化的商业模式和消费者体验，这些都加剧了工业时代商业架构的瓦解。在她的幻灯片中有一系列所谓重资产（asset-heavy）时代与轻资产时代对比分明的图片，包括：一位老年音乐发烧友站在一箱箱唱片中的照片和来自流媒体音乐（streaming music）平台，如Spotify、Pandora、iTunes的截图；高耸的华美达酒店和在点对点租房平台Airbnb上出租的一间树屋；全职工作者规规矩矩地坐在格子间和基于互联网的自由职业者随性的工作场所。

米克尔的幻灯片表达得像儿童图书一样简单易懂，只供某一个人使用的物品、实体机构、硬通货、格子间、固定工资以及铁饭碗正在退出时代舞台，共享访问、虚拟交换、电子货币以及弹性需求工作制已经登上舞台。

翻看米克尔的幻灯片，我知道她预测的轻资产一代仅仅是正在到来的经济社会巨大转变的一个侧面——这场剧烈的变革将改变经济组织形式，并不断扩大其影响，主导本世纪人类社会的发展。我们称之为"分享经济"的各种行为（组织）都是未来社会的早期模型，未来点对点交换将越

---

1 参阅http://www.kpcb.com/blog/2012-internet-trends-update，查看2012年12月更新的《互联网趋势报告》，以及参阅http://www.kpcb.com/blog/2012-internet-trends，查看2012年5月的报告。

来越流行，"群体"将代替公司成为资本的中心。

一场剧烈的变革已经到来。在过去20年，这样的话听得实在太多。由于持续的变化，特别是数字技术带来的不利变化，公司高管似乎都要失业了。在大多数情况下，人们需要尽力避免的急速破坏，正是硅谷投资人积极追求的财富预兆。我们长期受到TED演讲的影响，总是期望有大胆的言论说数字技术会促进技术变革，或者它是解决世界问题的灵丹妙药。所以，如果有人对本书关于未来变革的论断表示不屑或是怀疑，我都不会感到惊讶。

下面我们通过几个例子来了解到底什么是"分享经济"。已经有许多人（仅截至2016年年初就有7000万人[1]）通过Airbnb租房平台在他们旅游的城市或小镇里租到了住处，也许是一间空闲的卧室，也许是一整套房屋。另外许多人通过Love Home Swap房屋交换平台交换了他们的房屋，Love Home Swap是黛比·瓦斯科（Debbie Waskow）的会员平台。2012年2月，曾任职于互联网新闻博客Mashable的艾丽卡·斯沃洛（Erica Swallow）（科技企业家，也是我最喜欢的纽约大学毕业生之一）在我大学课堂上探讨她出色的关于分享经济的早期文章时，我第一次知道了这个平台。你还可以使用Lyft、Uber等应用平台来满足你的短途交通需要，这些平台可以帮助你与有车而且愿意搭你一程的司机联系上。如果专车或者出租车都不能满足你多变的需求，在中国，你可以使用滴滴巴士预订一个班车的座位；在印度，可以通过Ola叫一辆机动三轮车；在美国，你可以通过点对点租车平台Getaround和Turo（之前叫RelayRides）租用别人的汽车几个小时，甚至几天；类似地，还有法国和德国的Drivy、荷兰的SnappCar、英国的EasyCar

---

1 参阅https://skift.com/2016/01/31/airbnb-cto-and-3-tech-ceos-discuss-the-digital-platform-economy-at-davos。

Club，以及新西兰的Yourdrive。你也可以通过社交就餐平台去别人家里享用大餐，这些平台包括巴塞罗那的EatWith、纽约的Feastly，以及巴黎的VizEat，这些平台让烹饪爱好者可以邀请他人来分享自己的美食。哪怕你只有100英镑的流动资金，你也可以利用点对点借贷平台融资圈向你中意的微型企业提供20英镑或更多的有息贷款。[1]你也能通过劳务市场应用平台Handy、TaskRabbit以及Thumbtack，提供清洁工、勤杂工、水管工、电工及油漆工等服务（或者订购这些技术工种的服务）。

想要获得这些服务非常简单，只需要两步。第一步，安装这些应用；第二步，使用你的Facebook实名账号认证你的身份。成为一名供应者，提供这些共享服务也非常简单。《时代周刊》（*Time*）2015年2月刊登了一个有趣又有料的封面故事《分享经济轶事》（*Tales from the Sharing Economy*），作者是专栏记者乔伊·史坦因（Joel Stein），文中叙述了他作为一个分享经济的供应者经历过的不同身份变化。他写道："除了租车公司老板，我还是出租车驾驶员、餐馆老板和交易商。"文中还提到他之所以没能提供狗舍和旅馆服务，是因为受到了"亲爱的妻子卡珊德拉"的反对。

如果这些行为——租房、搭车、租车、分享美食、借钱以及提供家政服务等都让你觉得不新鲜，这并不奇怪，因为它们的确不是新事物。而它们新的地方在于它们不是"礼物经济"（gift economy）时代的简单交换，而是由钱来作为中介。史坦因所举的分享经济的例子都有一个共同标志，就是"商业化"，这正好说到点上了，因为所有共享的东西——空间、汽

1　尽管英国借贷平台Funding Circle现在对美国和全球的投资开放，但是该平台在美国的商业模式与其他地区不同。对于美国的借款人来说，大部分贷款方都是商业银行，而个人不能将许多小额贷款合并为高额贷款。文中使用了英国货币的例子，因为这种投资模式是英国所特有的。

车、食物、钱，还有时间——它们都不是免费提供的。你获得服务就要付费，你提供服务就能收费。

下面我们来想一想，点对点的商业模式到底是不是创新。世界经济在大公司主导下发展了几年，以及经济组织方式在人类历史中是怎样发展的？事实上，带来规模化生产、规模化分配和现代协作方式的工业革命仅仅发生在200多年前。[1]经济历史学家艾尔弗雷德·钱德勒（Alfred Chandler）在回顾美国现代资本主义历史的著述《看得见的手》（*The Visible Hand*）中生动描绘了那个时代美国经济的状况：

> 1790年，（美国）经济主体仍然是普通商人。在这样的经济体中，家庭仍然是基本经济单元，家庭式农场无处不在……少量家庭外的制造业仅有小商店里的工匠……正如萨姆·沃纳（Sam Warner）描写的美国工业革命前的费城："小镇经济的核心元素就是一个人经营的商铺，大多数费城人自给自足，很少人有助手。"

快速浏览经济的发展史，我们会发现在工业革命之前，绝大多数的经济行为都是发生在个体之间，植根于社群并且与错综复杂的社会关系交织在一起。[2]让商业交换顺利进行需要的信任感，大部分来自复杂的社会关

---

1 我不知道工业革命开始的确切日期，虽然我读过的书大部分都认为是1750–1800年之间的某个时候。参阅罗伯特·卢卡斯（Robert Lucas，2004）。
2 在《石器时代经济学》（*Stone Age Economics*）一书中，马歇尔·萨林斯（Marshall Sahlins）将经济交换作为一种文化现象进行了有趣又深刻的描述。他将石器时代的经济交换分成不同类型，并提出了有些违背人类直觉的观点，认为这是最初的富裕社会。虽然他的一些观点在后续研究中一直存在争议，然而这种说法本身并不重要，更有趣且更重要的是，他对经济交换类型的描述。对交换（以及货币）的历史有更大兴趣的读者，可参阅大卫·格雷伯（David Graeber，2011）。

系。[1] 我想大家都认同招待客人、分享食物、搭顺风车或者向朋友借钱等不是现代人才有的行为。然而从事小规模的创业公司、贸易公司或者手工艺制造的个体经营者，从根本上说也不是现代的产物。事实上，在20世纪初，美国有近一半有薪劳动者是个体经营。[2] 到1960年，该人数比例下降到了15%（详见图0.1）。[3] 但在1900年前，自我就业者占比很可能超过了50%。

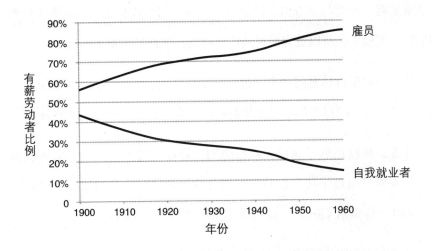

图 0.1　有薪劳动者（1900—1960年）

在20世纪前几十年，就业情况就发生了如此巨大的变化，一个重要原因是整体经济从农业（当时农业主要由个体经营者组成）向其他谋生方式转变。但同时，即使非农业行业内，个体经营者（非雇员）比例也从1900年的近30%下降到了1960年的10%，并在之后50年内，在大公司主导的美国

1　第6章更详细地讨论了经济交换中信用发展史的一小部分内容。
2　我之所以以美国为例，是因为据我所知，它关于"雇用"的经济历史数据是最多的。参阅斯坦利·莱伯哥特（Stanley Lebergott，1964，table A-4）。
3　图0.1中排除了无收入的家庭劳动者、没有雇员的注册企业以及家政从业人员。感谢纽约大学商学院的同事、经济历史学家理查德·希拉（Richard Sylla），因为他阐明了这个主题。

经济下基本保持不变。[1]

由此，我不仅仅认为**工业时代只是人类历史的短暂一瞬，而且认为分享经济的交换方式、商业模式及雇用方式都是历史的延续**。今天，数字技术就要把我们带回过去熟悉的相互分享、个体经营以及以社群为基础的交换模式中。从分享经济的基本属性和协作方式上看，它都不是"全新"的。这个特点非常重要，因为与生造出来的新的消费或雇用模式相比，它是由人们熟知的事物发展而来，所以更容易得到广泛接纳，从而产生更大的影响。

这里我们很自然要问一个问题：分享经济到底有什么创新？如果这些看起来是"创新"的行为都是过去早就有的，为什么人们还会如此兴奋？

首先，科技拓展了我们经济行为的"社群"范围，超越了家族、朋友圈，扩大到了由数字技术按照需求划分的亚群体，使我们能参与到社会学家朱丽叶·斯格尔（Juliet Schor）所谓的"陌生人之间的分享"中。[2]

其次，科技推动资本市场蓬勃发展，促进"分享"和创业行为急剧扩增，超出过去水平几个数量级，商业资源从传统大公司流向了数字时代的创业群体。正因为此，我有时也将本书的主题命名为"群体资本主义"（crowd-based capitalism）。

1　参阅斯坦利·莱伯哥特（Stanley Lebergott, 1964, table A-4）。我利用表A-4的数据来计算非农业劳动者的百分比。另外我仍然排除了无收入的家庭劳动者、没有雇员的注册企业以及家政从业人员。今天在美国劳动力中"独立劳动者"的百分比取决于你如何定义"独立劳动者"。然而值得注意的是，在美国没有雇员的注册企业的数量在过去的10年中快速增长，2014年超过了2300万家。

2　在朱丽叶·斯格尔的文章《关于共享经济的讨论》（*Debating the Sharing Economy*）中提到："这个行业的新颖性被高估了，还有一些新生事物还在继续发生着，比如我所说的'陌生人间的分享'。尽管也有例外（比如，在古希腊的精英旅行者），但人们自古以来基本都将共享行为限制在自己的社交网络内。今天的分享平台促进了那些互不认识、没有共同的朋友也没有任何关系的人们之间的分享行为。"参阅http://www.greattransition.org/ publication/debating-the-sharing-economy。

2010-2015年年间，投身新资本市场的创业公司就已经从投资方获得了数量惊人的投资额。图0.2展示了全球最活跃的应用平台获得风险融资的情况，图中的好几家公司都是估值超过10亿美元的"独角兽"。

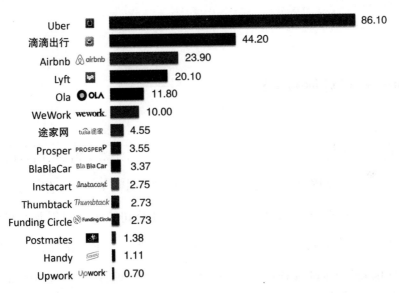

图 0.2 部分分享经济平台及其截至2015年的风险融资情况（单位：亿美元）

但是随之而来的巨大变革带来的影响是远远超过这些风险投资活动的。分享经济将迅速改变工作的意义，我们对市场的监管方式将根本改变，基于雇用方式的社会保障体系将受到巨大冲击。我们融资、生产、分配、消费产品和服务的方式，以及城市基础设施都将得到升级。经济活动的新组织方式将使我们重新定义谁值得信任、为什么信任他、什么是机会，以及人与人之间会感到有多靠近。

近几年，我对这些新发展非常着迷。但在2011年，当我注意到点对点市场的急速扩张时，我迷惑了。我从20世纪90年代后期开始一直从事关于数字科技对经济社会影响的研究和教学工作。第一家在网络上实现点对点模式的公司是1995年创立、1998年上市的eBay公司，截至2015年，它仍然非常成功。但为什么Airbnb及其他公司要等到2007年才出现呢？在这之前到底缺少了什么呢？

Airbnb——设计你的世界

我第一次遇见Airbnb的首席执行官布莱恩·切斯基（Brian Chesky）是在2013年的一个晚宴上。那个晚宴在曼哈顿Hell's Kitchen地区的一个高楼里举行。在那里，我与作为主人的Airbnb公司、纽约的创业者和倡导"分享经济"的学者共聚一堂。切斯基是毕业于美国罗德岛设计学院（Rhode Island School of Design，RISD）的设计师，他将自己创立Airbnb这段勇闯创业领域的经历视为他人生的第五个阶段。"我从小就非常喜欢曲棍球，去加拿大的青年运动学院学习过曲棍球，但后来我发现我可能当不了职业球员。"2015年春的一次演讲上他回忆道。之后，在尼什卡纳高中（Niskayuna High School）时，一名老师发现了切斯基的艺术才能。"那时，我非常崇拜画家诺曼·洛克威尔。"他说。这名老师鼓励他追寻艺术之路，促使他在年仅16岁时就取得了很高的艺术成就，他的作品曾在美国国会大厦展出。之后他来到罗德岛设计学院继续艺术深造，在这里他学习了工业设计。从这时起，他认为自己开始了另一个阶段。

在他开始创立Airbnb时，他只是把它当作一次普通的创业。"2007年10月，我们创立Airbnb仅仅是为了能支付房租。我记得当时的房租是1150美元，房租刚刚涨价。当时有一个周末，国际设计大会要在旧金山举办，所有旅馆都被预订满了。于是，我们有了一个点子：可以利用我们的房间向参会的游客提供床位和早餐。乔·吉比亚（Joe Gebbia）（Airbnb的联合创始人，他也是切斯基的大学同学和当时的室友）有三个充气床。我们把床从柜子里拿出来，把它们称为'充气床和早餐'（AirBed and Breakfast），也就是'Airbnb'的由来。

"那时的目的很单纯，同时也帮助别人解决了困难——我想里面还有一点美好的善意。"他继续说。当然，我在2013年遇到切斯基时，他和他的创业伙伴乔·吉比亚、内森·布莱查克杰克（Nathan Blecharczyk）早已将他们的服务从简单的"充气床和早餐"变成了一个全球化的平台，有成千上万的"房主"通过这个平台出租他们闲置的卧室、公寓、整幢房屋、树屋、海边度假屋、游船，更有上百万的租客，他们还获得了上亿元的风险投资。直到2016年，他们指数级的增长仍然没有停止。布莱查克杰克在2016年达沃斯世界经济论坛的一个小组讨论会上表示："至今为止，有7000万人租住过别人的房屋，而仅去年一年就有4000万人，所以去年一年的人数就超过了以往的总和。"

我时常感到Airbnb的商业模式充满希望，一部分原因就是它的高效率。一些人有不经常使用的房屋，另一些人有短期的住房需求。如果一个互联网平台能连接有房的人和需要房的人，不是在某个点上就存在了商业利润吗？不用花数十亿美金去建造供人们短期住宿的房间——也就是旅馆——为什么不挖掘全世界已有的上百万间空房和有空闲时段的房屋的价值呢？

Airbnb的例子就是时代的缩影，从中可以看出分享经济在其基本商业原理上就优于工业时代。从Airbnb及其同类公司引起了政府监管部门的高度兴趣上，也能从侧面说明两者的新老差异。在过去，专人经营旅店的时代为保护消费者的安全形成了相关管理规定；而Airbnb出现后私人房屋与出租屋的界限混乱，那些原来的管理规定应该早就不适合现在的世界了吧？另一种不同的管理方式会不会已经在点对点平台上悄然兴起了呢？

然而我对Airbnb的兴趣远不止因为它是一个成功的企业。它早已成为了一个成熟的组织，它的公共关系、市场营销都是我所见过的分享经济创业公司中最优秀的。它和政府的关系十分微妙，甚至可能是最不配合的（经常与Uber形成鲜明对比），而支持它的群体则真诚地喜欢这个平台以及它的企业文化。2014年11月，在写给《哈佛商业评论》（*Harvard Business Review*）的一篇文章中，我对比了这两大分享经济巨头的"企业文化"，猜测两者之间的差异可能与切斯基的设计背景有关。

切斯基同意我的推测。"我的一个人生原则就是要生活在自己设计的世界里，"他告诉我，"可以是你的日常生活、你的公司或者是你愿意生活的世界。我想我们重新思考了很多才开始了我们的核心业务，形成我们的文化。我们的文化是设计出来的，我从不相信必然和命运。我只相信不管你有没有设计出一个文化，它都将诞生，所以你最好还是自己设计它，否则可能你一生都无法喜欢上它。"

这是一个激励人心的人生哲学——设计你的世界。如果你不设计，别人会替你设计，但你可能一生都没有办法喜欢上它。

但是我又在疑惑，对我们未来的监管体制来说是不是也是这样呢？

滴滴出行——未来的出行方式

在全球范围内探讨分享出行时，Uber受到的媒体关注最多，但它还远不能算是世界上最大的按需出行服务供应商。从绝大多数的指标来看，比如每日出行数量、司机总数量、乘客总数量，这个称号都属于中国的巨无霸企业"滴滴出行"。截至2016年夏，滴滴就拥有了超过1400万的司机和超过3亿的活跃用户（相比之下，截至2016年秋，Uber在全球范围内仅拥有5000万名乘客）。

除中国外，世界上大多数人第一次听说滴滴出行是在2016年8月，当时它以70亿美元的交易价格购买了Uber在中国的运营权。这次收购奠定了滴滴在中国按需出行市场的主导地位，也使其估价达到了350亿美元。对于一个诞生至今仅四年的公司，对于竞争激烈的中国出行市场来说，这次收购都是里程碑式的。反之对于Uber，这是一次罕见的失利。Uber在全球其他地区大多成功占据了绝大部分市场。但在中国，这一次却与以往不同。滴滴拥有着超过100亿美元的战略资金和有影响力的投资者，此外还深入了解中国国内的商业动态。这是一个令人生畏的竞争对手，在与Uber对峙的整个时期，滴滴的市场份额始终远高于80%。

滴滴出行是在2015年2月由滴滴打车（由前阿里巴巴公司经理程维创立）和快的打车合并而成。在合并时，这两家公司各占中国分享出行市场的一半份额。截至2016年年底，程维仍然担任合并后公司的CEO，与总裁柳青共同统领这间公司。柳青早在滴滴打车时期就是一名有影响力的领导者，同时她也是联想公司（Lenovo）创始人柳传志的女儿。这间公司有大约5000名员工，平均年龄仅为26岁。最明显的证据就是，2016年6月在我访问滴滴出行北京总部的一整天里，几乎全天的会面中，我都是人群中年龄最大的一个。

我跟滴滴的交流始于2015年夏。当时，我与程维在中国大连举办的达沃斯世界经济论坛上相遇，并同台讨论了按需经济的崛起。当时，他们的服务产品种类以显著的速度进行扩张。程维说："一年前，我们的平台上只有出租车服务，而没有专门的私家车服务。大约五个月前，我们开始向出行者提供非出租车的私家车服务。三个月前，我们推出了停车服务，一个类似于Airbnb的C2C服务。一个月前，我们涉足了公交车服务。"毫无疑问，这间公司的服务涵盖了地面交通出行的所有领域，从按需驾驶服务和豪车试驾服务到成本更低的社交分享出行以及"滴滴公交"。他们的首席发展官李建华博士在我访问滴滴公司时对我说："中国的出行市场不仅是最大的，其需求也是最多样化的。"

滴滴成功抵御了资金充足的Uber的挑战，同时又具备如此迅速的多样化能力，它是如何做到的呢？一部分原因在于，滴滴的企业文化中将社交性和竞争性独特地结合了起来，而另一部分则归功于程维自身对军事历史和战争策略研究的爱好。在2016年10月《商业周刊》（*Business Week*）对程维的一次采访中，他说，2015年他向员工喊出的口号就是"不成功便成仁"。程维还进一步反驳了媒体所声称的滴滴战胜Uber是因为中国政府的隐性帮助。他提到滴滴已经花了数千万元去支付政府的罚款，而且有一定政府背景的公司，比如广州汽车和中国人寿，都是Uber的投资者，而不是滴滴的。

滴滴目前的发展轨迹显示他们正走在一条康庄大道上,他们不仅将主导中国分享出行这个市场,还将主导中国的整个出行市场。在世界各地,汽车业有着巨大的产能过剩。仅美国人每年就将花费大约一万亿美元购买新车和二手车,而截至2016年,中国的汽车市场作为世界第二大市场,其规模已达到美国的一半。与此同时,世界各地的政府花费数十亿美元去建造复杂的公共交通系统,却往往给城市经济带来巨额支出和周转不灵等有害后果。随着完全自动驾驶汽车技术的成熟,类似滴滴这样的应用预示着一种新的以人群为基础的公私伙伴关系,即并非创建新的集成中心化系统,而是通过数字技术利用分散的过剩产能,这些应用能否给城市交通基础设施建设带来另一种思路。

按需服务工作方式的崛起

滴滴出行,包括美国的类似平台如Uber和Lyft等,与Airbnb的区别之一在于服务"提供者"每周所付出的时间不同,前者要远多于后者。服务"提供者"指的是,通过平台来分享自己的时间和资产以提供服务的人群。尽管Lyft当时的政府关系部门负责人大卫·埃斯特拉达(David Estrada)在2014年告诉我,Lyft三分之二的司机每周工作不到15个小时,这样的工作量更接近"兼职",但现在他们的工作时间已经长得多了。其他各种类别的服务提供者情况也都一样,如在TaskRabbit和Handy marketplaces里供应劳动力和服务、Instacart里替人购物并送货上门的采购员、承包人和兼职员工。在这些平台上,供应者要付出更多的时间,经常是每周40~50个小时。

越来越多的人担心这就是未来工作的雏形——更少的稳定收益，以及不知道下一笔收入从何而来。当然，现在并不能确定这样的未来就不好。可能利用数字平台开展工作的灵活性和舒适性是全职坐班工作远远比不上的。的确，正如齐默告诉我的："有许多单亲家长选择做这个，就是因为他们无法朝九晚五地上班，他们需要接送孩子上下学，他们还总是希望能参加孩子的亲子活动。"

就算多媒体平台上的弹性工作很吸引人，甚至很带劲，但人们也需要有一个稳定的收入。稳定收入使我们能够预期未来。但当一个人的收入取决于平台上难以预测的供需关系时，我们就很难做到了。除了这点，**随着各平台不断专业化自己的服务，未来社会的不平等问题将更严重**。在美国科技类博客网站TechCrunch举办的备受瞩目的创业者挑战赛中，获得2014年冠军的是由两名哈佛大学的MBA毕业生马塞拉·萨朋（Marcela Sapone）和杰西卡·贝克（Jessica Beck）开发的一款名叫Hello Alfred的个人生活助手的应用平台，名字来自蝙蝠侠布鲁斯·韦恩（Bruce Wayne）的管家阿尔弗雷德（Alfred），非常符合产品塑造的"贴心管家"的形象。当然，他并不是一个真的阿尔弗雷德，正如记者莎拉·凯斯勒（Sarah Kessler）在她2014年的一篇有趣的文章中提到的，"想办法让一个人的公寓就像有管家一样"，而如今这个应用平台的口号就是"一个不需要住在你家里的男管家"。[1]

Hello Alfred只是按需服务行业里的冰山一角。2015年5月的《华尔街日报》（*Wall Street Journal*）刊登了一篇名为《每个行业里都有一个Uber》（*There's an Uber for Everything*）的文章，杰弗里·福勒（Geoffrey Fowler）在文中分析了一系列新创立的种类繁多但专注于某一类的个人服务平台，

---

[1] 参阅http://www.fastcompany.com/3038635/my-week-with-alfred-a-25-personal-butler。

第一个就说了他最喜欢的Luxe：

利用智能手机就能使物流创造奇迹。Luxe的服务就是利用GPS提供个人泊车服务。它非常神奇！当你准备出发时，打开Luxe输入你的目的地，然后Luxe就随着你的移动追踪你的手机，当你达到目的地，泊车员就恰好在那里等着你。上周五，替我泊车的是凯文——他身着蓝制服，一丝不苟，训练专业，服务态度很好——他大约在8点45分在旧金山金融街的办公室外迎接我。我给了他车钥匙，他开走我的车。

下午6点，我又打开Luxe要求将车开到镇上的另一个地方归还给我。毫无问题。不到10分钟，名叫罗斯的泊车员就开着我的车到了那里，后备厢里还有他的折叠自行车和一把尤克里里。他说自行车是为了适应旧金山的上下坡，尤克里里是用来在工作间隙打发时间的。

除了Luxe，其他比较流行的服务包括：一小时内帮人购物并送货上门（Postmates）；上门整理物品（Shyp）；上门取衣，清洗后送回（Washio）；遛狗（Wag）；送餐上门（Munchery）；送饮料上门（Minibar、Drizly）。

未来的经济是仅仅服务于少数优越的人吗？如果分享经济的高效率使经济依赖于点对点平台，我们怎么让平台上的工作者纳入如医疗保险、职业保险、带薪年假及孕产假等的社会保障里面去呢？

BlaBlaCar——建立在信用之上的全球化基础设施

有趣的是，Lyft在最初的计划里并不想改变城市和郊区的交通方式。相反，齐默及其首席执行官洛根·格林（Logan Green）先创立了Zimride，一个跨城搭车系统。由于该初创项目发展缓慢，他们对此进行了扭转。"扭转"（pivote）是硅谷人常用来形容转变新的商业模式的词语。其实，通过应用平台搭陌生人的车去另一个城市的行为不光在欧洲，在世界其他地方都非常流行。在搭车应用平台中做得最好的就是总部位于法国的长途拼车网站BlaBlaCar，它通过连接有空位的汽车和想购买空位的乘客，帮助了大量消费者出行，仅2015年它运送的乘客量就超过了美国国家铁路客运公司（Amtrak）。

BlaBlaCar的联合创始人弗雷德里克·马塞拉（Frédéric Mazzella）的背景和齐默很像，拥有斯坦福大学的计算机学位和欧洲工商管理学院的商业学位，还曾在NASA从事了三年研究工作。他创立BlaBlaCar也是因为观察到了汽车使用中的低效率。"最初的动机就是消除浪费，空空的汽车开在大街上，那种浪费真是让人难受。"马塞拉于2015年在其法国总部的一次讲话中说道："我想每个人都该达到这种状态，你睁开眼看着街上，你会觉得'天哪！这些车多空啊！'。"马塞拉继续解释："我喜欢优化所有的事物，如今优化汽车使用率有着巨大的潜力。"

模仿BlaBlaCar的公司——通过网络和移动终端匹配空位和想买座位的人——在很多国家都出现了。2014-2015年，马塞拉的公司兼并了分别来自五个不同国家的五个此类型的公司，从而扩大了公司规模——其中包括重要的竞争对手carpooling.com——为此它使用了超过3亿美元的注资额，是有史以来最高水平的法国创业风险投资个案。这个公司看起来运行得非常好——既像一个流线型的硅谷软件公司，但又具有明显的法国社会主义情怀。就连它古里古怪的名字也是经过一番市场调查决定的（尽管这个名字与公司总部旁边2分钟路程的Le Bla-Bla餐馆的名字非常相似，但据说两者毫无关系）。"我们准备了250个名字，"马塞拉告诉我，"然后我们又缩减成了30个。我把这份名单发给了我的朋友们。一两个月后，我问他们'你们还记得哪些名字？'，有超过半数的人提到了BlaBlaCar。"

马塞拉喜欢探讨信用。他相信这就是他企业的核心理念，也坚信它的重要性（BlaBlaCar总部有一个真人大小的人形广告牌"信用侠"[TrustMan]，是一个穿着紧身衣披着斗篷还有一个"T"[Trust的首字母]印在胸前的超级英雄）。他的信用概念建立在他称为D.R.E.A.M.S.的理论体系上，即坦率（Declared）、底线（Rated）、奉献（Engaged）、实践（Activity-Based）、节制（Moderated）、开放（Social），该公司也在不断深入对信用交易的探索。[1]

当然，重视信用是很容易理解的。的确，人们利用点对点平台eBay购买物品已经几十年了，所以当我们与一个半匿名的人在网上交易时，社会就已经在数字世界里建立了信用。但是怎么样让人们的信任感从收取来自陌生人的UPS包裹发展到人们愿意坐上陌生人的车并说"送我一程"呢？

---

1 参阅http://www.betrustman.com，查看TrustMan。在2015年夏，我和马塞拉，以及其他包括纽约大学的Mareike Moehlmann在内的其他人开始合作研究为什么人们在BlaBlaCar平台上会相互信任。在这本书付梓之际，我们的研究成果都没有成型，但会陆续公布出来。

商业与社区的融合

我很能理解马塞拉的想法，我也正是因为对信用感兴趣才会去研究分享经济的。2011年，当时我正在和同校的拉维·帕普纳（Ravi Bapna）、明尼苏达大学的奥洛克·古普塔（Alok Gupta），以及田纳西大学的莎拉·赖斯（Sarah Rice）进行一项研究。我们利用Facebook这个社交平台进行了一项经济学实验，测试Facebook上好友之间的信任程度，以及经济上的信任度与他们的社交亲密度之间的关系。

我们认为这个课题和研究方法都很棒。但当我们把研究成果拿到学术会议上讨论时，却被问道："能说出几个关于这个理论成果实际运用的例子吗？"于是我们四处寻找能利用Facebook进行信用交易的网络公司。然后我们发现了一间小公司——Getaround。Facebook（2011年时并不像现在这样流行）代表着一种身份和信用认证，这正是Getaround需要的信用关系。

2011年8月，我联系了Getaround的联合创始人杰西卡·斯科皮奥（Jessica Scorpio），但当时我们并没有找到合适的合作方式（Getaround当时处在很初级的阶段），我仍然保持和该公司的联系。几年后，它的首席执行官萨姆·赛德（Sam Zaid）和独立决策人帕登·墨菲（Padden Murphy）开始运用我的研究成果。这家公司一直是个非常好的合作对象，它充分表现了它对科学的无条件支持——为我研究经济效应模型提供了关键的数据（他们同时也与加利福尼亚大学的苏珊·沙欣[Susan Shaheen]合作研究汽车共享对环境的影响）。

与中国的P2P租车领军者PP租车一样，Getaround发展得很快，一方面得益于超过4000万美元的风险投资，另一方面则在于它在"即时"模式上的赌博——预订一辆车立即就能使用，而不用经过主人同意——这个模式才真正从购买变成了共享。它的点对点租用模式是整个分享经济的核心部分，它是两种观点的完美融合：**使用却不拥有，以及网络结构取代层级结构。**

但是，至今为止除了汽车以外，还没有其他物品形成规模化、数字化的点对点租用市场。早些时候，出租服务网站Snapgoods尝试了对所有物品——从电锯到扫地机器人——的点对点租用，但是没有找到好的盈利模式。普通人之间相互租借自己贵重物品的市场可能是一个新的机会。比如，KitSplit，它是由两名纽约大学的学生莉丝贝·考夫曼（Lisbeth Kaufman）和卡特里娜·布德里斯（Katrina Budelis）创立的点对点租用平台，帮助独立电影制作人相互之间分享相机、镜头、虚拟头戴设备以及其他专业设备。但是截至2015年，其他规模化的成功例子就几乎没有了，点对点租用平台更多的是提供公告栏式的服务，比如阿兰·伯格（Alan Berger）的邻居间的资源共享平台NeighborGoods。

很多在家庭设施租借市场上取得成功的公司，采用了另一种更传统的短期租借形式：物品共享库。吉恩·霍米基（Gene Homicki）曾创立了West Seattle Tool Library并经营至2012年，现在他经营一家叫myTurn的软件公司，它可以帮助任何一个社区轻松建立起物品共享库。霍米基说在这些物品租借网站上很容易形成社群。他在2014年告诉在线杂志Shareable说："我们见证了物品共享库诱生的创客空间（Makerspaces），我们还看到协作空间（co-working spaces）和创客空间不断增加物品库的内容。它是双向的，同时进化。"

高端服饰的点对点租借似乎也是一个发展方向。一个叫Rent the Runway的服装租赁网站就获得了成功。通过这个平台，一件昂贵的衣服只须用零售价十分之一的价格就能租借几天。类似的平台也在不断涌出，包括美国的StyleLend和Rent My Wardrobe、欧洲的RentezVous，以及迪拜的Designer-24。

　　2015年年初，我有幸碰到了洛娜·邓肯（Lona Duncan），她曾是一名模特，也是一个连续创业者。她还曾是Style Lend的联合创始人和首席执行官，在这期间她将点对点服饰租借市场的潜力极大地发挥了出来。

　　"使用却不拥有比不断购买更符合人性。女人们希望能在更大范围内选择自己的服饰。"邓肯说，当时我们正分享着一壶来自格林尼治村David's Tea品牌的一款叫Buddha's Blend的茶。

　　"除此之外，出租收入的前景可能会诱发更多冲动购物。"Rentez-Vous的创始人菲奥娜·狄瑟妮（Fiona Disegni）说。在2014年我和她的一次对话中，她还特别指出将这种商业模式引入小众设计师中的价值，指出点对点租借行为使潜在消费者更容易感受到流行趋势，使相同品位的消费者聚集成一个社群，这样设计师就有了获得回馈和做市场调研的途径，与消费终端更加无缝对接（有趣的是，她所列出的这些好处，与我在2007年告诉我的学生社交媒体带来的商业价值异常相似）。

　　但邓肯说，关键的挑战在于物流。这些服饰需要寄给使用者，使用后经过干洗再无损坏地回到主人手里，这些事情对于规模化的公司，如Rent the Runway已经做得很娴熟，但对一些小型的点对点租用平台仍是一个挑战。结果，直到2015年，Style Lend和Rentez-Vous都通过组织类似服装交换的活动发展壮大，即客户在事先约定的地点见面交接服装。狄瑟妮和邓肯向我描述的商业与社区的融合，同霍米基说的物品共享库中人的交流和物品交换的共同发展基本上是一致的。

但是还有一个关键问题。尽管"使用但不拥有"确实存在潜在的巨大效率优势，但除了房屋和汽车之外，是不是所有的东西都适合发展规模化点对点租用市场呢？它们的远期价值是否跟商业与社区的关系紧密相关呢？如果它们开始发展，将对经济产生什么样的影响呢？会不会因为出现更多的交易而推动经济发展呢？邓肯说的"冲动购物，再租出去"的情况会成为现实吗？经济会不会因为人们停止购买而发展减缓呢？

La Ruche Qui Dit Oui——重新定义完美

回到巴黎，另一个面对面、点对点的商业模式正在广受欢迎——百货购物。2014年春，我在纽约大学一个非常优秀的MBA学生团队的陪同下——包括霍梅拉·菲兹（Humaira Faiz）、西妮·格鲁萨克（Sydnee Grushack）、吴恩达（Andrew Ng）和杰拉·斯摩尔（Jara Small），见到了La Ruche Qui Dit Oui的联合创始人兼首席执行官马克·戴维·求克瑞（Marc-David Choukroun）。Oui，可以简单翻译为"说'是'的蜂巢"。在英语国家，它有一个更容易记住的名字，叫作食物集市（The Food Assembly）。求克瑞和他充满活力的巴黎团队一直致力于打造一个前沿的模式，将虚拟与现实有力融合，通过数字化手段使我们熟悉的真实农产品交易市场实现规模化发展。

求克瑞向我解释他的商业模式，是由社区的志愿者建立一个地区"蜂巢"。当地农民利用平台软件在当地的蜂巢中预先发布可提供的农产品及其价格（该软件同时具有市场开发功能）。消费者预订他们想要的农产品。几周后，农民和客户约定时间在志愿者安排的地点见面提货。每笔收入中，志愿者获得一小笔酬劳（大约占总收入的8%），平台获得8%，剩下的收入全部归农民所有。

La Ruche Qui Dit Oui在获得来自纽约风投公司联合广场风险投资公司（Union Square Ventures，USV）的800万欧元投资后，从2010年的一个创业想法一跃成长为2015年拥有700个蜂巢的平台。而且这是USV在法国的第一次投资。"一个周六的清晨，我们去了一个蜂巢。在那里，我们喝着咖啡看着人来人往。对我来说，那一刻我忽然意识到我们正在做一件与众不同的事情——这件事在美国还没有人做过，至少没有人做成功过。"弗雷德·威尔逊（Fred Wilson）在2015年的一次电话采访中对TechCrunch网站如是说。蜂巢中的欢乐氛围、快乐的笑脸以及社会关注度都与美国形成鲜明对比，如同这样一幅画面：孤独的美国人推着购物车穿过霓虹灯闪烁的长长走廊。

La Ruche Qui Dit Oui还展现了另一个潜在的更广泛的转变。在蜂巢市场有过购买经验的人都知道，这些农产品可能没有像来自连锁公司的产品那样具有完美的色泽和外观，这个事实需要一些人慢慢适应。但求克瑞认为，我们需要调整的不仅仅是对产品外观的期望。当然，调整也并不是一件坏事。"消费者需要改变他们对服务的期望。"他于2014年夏在纽约举办的"走进法国"（La French Touch）活动中对我说："我们过去习惯于大品牌公司高效且非常一致的消费体验。但在我们的体系里，不可能去构造一个如此高效的系统，因为每个社区都完全不一样。人们需要接受一些不完美，因为毕竟只有人数有限的农民在与消费者点对点交流，要提供完美的服务是很难的。他们还需要接受有时农产品可能丢失，有时农民会耽搁在路上。但是我们看到了人们对于期望值的调整，他们开始学着理解。"

每当我看到叠得整整齐齐的毛巾和井井有条的酒店房间，或者当我对客房服务人员仅仅来迟了一分钟而失去耐心时，我就会想起求克瑞的话。作为一个社会，在这样一个工业时代，我们是不是对产品和服务质量中并不是那么重要的方面过度投入了呢？如果我们回到点对点交易方式，会不会让我们自然像从前一样去关注真正重要的地方呢？

怎样阅读本书

前面的几个章节，我提出了很多问题。我写本书就是解决这些问题的。我希望让读者更深入地理解正在发生的向分享经济的转变，以及为什么这些转变在你的一生中可能产生深远的影响。

本书内容分为两部分：原因和影响（是的，我就是一个学院派的书呆子）。当然，读这本书最好的方法是从头到尾。然而，如果你想有选择地看，以下说明可能会有所帮助。

第1章到第4章，"原因"。这部分内容既回顾了过去又展望了未来。

第1章中对分享经济是市场经济还是礼物经济的讨论为本书后半部分的论述提供了重要的基础。同时在第1章中关于分享经济观点的发展过程，可能对研究人员很有吸引力。

第2章主要是针对那些对在过去几年里为什么分享经济会突然出现这个问题真正好奇的人。而且，对那些需要一个框架来思考数字技术对未来可能产生的影响的人也将从中获益。它的专业性并不强，同时该章节内容也与后面章节内容各自独立，无前后关联。

类似地，第4章对新兴的"区块链"（blockchain）技术进行了概述，这项技术可能在未来十年影响并改变分享经济。正如之后将解释的，它们将人群从供应者变成了实际运行的"中介"，同时共同拥有市场本身，虽然不那么明显。在商业网络即将到来的时候，尤其是在关于无许可创新的主题上，2015年关于区块链的讨论和1995年关于理想主义的讨论充满相似性。区块链技术可能为下一代点对点市场和数字化颠覆提供强大动力。但是再次说明，本章与后面章节内容各自独立，无前后关联。

第3章中深入探讨了不同类型的分享经济平台产生的新"机构"的性质。关于区块链的讨论引发了很多对数字技术是如何改变组织和市场之间界限的研究。如果你正在寻找管理不同类型的分享经济商业的思维框架，或者如果你在更广泛的层面上对到底是什么决定了经济活动的组织形式感兴趣，那么这个章节对你颇有益处。

第5章至第8章，"影响"。这部分包括对经济、政府监管和劳动力的影响。第5章主要是对经济的影响，第6章则是对政府监管的影响，我试着将这两章写得具有独立可阅读性，但是如果你结合前两章节的内容进行阅读，可能会有更多的收获和体会。如果你仅仅对未来劳动力问题感兴趣，那么我建议你直接阅读第3章、第7章和第8章。

詹姆斯·苏罗维奇（James Surowecki）于2013年发表在《纽约客》上的

名为《崛起吧！Uber》（*Uber Alles*）的文章中很好地描述了分享经济的机会。得知Uber获得2.5亿美元的风险投资后（在当年可是不得了的数字），他总结道：

> 新兴行业中大量涌入的热钱就像一个小小的启动按钮。但在这所有兴奋之下是一个理智的意识：现有经济正在大量浪费资源。资产闲置着——普通汽车一天仅使用1小时，有时间、有技能的工人往往没有得到充分发挥。如果你能连接有资源的人和愿意购买这些资源的人，你就是在减少浪费，同时也建立起了一个更高效的系统。

网络驱动的市场就是一种"社群"，在这个社群里，苏罗维奇所说的连接机会就可以实现。当然，不止这一种情况。为了集中本书的谈论范围，我没有涉及其他种类繁多且广泛存在的分享行为：其中包括食品合作社、拼车、时间银行、自行车出租计划、房屋合租、联合办公等。我并不是说本书忽略这些行为是因为它们不重要或者不值得一说，只是因为它们恰好不在分享经济谈论的范围内罢了。

回到本章我举的几个例子，他们只是许多有趣的经理人、思想家和各种组织的一小部分，它们（不管是公司或其他形式组织）都是我遇到的属于我们所说的"分享经济"的范畴内的。在接下来的章节你将看到更多的例子。他们一起描绘了商业创新的灿烂画面，从中我们可以一窥未来十年社会进化发展的雏形。

但它们仍然还有许多问题——比如建立信用、发展以区块链为代表的数字新基础、对经济的影响、如何找工作、社会保障以及政府监管的新形式等。我们将一起来探索以上这些问题以及本书中的其他问题。

下面我们从可能最困扰我们的一个问题开始——到底如何精确地定义"分享经济"呢？为了解决这个问题，我们要再回到巴黎，去看看OuiShare Fest这个创业者的盛会。

The Sharing Economy

The End of Employment

and the Rise of Crowd–Based Capitalism

第一部分

原因

第1章
分享经济、市场经济和礼物经济

　　许多人将"资本主义"与"共产主义"、"个人主义"与"社会主义"的消极面和积极面对立起来而引起争论。然而，此类争端由来已久，因为这是部分与整体、个人与社会之间的基本矛盾点。每个时代都在两者之间找平衡，在一方占主导地位时总是又会唤起另一方的崛起。

——刘易斯·海德，诗人、作家

The Sharing Economy,
Market Economies,
and Gift Economies

2015年5月，我正在参加OuiShare Fest，思考着资本主义的未来。OuiShare Fest是巴黎的一个毫无资本主义氛围的集会[1]，超过一千名分享经济爱好者聚集在主会场及周边。主会场是一个被称为Cabaret Sauvage的巨大红色帐篷。这场聚会有点像TED，有点像反传统狂欢节"火人节"（Burning Man），还有点像伍德斯托克音乐节（Woodstock Rock Festival）。那时我与OuiShare的两个创始人坐在室外享受着春天的阳光，吃着会议提供的午餐——一碗有机小扁豆和甜菜。在我身后，"爱的盛会"（Love Fest）的准备工作正在紧锣密鼓地筹备中。这是一场持续通宵的狂欢，它标志着为期三天的活动的结束。志愿者轮流使用脚踏式发电机为与之相连的大型音箱充电，音箱不时放着的背景音乐与附近一支现场表演乐队的热情歌声相映成趣。顺着我的方向穿过院子，一位母亲照料着她的婴儿，参会人员正用各种语言讨论着一系列引人入胜的主题。纽约的联合广场投资公司最新的投资是皮亚·曼奇尼（Pia Mancini）的Democracy OS，它是美国著名创

1　参阅http://2015.ouisharefest.com。

业孵化器Y Combinator支持的一个协同决策平台[1]，帮助普通选民讨论并传播政治思想。它还属于非营利的文化与社区中心92nd Street Y首席执行官亨利·蒂姆斯（Henry Timms）和公益组织Purpose联合创始人杰里米·海曼斯（Jeremy Heimans）所推崇的"新势力"概念。另外会议注重环保，厕所均使用回收的木屑而不是水或化学物质。

2011年由安东尼·伦纳德（Antonin Léonard）、本杰明·汀克（Benjamin Tincq）、埃德温·木图萨米（Edwin Mootoosamy）和弗洛尔·贝尔林根（Flore Berlingen）联合创立了OuiShare，2015年时OuiShare已成为不断涌现的关于分享经济各种观念中越来越有影响力的"仲裁者"。年轻有魅力同时具有政治野心的伦纳德认为，OuiShare的意义不仅在于促进未来的思潮和对话。他告诉我："我们认为自己创造着有意义的事情，它会试着改变我们的社会，变成一个更好的、有更多正义的社会。"

OuiShare的起源可以追溯到consocollaborative.com，它是伦纳德2010年创立的博客。一年后，一群"分享经济"的倡导者每月都在巴黎举行自带饭菜的聚会。这些讨论的结果就演变成了现在这个全球化实体，包含了一个咨询部门、一个新兴项目孵化器和一个创造者的网络。OuiShare已延伸到20多个国家，主要在欧洲，也包括了智利、黎巴嫩、摩洛哥、加拿大等多个不同类型的国家，每个OuiShare社区都被一个民主提名产生的"连接者"所监管。

OuiShare试着展现它一直推动的对话机制，有诚意地尝试创建一个具备合作决策机制的协作组织，这样的决策过程更重视意见一致性而不是决策

1　参阅http://democracyos.org。

速度。[1]作为OuiShare联合主席，弗朗西斯卡·皮克（Francesca Pick）在2015年的一篇博文中解释说："这就是为什么不称它为智库、非营利组织或者别的，我喜欢把OuiShare看作一个'人'的孵化器：一个进行实验的分享平台。在这些实验中，连接者及其成员都可以连接到分享的知识、工具以及全球化的可以从中学习和汲取灵感的人际网络中。"

我和伦纳德、汀克聊天时谈到，我感到分享经济中利益驱动和目标导向两种认知很难融合，一种观点认为分享经济即市场经济，另一种观点则更愿意将分享经济视为"礼物经济"。

"我认为这样的困惑是因为人们对这些平台寄予厚望，希望它能真正改变世界。但正因为有太多的希望，那些曾经充满希望的人现在在某种程度上变得失望。"伦纳德说，"也许真正的问题并不在于有多少投资，而在于为什么我们有这个希望。"

关于"希望"，伦纳德在2015年接受尼尔·格兰弗洛（Neal Gorenflo）的采访时做了很清晰的解释。尼尔·格兰弗洛是一名前华尔街股票分析师，他在2009年开始了一个旨在促进"在生产、消费、管理和解决社会问题中实现民主化"的可分享项目。格兰弗洛指出，工业革命本应该扩大物质丰富性和人的自由性，但随着时间的推移，社会的焦点转移到私人积累而不是广泛的繁荣和自由。他认为分享经济正好可以纠正这种不平衡，在这个过程中，还有助于解决其他的全球性挑战，比如环境恶化等。[2]汀克性格低调慎重，

1　直到2016年春，我一直是OuiShare 12人顾问委员会的成员，这个职位没有任何经济补贴。
2　尼尔·格兰弗洛对致力于改变社会生活的创意设计共享杂志Shareable的描述，可以参阅http://shareable.net/about。访谈内容在http:// www.collaborative-economy.com/project-updates/sharing-economy-with-neal-gorenflo- shareable上可以观看。相关摘要可以参阅http://www.shareable.net/blog/interviewed-shareables-neal-gorenflo-on-the -real-sharing-economy。

同时是个深刻的思想家。他告诉我，他参与创建OuiShare只是为了离开一个他极度厌烦的公司。在他看来，一个人想将分享经济市场化，风险资本几乎是唯一的选择。汀克说："现在，对于想利用这第一笔资金去建立一个平台，尤其是社区平台，并发展到一个可观规模的人来说，并没有多少有实践意义的选择，因为你需要大量的资源。现在，我们都认为'我们应该试着找到一种价值观和方法论，使分享行为更民主和公平'是一个很好的目标。但要做到这点，你需要找到一个方法来消除初期存在的差距。你会怎么做呢？现在似乎只有风险资本可以做到这一点。"

前一天早晨，作为品牌委员会Crowd Companies的创始人和一个活跃作家的杰瑞米·欧阳（Jeremiah Owyang）谈到，分享经济企业获得的巨额注资已经远远超过所有社交媒体（包括Facebook）上市前所获得的融资总额。[1]欧阳首先将这种经济现象命名为"协作经济"（collaborative economy），他看到了分享经济每一个进化阶段和过去几年里社交媒体经历的相应阶段之间的紧密联系。在大多数时候，他是对的。但我认为，这种联系的影响比欧阳认识到的更深远。如果没有社交媒体，分享经济可能不会以现在的面貌存在。在某些方面上，它奠定了目前平台所依赖的数字路径。我在下一章会详细探讨这些情况。

由于以下这三家分享经济巨头获得了巨额的风险投资和其他上市前的融资，许多企业高管已毫不迟疑地开始关注分享经济，这三家企业包括Uber（截至2015年年底超过80亿美元）、中国的滴滴出行（超过40亿美元），以及Airbnb（接近30亿美元）。现在这些高管越来越多地出现在类似OuiShare Fest的活动上（我的朋友查理·斯特鲁姆[Charly Strum]在当天

1　欧阳的一些博客文章集锦，可以参阅杰瑞米·欧阳（Jeremiah Owyang, 2015）。

早些时候用讽刺的语气对我说："今年'高跟鞋'比'平底鞋'要多得多啊！"）。活跃的投资者类型多样，从纽约联合广场投资公司、硅谷的安德森·霍洛维茨基金公司（Andreessen Horowitz）到黑石投资公司（Black Rock）、老虎环球基金（Tiger Global Management）等对冲基金公司，再到高盛（Goldman Sachs）等投资银行、商业大亨卡尔·伊坎（Carl Icahn）、通用汽车（General Motors）、贝内特·科尔曼有限公司（Bennett and Coleman）等。其中表现出最大兴趣的是由克雷格·夏皮罗（Craig Shapiro）在2011年创立的联合基金（Collaborative Fund），它几乎只向分享经济领域投资。

风投资本的大量注入和大公司投资平台的大量涌现让许多人相信，任何2010年以前关于分享经济的想法都是难以持续的。OuiShare杂志的编辑亚瑟·德·格雷夫（Arthur De Grave）在2014年的一个公告中说："简单地说，在现代资本主义的心态下，股东不再是与我们平等的伙伴（peer，来自拉丁语par，意思为"平等"），而变成了大君主。如果你的商业模式是基于你的能力来维持一个社区，不难想象，在为投资者带来高回报和保持点对点服务的平等精神的两项责任之间存在巨大矛盾。但最后，你不得不从中选择一个。"做出这个选择时，固有的紧张局势也许就导致伦纳德所谓的失望。由此我们可以回忆一下公共知识分子（public intellectual）戴安娜·菲力波娃（Diana Filippova）在她2014年的一篇名为《协作经济的模拟试验》（*The Mock Trial of the Collaborative Economy*）文章中的观点："当然，与科技一样，问题不在于协作经济本身，但至少一部分在于我们对它的定义和我们投入的无限希望。"在OuiShare内部以及在聚会活动中进行的这个讨论，反映了"分享经济"这个词汇用法的发展变化以及它所描绘的交换的本质。2015年我刚开始写这本书时，我发现分享经济的部分商业活动类似于相当标准的市场经济活动。但我也看到一些交易更适合被归于"礼物经济"（gift economy），因为其不仅仅为了商业目的，还有着其他的社会和文化上的作用。然而有趣的是，大部分的交易看起来都像是市场经济和礼物经济的结合。

正如我在本章后面会提出的，**分享经济自然地跨越了市场经济和礼物经济，成为了它们之间的过渡态**。但那之前，我首先要给"分享经济"的定义划定一个范围，再讨论一下最近思潮的演化。

什么是分享经济

在前言中，我举了很多例子，它们都属于我称之为"分享经济"或"群体资本主义"的范畴，我认为用它们命名这个经济体系是比较准确的（且两词可以互换）。这种经济体系具有以下五个特征：

（1）**高度以市场为基础**：在分享经济下的市场里，商品得到充分交换，新的服务层出不穷，经济更具活力。

（2）**资本高效利用**：分享经济给所有资产都带来新机遇，从各种设施、技能到时间、金钱，它们的价值都得到最大利用。

（3）**具有群体网络结构，而非中心化或层级化结构**：资本和劳动力来自去中心化的人群个体，而不是来自公司或国家组织；商品交易的预期取决于群体分散的市场行为，而不是中心化的第三方组织。

（4）**个人行为与专业行为界限模糊**：劳动力和服务的供应商经常将点对点的行为商业化和规模化，比如搭车、借钱等，而这些行为往往被认为是"个人行为"。

（5）**全职与兼职、正式工与临时工、工作与休闲的界限模糊**：许多传统全职工作被合同工替代，这些合同工同样保证工作时间和单位工作量，同样具有经济支持和企业管理。

对于"分享经济"的定义目前还没有一个统一意见。所以我相信，肯定会有读者不认同我的定义，他们可能认为我的这个定义偏向了资本家的一边，而且误用了"分享"这个词，因为这些现象常常是商业交换而非分享。正如我的同事保罗·罗默（Paul Romer）在2015年6月的一篇博客日志上惋惜地写道："可能我们将失去一个好动词。"我同意这句话。就像在"社交"媒体平台出现时，我们失去了"社会的"这个形容词；在Facebook将"朋友"变成了动词"交友"时，我们也失去了"朋友"这个名词。尽管我认为"群体资本主义"是对此最准确的表达，但我在本书中仍继续使用"分享经济"，因为这样能让更多人了解到我在说什么。不过，想想新经济体系的各种不同命名还是挺有趣的。欧阳称它为"协同经济"，这个名字得到作家雷切尔·博茨曼（Rachel Botsman）、罗宾·蔡斯（Robin Chase）的认同，认为它比"分享经济"这个名字更好。有些具有讽刺意味的是，这个名字也受到OuiShare组织的认同（OuiShare本身名字就含有分享的意思）。从2010年起，人们不断思索并在著述中尝试使用了以下这些名字——"兼职经济""对等经济""租赁经济""需求经济"（风投资本家克里斯·迪克逊[Chris Dixon]则认为最后一个词更准确）。[1]《财富》曾

1　参阅https://twitter.com/cdixon/status/626637369723199488。

对《时代周刊》《华尔街日报》和《华盛顿邮报》开展了一次用词调查，结果发现在2015年上半年内，"分享经济"的出现频率是"需求经济"和"兼职经济"的五倍，然而后两个词也流传甚广。

在我深入讨论当今分享经济的前沿知识前，我想提两本有影响力的书，这两本书中的若干定义成为了分享经济主流思潮的一部分。这两本书是雷切尔·博茨曼和路·罗杰斯（Roo Rogers）合著的《共享经济时代：互联网思维下的协同消费商业模式》（*What's Mine Is Yours: The Rise of Collaborative Consumption*）以及丽莎·甘斯基（Lisa Gansky）的《聚联网：商业的未来》（*The Mesh*）。同时我们再来看看亚历克斯·斯特凡尼（Alex Stephany）在最新著述《共享经济商业模式：重新定义商业的未来》（*The Business of Sharing*）中的观点。

博茨曼和罗杰斯认为从20世纪到21世纪消费出现了巨大转变，并试图将其在书中展现出来。作者认为，20世纪可以被定义为"超前消费"（hyper consumption）的世纪，而21世纪则会成为"协作消费"（collaborative consumption）的世纪。超前消费的基础是信用，而协作消费的基础是声誉；超前消费靠广告来左右消费者的选择，而协作消费靠社区互动来驱动；超前消费追求所有权，协作消费提倡分享。正如他们观察到的："协作消费的核心协作可能是本地化、面对面的，或者它可能使用互联网去连接、结合、形成社群，并针对某人或某事形成'多对多'的点对点交互。简而言之，人们再次回到他们的社群中来进行分享——这样的社群可以是一个办公室、一个真实的社区、一幢公寓楼、一所学校或一个Facebook网络社群。"

博茨曼和罗杰斯按照一系列原则来定义协作消费（他们更喜欢用这个

词），包括临界量、闲置产能（未使用或未充分利用的资产价值）、大众认知，以及陌生人之间的信任度。博茨曼已经在世界各地的众多会谈和一些阐述明确的文章中大量传播这些理论，这些相关的文章发表在2014年和2015年，我在第3章中将会提到。

甘斯基在2010年出版的一本思想深刻的书中没有将"协作消费"作为重点内容，而讲到了另一个概念——网（mesh）。甘斯基是我的一个好朋友，也是一个连续创业者，在2000年的互联网泡沫之前将自己的公司oFoto卖给了柯达公司，现在是一名受人尊敬的硅谷天使投资者，她咨询涉及面很广。她拥有一种奇特的能力，对未来数字化带来的改变，她能看得比我知道的大多数人更深入。

很多人知道，网是一种纺织品，种类各异，有很多洞。吊床是由网构成的，足球队服和洋葱袋子也是。网不完全是一个纺织品，也不是一团乱线，网很难归类，它有许多用途。与大多数纺织品不同，它非常透明。甘斯基的"网"也有些难以归类，但她强调其核心是指"一种网络，允许任何节点在任何方向上与系统中其他任何节点连接"。换句话说，它是根茎似的组织，而不是线性的。

更具体地说，甘斯基认为"网"有五个核心功能：

（1）可分享性：产品和服务可以很容易地在社区内分享，这样的社区可以是任何形式（本地化或全球化）。

（2）依靠先进的数据网络：有了数据，才有了分享的内容和实时跟踪的工具。

（3）即时性：商品可以随时随地分享。

（4）广告被社交媒体的推送所替代：比如前面提到的平台以及 Facebook、Twitter等平台中的用户推荐。

（5）网化的经济具有全球规模化发展的潜力。

甘斯基对分享经济的认识角度主要集中在数字技术的推动力量上。正如她解释的："利用先进的信息系统，网也能更有效地配置实物资产，从而提高了效率底线，降低自然资源的压力。"换句话说，人们闲置的时间、空间和资产的交换价值，利用数字网络可以得到有效评估，同时由于这种全新的透明度而使其更具可分享性。在此基础上，甘斯基乐观地描述"网"是"创造新经济形式、改造旧经济形式的下一个重大机会"。

博茨曼和甘斯基的想法和预测影响了我，当我在2011年提出"群体资本主义"的原创观点时，这些思想成为了我观点不可分割的一部分。通过阅读他们的书籍，与他们每个人进行交谈，我的思想被深深影响。在亚历克斯·斯特凡尼写2015年的那本书时我也经常和他交谈，这本书很大程度上得益于他不仅仅是一位思想家，还是一个活跃的企业家。他写道：他是 JustPark的创始人，JustPark是一个匹配闲置停车位与需要停车的人的点对点平台（可以想象，在某种程度上它就是停车位的Airbnb）。

斯特凡尼承认"极客学校"（geeky school）对他的影响，在那里他找到了他的所有问题的答案。早些时候在他的书中，斯特凡尼提出了一个简短的分享经济的定义："分享经济的价值在于将未充分利用的资产发布于网络使社群中的人看到，同时还减少了占有这些资产的需求。"然后他解释了定义的五个方面：

（1）价值（以货币为媒介或直接以物易物的交换创造了经济价值）；

（2）未充分利用的资产（类似于博茨曼提出的闲置产能）；

（3）在线可访问性（互联网激发的能量）；

（4）社群（通过社群信任、社会互动及共享价值促进更多交换）；

（5）所有权需求的降低（商品成为服务）。

斯特凡尼在他的定义中并不只关注点对点对等交换，同时也包含了像Zipcar和Rent the Runway等公司，这些公司直接向消费者提供租赁业务，而不是仅仅为基于个人的资源共享提供平台。然而，他明确表示对分享的"商业"更感兴趣。同时在书中论述了其固有的内在矛盾，分析了"分享经济"这个词的使用：

> 为什么我一次又一次在这本书中使用"分享经济"这个词呢？在某种程度上是因为这个词已经在这个领域广为流传并成为主流。精灵已经从瓶子里跑出来了。要抛弃这个词几乎是不可能的，因为如果这样我们将会阻碍无数认同这个词和正创造着（正如我们很可能将看到的）经济社会新商品的人群的增长。

分享经济早期的重要思想是如何发展的

我定义的分享经济（或群体资本主义）的规模化出现在2010年左右。然而，在分享经济最终积累了足够条件向利基市场（小众市场）以外扩张以前，就出现了许多分享经济的不同定义。因此我们有必要回顾和思考部分早期思想家关于分享经济的观点，并在这个过程中研究分享经济的历史渊源，以及它与更早的在人类社会中存在了几个世纪之久的礼物经济之间的关系。

2004年，纽约大学教授尤查·本科勒（Yochai Benkler）（目前在哈佛大学）发表了一篇名为《"好好分享"：可分享的商品和分享作为一种经济生产方式的出现》（"Sharing Nicely": On Shareable Goods and the Emergence of Sharing as a Modality of Economic Production）的文章。本科勒在一定程度上受到2001年以来维基百科快速发展的启发，发现了社会分享和交换的优势，并预测分享即将成为"最先进的经济形式的核心——如信息、文化、教育、计算和通信等行业"。

他认为，该变化与免费软件的日益普及、分布式计算以及全球规模的数字化网络关系密切。其中最显著的变化是：在很大程度上，"这些技术通过基于社会关系的分散生产形式来解决各种配置问题，而不是通过市场或层级结构"。[1]

注意，本科勒并没有认为我们进入了某种独特的人道主义分享阶段。相反，他认为我们正在经历一个新的经济模型，它结合了某些在资本主义制度下曾被边缘化的旧经济模型。而数字技术促进了这个新模型的出现：

1　这一观点建立在本科勒早期"基于大众的同伴生产"（commons-based peer production）概念。在本科勒（Yochai Benkler，2002）中，他讨论了其代表为维基百科等开源信息项目或Linux等开源软件的同伴生产。本科勒将这些作为基于市场和基于层级结构的经济活动组织形式的第三种选择，这种选择（在信息和分配中）创造了足够的收益足以补偿"由于缺乏定价和管理指导而带来的信息交换成本，增加了由缺乏产权和合同带来的协调成本"。在本科勒（Yochai Benkler，2002）中，本科勒也将基于大众的同伴生产的原始概念归于埃本·莫格伦（Eben Moglen，1999）。

在工业社会中，高效经济行为的货币成本将分享行为推到了边缘——在发达经济体中推到了家庭内部，在全球经济体中也被推到了边缘，仅仅存在于关于礼物的人类学研究课题中或者存在于公有财产制度的文件中。但数字网络中的新兴投资重组——特别是计算能力和交流能力的用户资产化现象——至少在一定程度上扭转了这个效应。

本科勒的大部分核心观点都建立在他观察的结果上，他认为许多物质资源，比如汽车，都是"设计冗余"和"利用度中等"的。本科勒所说的"设计冗余"是指任何一个不论你是否需要它的全部功能，但你都必须要购买的商品。比如，在工作中，你根本用不上你电脑CPU中所有预设的功能，但你仍不得不买一个超出你需要的机器。另外，"利用度"是指商品的使用——商品得到充分利用的程度。比如，汽车一般不会24小时都在使用（有时一天只使用一次或者一周只使用几次），因此它并未得到充分使用。有鉴于此，绝大多数汽车都可以说是"利用度中等"。

这些"设计冗余"和"利用度中等"的物质商品代表了未充分利用的物质资本资源。本科勒认为创新并非在于是否或怎样将这些闲置资源的存在暴露出来，而是去消化和利用这些曾被忽略的资源。为什么是现在呢？他提醒我们，这个转变不是因为社会出于人道主义突然开始欢迎分享行为，而是因为数字平台——包括免费的软件、分布式的计算，以及无线网络的普及——使这些资源更容易被分享，更容易被充分利用。而且，虽然他的确将人与人之间的分享行为看作类似市场中的互动，但关键的区别在于他将社交信息看作一个经济调节机制：

我要说的是，我在这里或其他地方提到的这些现象——能分享的实体商品，同伴生产的软件，信息以及更广泛意义上的文化商品等分享行为——从它们的社会属性上来说，与一个理想的市场非常相似，但它们又因为具有社交信息性和导向性，从而代替价格产生了调节市场的信息和推动力。

他还指出，我们正在经历的这场经济转变还带来了一些新的政策问题。他提出，如果有预见性地往后想想，我们要将我们的"期望、假设和最终的对策与愈显重要的社会关系、分享行为相适应，其中分享行为作为一种新的经济生产形式更显现出重要性"。

本科勒描述分享经济时使用了统计测算的方法，与米歇尔·博旺（Michel Bauwens）更类似教会宣言的方法形成对比。虽然符合本科勒的以大众为基础的同伴生产的定义，但博旺的观点和文章不仅巧妙地抓住了分享经济中"任务导向"的经济形式对"利益驱使"的经济形式的抵触力量（这个我们在前面章节已经谈论过），还抓住了一些思想者和实践者拥护分享经济的热情。例如，博旺2005年发表的《同伴生产的政治经济学》（*The Political Economy of Peer Production*）一文的前言就有一个明显类似宣言的感觉：

在马克思将曼彻斯特的制造工厂视为新资本主义社会的蓝图前，我们的社会生活早已有了一个更深远的转变。随着政治、经济和社会制度转型为分布式网络结构，一个人类社会的新动态出现了：就是点对点。它带来了第三次生产变革、第三次管理变革和第三次产权变革，它准备着用前所未有的方式改变我们的政治经济面貌。

博旺文章中最值得学习的是，他对点对点项目的清晰定义。首先，他认为它们是在分布式网络中产生的。在这些网络中，个体之间存在一定程度的代理行为。比如其中就不包括美国机场体系（它虽然是一个分散系统，但飞机仍然必须途经事先确定的处于中心位置的中转站），而以TCP/IP协议为基础的互联网才是一个真正的分散系统，因为它采用分布式的计算方法来确定传输途径，如果无法连接网络，就会自动按照预定设计路线进行。用博旺的话说，"点对点经济建立在分散的资源和连接资源的分散式入口的基础上"。其次，博旺认为点对点项目以其"平等性"和"反证书主义"著称。简单地说，**任何人都可以参与网络中的事情，而不只是有资格的个别人。**它的指导原则大概仍然是TCP/IP，即一个"无审批许可规定"的协议，允许任何设备通过网络传输，无论传输的内容是什么。

最后，博旺认为点对点项目具有"力量平衡主义"（holoptism），与"全息敞视式监狱主义"（panoptism）正好相反。在"全息敞视式监狱主义"下，所有的知识只为个别人或者精英阶层服务，其他人只需要知道他们必须知道的东西。"力量平衡主义"代表了一个相反的规则——知识分布在所有人中。换句话说，它的目的在于降低信息的不均匀分布以及重新定义一种力量平衡，这种平衡在很大程度上影响了使用者和供应者、工人和老板之间的关系。反过来，这也说明了**在点对点项目中，信息交流是分散的而不是分阶级的。**

博旺的观点与我们将在第4章里讨论的去中心化的，以区块链为基础的，点对点系统中正在发生的情况表现得更一致。然而，今天的分享经济与"混合经济"联系更加紧密。"混合经济"（hybrid）一词最初是劳伦斯·莱斯格（Lawrence Lessig）在他2008年出版的《再混合：混合经济时代繁荣艺术和商业之道》（*Remix: Making Art and Commerce Thrive in the Hybrid Economy*）一书中提出。

在这本书中，莱斯格在大文化背景下对分享经济做了鲜明的定义，与他定义的"商业经济"截然分开。他写道："这里不仅有以金钱为唯一标准的商业经济，还有分享经济。分享经济里不再只认金钱，它是各种复杂的社会关系共同作用的结果。"[1]在同一章的后半部分，莱斯格强调他的观点："分享经济可以用任何方式来定义——或者说，可以用任何词语来描述分享经济——但唯不能用金钱来定义它。"

莱斯格将自己的观点和本科勒的观点做了一个对比。"正如尤查·本科勒提出的，在商业经济里，'价格是资源分配主要的调节信息，也是重要动力'；但在分享经济里它却被'非价格因素的社会关系'所代替。"然而，他又提出，这"并不是因为人们反对金钱（显然不是）"，而是因为"人们活在社会认知的重叠影响效应之中，对一部分人来说非常合适的东西却并不适合其他人"。

换句话说，莱斯格认为在分享经济中，相比服务和商品，社交因素有着更大的流通性。简单来讲，"好心情"就在莱斯格所谓的分享经济中流通。所以，莱斯格宣称："金钱不仅仅是没有作用，反而在很多时候，加入钱的因素反而是一场灾难。"

1　再混合也可以在非营利组织知识共享（Creative Commons）中发生，参阅http://www.scribd.com/doc/47089238/Remix。

莱斯格也承认不是所有的分享经济都是一个样。一方面，有一种"浅分享经济"（thin sharing economies）或称"动机以自利为主的经济"（those economies where the motivation is primarily me-regarding），或者说是为个人服务的经济形式（不一定是指金钱，比如参加当地的垒球联赛）。另一方面，还有一种"强分享经济"（thick sharing economies）或称"动机至少是双方都能或多或少获利的经济"（economies where the motivations are at least ambiguous between me and thee motivation），或者说是为群体利益服务的经济形式（比如，在当地的施粥处当义工）。

分享经济的多样性成为莱斯格2008年那本书中的重要论述点。他认为我们将看到第三种形式正在崛起——混合经济，他这样描述道：

> 商业经济以金钱作为其主要价值观。分享经济创造价值，却与金钱无关。两者对真实和网络中的生活都很重要，两者都会随着网络技术的进步而发展壮大。但是在这二者之间，有一个正在崛起的重要的第三种经济形式：它处于分享经济和商业经济之间，又对这两方都有帮助。这第三种经济——混合经济——将会在网络商业中成为主导形式，它还会改变分享经济的运作方式。混合经济是商业实体，但也要利用分享经济的价值；它是分享经济，但也要建立起商业实体去更好地支持分享经济。不管是哪一种方式，混合经济都将两种简单的、单纯的经济形式连接起来，通过这种连接创造了新事物。而且，只要这两种经济形式的区别继续存在，这样的连接就继续存在。

总结：似乎有一个共识，**任何一种分享经济都可能为参与者产生更大范围的可用选项和使人们能更专注于长期目标（比如可持续性）；同时也会使人们增加对社会的依赖感，而不是依赖于促进商业活动的各种经济因素**。然而，我相信我们正在见证新的"混合经济"（就用莱斯格的词吧）。在这样的经济形式下，分享经济与商业经济之间的区别不但不会继续存在，它们还会进一步融合。在一些混合经济中，可能商业因素占主导，比如Airbnb，而另一些利用商业的形式但真正目的在于分享（比如时间银行的平台TimeRepublik，在这里交易的是时间而不是钱[1]）。

分享经济是礼物经济吗

除了Uber和Airbnb等平台在公共关系上的努力以外，"分享经济"这个词得以流行还有更深远的原因：它正好符合整体经济实现共享的早期支持者的想法和理想主义。它预示了从非面对面、非个体间的20世纪资本主义向新的交易方式转变，这样的交易方式与社群更加联系紧密，更植根于社群，反映着更清晰的分享目的。

在这部分，我将用一定篇幅来论述一个观点——**社交比商业更能推动交换**。是的，它是所有前沿思想家的统一观点。但是，不同的思想家的表达方式都不同。对博茨曼和斯特凡尼来说（一定程度上还包括甘斯基），社交因素的作用很大程度上包含在信用建立、名誉以及促进商业交换的"数字社

1　时间银行有一系列不同的社会目标，其中可能包括开发新业务、提供社会服务、分享经验、提供少管所的替代方式，以及提供灾难援助等。想要了解实用的概述，请参阅 埃德加·卡恩和克里斯廷·格雷（Edgar S. Cahn and Christine Gray, 2015）的研究。

群"之中。而对莱斯格来说，需要社交的和不需要社交的汽车司机就是精确划分分享经济和商业经济的分界线。对本科勒来说，社交因素通过创造第三种经济形式，即大众为基础的同伴生产，从而代替商业因素（价格或监管）来调节经济。

本科勒和莱斯格在思考如何将社交因素加入商业交换活动中时，都经常在不同场合提到了存在了几个世纪之久的"礼物经济"。这是一个重要的联想。我发现在分享经济中逐渐展现出来的许多特征与过去我们在礼物经济中观察到的情况有很多共同之处。简单地说，我相信我们将会在未来几年看到一个已经变得低效、无个性以及极度商业化的资本主义经济系统出现一个重新融合礼物经济的过程。

可能最早的关于礼物经济的著述是马塞尔·莫斯（Marcel Mauss）于1924年出版的《礼物：古式社会中交换的形式与理由》（*Essau sur le don*），书中他描述了礼物经济的三个义务：给予、接受和互惠。[1]而我自己对礼物经济最深刻的理解来自刘易斯·海德（Lewis Hyde）1983年出版的《礼物：创新精神如何改变世界》（*The Gift: Creativity and the Artist in the Modern World*）。

但海德的书内容过于丰富，层次过于复杂，使我们很难对礼物经济凝练出一个有实用性的简洁定义。他还将其与市场经济做了一个不同的（有趣的）对比："艺术品在市场经济和礼物经济中都同时存在。但只有其中一

---

1 礼物经济，可能是博旺（Michel Bauwens, 2005）在他的点对点想法中，正试图避开的概念。"我们认为，'分享经济和礼物经济之间进行比较'对人有点误导。"他写道，"关键原因是点对点并不是一种平等匹配；它不是基于互惠。点对点遵从这个格言：每个人根据他的能力和意愿去付出，而每个人根据他的需求去索取。没有义务进行对等交换。在纯粹的同伴生产形式中，生产者没有收入。因此，如果真的有'礼物'也完全是非互惠性的礼物，使用同伴生产出的使用价值并不会反过来增加一个义务。"

个是必要条件：艺术品可以脱离市场独立存在，但是如果没有礼物，就没有艺术。"

他的书也是第一个就这个重要连接——礼物与社群之间的连接——在书中做了描述："第一，与商品销售不同，礼物赠予是要在相关双方之间建立亲密关系。第二，当礼物在一个群体里流通，这样的商业形成了一系列相互交织的关系网络，出现了一种去中心化的内聚力。"

海德将这种复杂关系的建立过程与一个单纯的商业交换做了一个对比（下面的内容就是莱斯格所谓的再混合经济形成的重要原因之一）。

礼物与商品交易的一个重要不同之处是，礼物在双方之间形成了情感纽带，商品交易却并不会带来任何必要的联系。我进入一家五金店，付钱给店员购买了一根锯条然后离开。我可能再也不会与这名店员见面。疏离感是商品交易模式的基本原则。我们不想被打扰，所以如果这名店员一直想和我谈谈家里的事，我会换一家店。因为我只想买一根锯条。[1]

海德所描绘的礼物经济与社群的形成其实是密不可分的。事实上，礼物的自然属性就包含在了这本书的一个主题中：**礼物的商品价值和消费价值在很大程度上是无关紧要的，但任何一次礼物交换或赠予行为的真实意义都在于增强社交凝聚力。**

正是对礼物经济在这一层次上的清晰认知，让本科勒能将礼物经济与他的同伴生产概念清晰地区分开来。他解释说："我不愿意使用'礼物交换'这个词，因为高度发展的礼物文化……非常注重通过礼物的往来去建

---

[1] 在《再混合》中，莱斯格广泛且鲜明地引用海德的研究，特别是海德详细描述的匿名戒酒互助社及科学同行评审的例子，通过这两个例子他得出结论："价格是有害的。"在许多方面，莱斯格在2007年提出的"分享经济"与海德的"礼物经济"是相通的。

立或重塑社交关系。而你很快就会明白，我关心的是那些存在于非市场机制的社会分享中，而又能作为实体进行估价的产品和行为（服务）。"

其次，礼物经济的第二个重要特征是不会寄望于双边互惠。以物易物的经济不是礼物经济。通过从南海岛屿马西姆地区的仪式化交换（库拉圈）到苏格兰民间传说等一系列例子，海德解释了礼物"循环"怎样保持人们之间社交价值的持续流通，同时却能避免出现商业属性和礼物交换导致的双边互惠期望。[1]

礼物从一方赠予另一方会带来什么结果呢？海德认为会增加礼物往来。换句话说，由于礼物交换的目的是为了促进"社交价值"的流通，一个没有送出的礼物就没有任何目的。而一个"将会得到回报"的礼物就具有目的性。"了解了礼物交换整个流程的特点，我们会首先发现其中有一个矛盾：当礼物被使用，它就不会被用光。"海德观察后发现，"而现实恰恰相反：没有被使用的礼物将会被丢弃，而被流通下去的礼物却永远丰富。"这个观察对比了礼物经济和市场经济，正如海德后来评论道："不同之处在于我们所谓的增长矢量：礼物经济中，增长一直跟随情感、目标变化，而在商品经济中它跟随利润变化。"海德认为礼物经济的精神产生了一种文化，它能与环保责任和可持续生活方式更好地结合在一起："繁茂的森林事实上就是人类将其视为礼物的结果。"

在礼物经济中，债务可能存在，但不会有明确的债务额。这也正如本科勒在《"好好分享"》中观察到的：

1　海德描述了人类学家布罗尼斯拉夫·马林诺夫斯基（Bronislaw Malinowski）在第一次世界大战期间的几年里，在这些岛屿上是怎样生活的，最终绘制出人际交往圈与分散在许多相邻的岛屿上的人们相互传递贝壳手链和项链行为之间的关系图。

在许多文化里，"慷慨大方"指的是拥有债权，但没必要说明债务的具体额度、偿还的确切性质以及偿还的时间限度。这些行为变成了大量的善意和私人关系，每个人从中都能获得一定的依赖感或利益，从而换来持续的合作行为。这种利益和情感的流动可能是两个人之间的持续关系，或者是一个家庭或一个朋友圈等小团体中人们共同存续的感情，或者在更广泛意义上，陌生人之间的慷慨大方使得社会变得更得体、正派。

换句话说，在礼物经济中，尽管有人欠了一些东西，但不会有具体数额，而且在某些情况下甚至不会指望有其他人会真的偿还给出借者。但如此彻底互惠的礼物经济有时也会有要求群体中所有人都需要立即偿还的债务——比如在亚马逊网站以及Airbnb等点对点市场平台上，需要所有人都及时做出评价的"回馈"行为。

最后，海德在提到礼物经济与市场经济共同繁荣发展时出现一个小高潮，而这部分内容有趣地与本章开始提到的"目的导向与利益导向之间的争论"的内容不谋而合。这里再次引用海德的话：

> 许多人将"资本主义"与"共产主义"、"个人主义"与"社会主义"的消极面和积极面对立起来而引起争论。然而，此类争端由来已久，因为这是部分与整体、个人与社会之间的基本矛盾点。每个时代都在两者之间找平衡，在一方占主导地位时总是又会唤起另一方的崛起。一方面，如果一个社会只有整体没有个体，个体无法获得利益，我们将失去广为人知的市场经济社会

的好处——它独有的自由、创造力、个性以及物质的多样性，等等。但另一方面，如果一个社会只有市场起作用，特别是把所有礼物都变成商品，礼物交换的社交成果就不复存在。只有在某一点上，商业才会正确地在社区的分裂与人性、创意和温情之间找到平衡。

分享经济是市场经济与礼物经济之间的过渡态

海德在书中举的例子主要来自对小型经济体的人类学研究，他说道："不是……因为礼物是原始或土著的财产形式……它们并不是……而是因为礼物交换存在于一些小的团体里，比如家族成员之间、小型村落、关系紧密的社群、兄弟姐妹之间，以及（当然包括）部落内部。"

今天的分享经济已经是一个规模化的行为，从原来的"关系紧密的社群"扩展到了更广泛的、联系松散的由半匿名的成员组成的数字化社区。当被问到存在于小型经济体中的"馈赠礼物"的动机和行为是否应该自然地融入到分享经济之中时，我发现更实用的观点是将这些新兴的经济行为视为礼物经济与市场经济之间的过渡态。因为虽然有些例子能归到两边，但大部分的例子都属于两者之间。下面将举例说明这个观点。

住宿：Couchsurfing、Airbnb、OneFineStay
短期住宿平台是最受瞩目、使用量最多的点对点平台之一，改变了人们国内外的旅行方式。其中，更接近礼物经济的是Couchsurfing，也有许多人认为它是分享经济平台的始祖。登录Couchsurfing，验证身份后就可以获得一个会员账号。成为会员后，就可以预订其他任何一个会员提供的沙发床位了。你也可以在其他会员途经你的城市需要小住一晚时提供你的沙发给别人。这期间没有任何金钱交易，系统也不会跟踪你的记录来看你的获得与付出是否一致。事实上，有些人可能每周都在接待不同的人，但从没有住过别人的沙发，而有些人也许恰好相反。

过去，在有朋友访问自己城市时，我们会提供自己的沙发给他们休息。Couchsurfing就是让你做这样的事情，但不同的是——你的"老朋友"可能是一个彻底的陌生人。这个平台就是让你能与全世界的人相连接，但它还有一个额外的功能就是能保证对方的真实身份，确定他不会给你带来伤害。它与从前不正规的沙发客行为的不同之处在于，它依赖于网络科技，它是通过平台而不是通过与对方以往的交往来建立信任感。

我曾和Couchsurfing魅力超凡的首席执行官詹妮弗·比洛克（Jennifer Billock）在2015年的OuiShare Fest上进行过一次谈话。作为一个经验丰富的网络经理人和一个资深瑜伽调理教练，比洛克并不把Couchsurfing看作一个住宿平台；她把它看作一个社群网络。"如果你问人们为什么会选择使用Couchsurfing，他们会告诉你他们想利用这个平台去遇见不同的人或者交上新朋友，其次才是为了找到住处。"比洛克说道，"网络是社交的一个途径，不管你是一个普通旅行者还是旅游痴迷者，你所有的愿望从'我想去骑车'，或是'我正在独自旅行，我想找个人和我一起远足'等，到'我要在别人家住一晚'，都包含在Couchsurfing的用户功能里了。"

或者说，人们的热情好客以及想认识更多人的渴望才是Couchsurfing成功的推动力。有许多会员从未在别人那里过夜，却广泛地接待别人。同样，也有很多人从未接待过别人，却是其他人家的常客。提供住所和住别人家的行为并不会期待任何相同的回馈，但它们是社交价值交换的一个途径。无数会员在到达新的城市时并不急于找住所，而是通过Couchsurfing找到自己的社群。截至本书付梓之际，它是我遇到的最接近于单纯的礼物经济的例子。

　　Couchsurfing获得了风投资金的支持后与Airbnb有了一个共同的董事会成员：乔尔·卡特勒（Joel Cutler），他是一名旅游行业的资深从业人员。与Couchsurfing供应者的社交需要引发的动机不同，Airbnb供应者的加入是因为他们有空房而且想租借出去获得利润。同样，房客加入平台是因为想寻找空间更大、位置更好、中介环节更少、价格比酒店更合理的住处。

　　然而，这并不是说Airbnb单纯由市场驱动，它里面同样有礼物经济的成分。即使有金钱往来，很多房主也会通过一些方式将自己的私人空间分享给别人。比如Airbnb里也会有一些亲密的分享行为。我们看到对方的家人照片、国外旅行带回的小装饰品、床单和毛巾的选择、厨房里的调味品。空间从单纯私人的状态变成了介于私人和公开之间的状态。正如海德指出的："我们的态度会改变事物的性质。"正因为如此，Airbnb里的礼物经济成分改变了我们的行为。房主通常会超出服务内容，为了让房客感到家的温暖，提供许多超额服务（提供一杯欢迎红酒、社区参观，或是免费的健身房），而房客也会回馈更多（带来家乡的特产或是请房主吃饭）。你可能将毛巾留在酒店的地板上也会觉得没什么，但你绝不会在Airbnb里这么做。许多房客告诉我，他们会花上几个小时在离开前为房主打扫房间。

平台上的评价留言通常也会成为"礼物回馈"的一部分。积极正面的评价会帮助房主将来获得更多的业务，对房客的好评也能使他将来更容易预订到房间。正如我们以上讨论的，这些都是海德所说的礼物。

更接近于市场经济的是OneFineStay。它是一个来自英国的平台，它的投资者包括凯悦酒店集团（Hyatt Hotels），它帮助人们出租豪宅、豪华游艇和度假别墅。当我在2014年和2015年与它的创始者埃文·弗兰克（Evan Frank）聊天时，他并不把Airbnb看作直接的竞争者。相反，他把OneFineStay看作丽思卡尔顿等豪华酒店的有力竞争者。如果我们将服务做得更细致深入，这样的差别将引起质变。平台保证这些衣着华丽的客人会享受到和豪华酒店一样的设施，包括清洁程度、崭新的床单（如果需要可以每天更换）以及7天24小时的客房服务。换句话说，虽然房间是由别人提供的，但是客房服务却不是由房主提供，而是由平台提供的。

融资：Kickstarter、Kiva、Funding Circle、AngelList

点对点融资平台也是接近礼物经济的另外一类例子。比如，典型的众筹平台Kickstarter为各种类型项目提供了融资途径，不管你的项目是新电影或舞台表演，还是新应用、新产品的开发。融资的一般过程如下：首先，创业者将其项目内容及其融资目标金额发表出来；然后，平台上对此强烈感兴趣的人会贡献出自己能负担的金额。通常，创业者会对不同档贡献金额的人有不同档的回报。如果融资达到目标金额，创业者就会收到钱。2009-2015年，近900万创业者的成千上万个融资项目在Kickstarter上获得了近20亿美元的众筹金，Kickstarter这个词也被收入流行文化词典。每天都有几百人决定上Kickstarter众筹他们的创业项目。

资助者又为了什么呢？部分原因是单纯地希望看到一个很酷的创意项目能得到资助从而开始启动。另一部分原因是想更早地得到这些酷酷的新玩意儿。虽然投资这些项目有商业风险，而且Kickstarter也不会给投资者任何股份。2014年春，我与Kickstarter的创始人兼首席执行官杨西·斯特里克勒（Yancey Strickler）谈到这些时，他主张说他并不打算将Kickstarter变成一个"金钱换股权"的场所。事实上，2015年的晚些时候，这间公司就重申了它的自我定位："一家福利企业"，更新了它的长期承诺，表示要继续支持艺术和文化产业，还阐明了它打算履行的其他价值观和承诺。[1]

如果有人仔细观察Kickstarter上融资项目的组成，可以更清晰地看到里面有"礼物经济"的成分。Kickstarter上的大部分项目在传统意义上应该要么受到支持艺术的地方大财团的资助，要么通过慈善途径，要么受到朋友的支持。正如Kickstarter的竞争对手RocketHub的创始人兼首席执行官布赖恩·密斯（Brian Meece）在2013年告诉我的：众筹是一个社交项目，一个成功的项目应该像举办一场派对那样去筹划。在很大程度上，Kickstarter上众筹行为的心理中社交成分比商业成分更多。它的规则也与慈善捐赠类似，所以它更像礼物经济，而不是市场经济。

礼物经济的动因也是微贷平台Kiva上资助者的核心动机。Kiva是由杰西卡·杰克丽（Jessica Jackley）和马特·弗兰纳里（Matt Flannery）在2014年创立的，主要功能是连接有钱的人和项目需要贷款的人。然而，大多数资助者往往来自富裕国家，而被资助者却经常来自欠发达国家。需要的贷款

---

1 参阅https://www.kickstarter.com/blog/kickstarter-is-now-a-benefit -corporation。

额一般很低（对一个项目而言）——从几百美元到几千美元——而且一笔贷款通常由若干个资助者合并而来，每人提供的金额都不多。

由于其基数大、单位额度小，Kiva的贷款项目其实是一个优质的投资项目。它的还贷率也非常高。同时还会有一些成熟的实地考察团体、社区团体（经常还会有专门从事商业微贷的人）对Kiva的项目进行事先审查。另一方面，Kiva上的不同项目之间为了同样的融资来源展开竞争，所以它的确会有市场经济的成分存在。但投资者也想要建立自己与被资助者之间的社交联系：这表现在待资助者发表的项目描述中，这些描述更像是个人的故事、传记，而不像商业标书。所以Kiva在分享经济中属于介于礼物经济和市场经济之间的类别。

Funding Circle与Kiva类似，是一个点对点贷款平台，贷款是合并了许多资助者的小额资助金的总和（经常会有上百个），再提供给贷款人（大部分是微型企业）。在这个创始于英国的Funding Circle平台上，资助者——不管有几英镑还是几千英镑——都可以选择项目进行资助，他们会获得相应的利息，这个利息通常会大大高于存款利息。受到资助的创业者必须在规定时间内还清贷款。但与Kiva不同的是，这里很少有（如果有的话）个人故事在项目内容里，相反里面充满了更多商业细节。尽管平台排除了传统的第三方信用贷款单位（比如银行和抵押贷款经纪人），它仍然大体上属于市场经济范畴。可能部分资助者愿意资助本地企业，但他们更愿意把投入的钱看作投资，而不是礼物，他们会通过观察评估这些投资项目的表现。

最后，属于市场经济一端的还有股份众筹平台，比如连接创业者与天使投资人的网站AngelList，它将初期创业者与投资人连接起来。投资人通过投资获得部分股权。AngelList和其他类似的平台基本上都以纯粹的市场经济方式运转，将传统的风险投资行为网络化，组织融资时引入私人股权的创意，同时可能会扩大参与者的范围。虽然我们也许会发现里面有部分投资偏好支持个别地区或个别行业，但是它和传统的风投几乎没什么区别。

服务平台：Trade School、TimesFree、TaskRabbit、Handy

最后一组我要讨论专注于服务项目的点对点平台，特别是它们都致力于发挥出参与者的空闲时间、知识、技能和特长的最大优势。类似Trade School和OurGoods这两个总部都在布鲁克林地区的平台，就是偏重于礼物经济的好例子。其中，Trade School是一个原创的同伴学习平台，OurGoods是一个以物易物的市场平台，这两个为艺术家和其他专业人才服务的社群都是由卡洛琳·伍拉德（Caroline Woolard）和珍·艾布拉姆（Jen Abrams）在布鲁克林创立的。在Trade School里，平台里的"老师"分享知识和技能以此交换其他人的知识和技能或者其他的实物，但不会换成钱。[1]比如，你可以提供数学辅导课程，并在你的交换范围中写上要交换一套最好的速降滑雪教程。而另一些人可能会提供私人培训来交换法国烹饪课。简单来讲，在Trade School里，知识和技能都被想象为商品在没有货币的市场里进行交易。

在前面章节中提到了莱斯格对分享经济的定义，这个定义与Trade School、OurGoods的动机非常契合。在2014年的一次谈话中，伍拉德向我解释了为什么按传统用金钱并不能很好地衡量艺术家创造的价值——有些艺术品定价非常高，而另一些艺术品却卖不出去。以供需关系来定出的价格并不能

1　参阅http://tradeschool.coop。

分配给艺术家一个合理的收入。因此，在艺术家的群体中，一些额外的交换渠道，比如可以获得儿童看护和培训等服务（不涉及金钱），就很必要。

与Trade School一样，儿童看护合作社群的应用平台TimesFree也是具有市场经济成分的礼物经济的代表，它由纽约大学博士生弗朗西斯·杰维斯（Francis Jervis）创立。社群中建立了合作社组织，并设置了虚拟货币：每个人都有一定量的"虚拟货币"，人们通过替人照看儿童获得货币，也可以支付货币请别人照看自己的孩子。

相反，类似TaskRabbit和Handy的劳动力市场平台，就只有很少（如果有的话）的礼物经济成分。在TaskRabbit里，潜在的劳动力提供者（被称为"任务执行人"）在提供服务时，可以选择满意的时薪，还能通过条件筛选只显示出符合自己条件的工作，比如最低时薪或能接受任务的时间段。因此TaskRabbit只是一个劳动力匹配市场。也许你会和"任务执行人"交上朋友，但如果这样的话，你早就和百货店的收银员是朋友了。

分享经济和人类连通性

在许多其他领域，我们也能发现介于市场经济与礼物经济之间的平台。Yerdle和Listia都是私人物品交换平台（使用虚拟货币），有趣的是，在所有替代购物的应用平台中，它们正好处于礼物经济和市场经济的中间——Rent the Runway和Style Lend代表了市场经济的，而众多的服装交换平台则代表了礼物经济的。Uber就像Getaround一样是典型的市场经济模式（尽管出于环保考虑，人们可能会把它当作私家车的替代品）；BlaBlaCar和Lyft等平台都含有礼物经济的成分，这一类平台还包括Bandwagon——一个在纽约分享黄色出租车的平台，以及Hitch——一个在2015年被Lyft收购的合伙用车网络平台。分享经济集体行动平台Peers.org的创始人娜塔莉·福斯特（Natalie Foster）引用了公司一名叫贾斯汀的员工的话。贾斯汀是洛杉矶的一名分享汽车司机，他将分享驾驶的经历看作生活中的一股积极力量。他说："通常因为我们局限于自己的生活圈，我们有时会封闭自己不去与陌生人交流，而分享驾驶让我接触到了我可能永远也不会认识的人。"

分享经济是多样化的，不仅仅局限于产业、服务和商业的各个模式，它分布在市场经济到礼物经济之间的所有状态中。它既不是完全利他主义的奉献者，也不是唯利是图的资本家。

当然，它的多样性也可以解释为什么分享经济这么受欢迎，以及有着巨大潜力。虽然不算政治中立，分享经济却创造了一个新的经济形式——有意思的是恰好处于资本主义和社会主义之间——而且似乎对于政治和经济立场处于两个极端的人们的需求和期望，它都能够满足。更重要的是，对于两边都不支持的人们的需求，它也能满足。

2013年，我加入了一个新组建的纽约大学社团，名叫"人性进步工程"（Project for the Advancement of our Common Humanity，PACH），它是由尼俄伯·韦（Niobe Way）、卡罗尔·吉利根（Carol Gilligan）和佩德罗·诺格拉（Pedro Nguera）三位教授创立的。PACH的建立旨在帮助我们更好地理解"人与人之间联系的关键基础是什么，以及我们怎样才能创造一个更平等、更仁善的世界"。[1]从暴力到教育问题等一系列世界性的难题都发源于人与人之间的连接度不够。我加入PACH是为了搞明白数字科技到底是问题的解决方法，还是问题的一部分。

通过持续接触分享经济，我开始疑惑我们是不是正在颠覆一个我们众所周知的关于数字技术的隔离效应的描述。麻省理工学院的社会学家雪莉·特克尔（Sherry Turkle）是这个课题的带头人，在她2011年出版的《群体性孤独》（*Alone Together*）一书中写道："数字化的连接与社交机器人让我们产生了'我们不需要友谊也能成功'的幻觉。我们各自的网络生活让我们彼此疏离，即使我们的身体待在一起。"

然而，这个描述太让人熟悉了。1953年，罗伯特·尼斯贝特（Robert Nisbet）曾哀叹道，他并不确定"是否正如当今的许多评论所说的：机器及其铁的纪律的出现造成了人性丧失和大众文化的异化，而事实却显而易见，如今的焦虑感和不安全感不仅仅只与卓越的改造自然的机器化能力有关"。尼斯贝特进一步引用了19世纪的经典——《自杀》（*Suicide*），书中埃米尔·迪尔凯姆（Emile Durkheim）担忧技术进步的力量"已经相继摧毁了所有过去建立起来的社会文明：通过缓慢的时间侵蚀或者暴力革命将传统文明一个接一个驱逐出去"。

在数字技术的影响下，我们是否到了一个关键的变化点：Airbnb和Couchsurfing让我们住得更好，Lyft的合伙使用汽车方式让我们不再孤独地驾驶而可以结伴而行，VizEat创造的社交饮食代替了对着电视机吃饭，La Ruche Qui Dit Oui让我们聚集起来而不用孤单地推着购物车。从此一个连

1　参阅http://steinhardt.nyu.edu/pach/。

接度更高的社会将会出现吗？又或者我们会因为Alfred butlers（提供家政服务的平台）、Instacart shoppers（提供百货购物服务的平台）和Munchery deliveries（提供外卖服务的平台）满足了我们在高楼公寓中房门紧闭的生活的基本需要，而变得更孤单吗？

距离我在纽约大学的办公室一个转角的位置是社交平台Meetup的总部，它的首席执行官斯科特·海夫曼（Scott Heifermann）不断向我强调：Meetup是目标驱动型，而不是社会服务型，数百万人聚集成小团体是为了学习、探讨共同的话题，集结成社群反而成了副产品。为了共同的利益将分散的社区重新聚集起来，他们也许就是21世纪高度个性化的数字化"扶轮社"[1]吧。

或许未来分享经济会持续打破商业经济和礼物经济的界限，将在我们每天的经济生活中创造出更高层次的连接——比如寻找住宿、开车上班、吃饭、购物等——同时会产生新的社会文明去代替迪尔凯姆曾经惋惜的我们在工业革命中失去的那些。

或许，随着时间过去，这会成为分享经济真正的礼物。

1　扶轮社（Rotary Club），服务性社团组织，以增进职业交流及提供社会服务为宗旨。

第2章
铺设轨道：数字与社会经济基础

如今，人们能建立起一种新的信用关系：对网络形象的信任。这不是一个社会的增量变化——它不是比以往变得更多或更好——而是一种颠覆性变化，一切都会变得不一样。社会的基石——人际信任，从稀缺变成了一个丰富的资源，人类合作和价值创造的潜力也随之变化。

——费雷德里克·马泽拉，BlaBlaCar联合创始人

Laying the Tracks:
Digital and Socioeconomic Foundations

在过去的20年中，网络一直作为商品交易的平台。现在进入了新的千年，我们很容易忘记在20世纪90年代中后期，网络世界里既是一片疯狂激动的场景，又充满了深刻的理解、恐惧和道德恐慌。到最后，尽管霍华德·莱茵戈德（Howard Rheingold）之类的网络狂热者不断开创网络的"新边界"，其他人却不断提醒人们网络也是非法勾当、色情图片，以及欺诈行为的潜在雷区。

在过去的20年里，对网络乌托邦式的猜测和偏执的误解都已消退，它成为了我们日常生活中不可缺少的一部分。然而，尽管点对点交易与网络本身存在的时间一样长，但直到最近它才从已有商业模式的补充和延伸中真正变成了一个全新的商业模式和消费行为——而这些模式和行为在网络产生初期都是不可想象的。

为什么等了这么久？到21世纪，网络消费的商业已经是主流了。其中，亚马逊是2015年世界最大的网络销售商，1997年上市，截至2001年它持续创收30亿美元，但我们知道的分享经济直到最近才出现。

在这一章中，我将解释**分享经济的出现在很大程度上取决于一系列我们等待已久的数字化推动力量的汇聚**——其中主要包括智能手机的大众化、无线宽带网络的普及以及真实社交网络数字化形成的信任体系。我会进一步讨论分享经济的潜力是怎样不断被数字化的实物和即将到来的去中心化市场协议（比如比特币）时代所延伸扩大的。

为了更好地理解为什么等了这么久以及它的潜力是怎样被快速激发的，我们可以先看看分享经济的先驱们——eBay、阿里巴巴、Craigslist、Kozmo——它们在网络商业诞生后培养了大量对点对点模式前景非常认同的消费者群体，从概念上讲，它们都是分享经济的始祖。

先驱：eBay、阿里巴巴、Craigslist、Kozmo

我们从创始于1995年9月的eBay开始。在它最早的时候，eBay为车库私物拍卖、独立书店以及想在开实体店的同时开网店以扩展市场的二手商店等提供了网上商业平台。今天，eBay每年在市场活动中产生超过800亿美元的销售额，有100多个国家的国内生产总值（GDP）都没有达到这个数值（尽管它的范围和规模很大，但它仍然稍逊于阿里巴巴的淘宝网——中国最大的点对点销售市场，淘宝网每年要发生3000亿美元的交易，比芬兰、爱尔兰和葡萄牙三国的国内生产总值总和还要多）。

尽管eBay和阿里巴巴一直代表着网上重要的经济枢纽，但它们都没有表现出分享经济最有意思的经济行为，这些交易与Uber、Airbnb、Handy和Meetup的方式截然不同。这些方面的不同说明了为什么eBay和阿里巴巴比分享经济出现的时间早很多年。

第一，它们专注于零售交易。买家竞价（或者有时也不需要竞价购买），卖家则将商品摆上货架，送到买家手里。相反，今天的分享经济更趋于促进或提供服务，而不仅仅是商品交易。钱是从"出借"而不是销售中产生，而且能出借的东西包括从房间到整幢房屋（比如Airbnb）、到汽车的座位（比如BlaBlaCar），以及到某人的几个小时时间（比如Postmates）。

第二，eBay中的交易是不同步的，同时也是"评价程度低"的。买家拍下商品，卖家寄出商品，最后买家拿到商品。从这个意义上说，虽然eBay也算是点对点交易，但它仍然在很大程度延续了旧式的远程交易模式，比如邮购。虽然可能你收到的商品不是你期望的样子（比如，一个贝比·鲁斯签名的棒球可能只是批量生产的复制品，或者一条二手牛仔裤不合身或是比描述的褪色更严重），这样的交易可能并不会带来很大的伤害。风险也算不上很高，但这样的体验就是我所说的评价程度低。相反，分享经济却经常带来同步的、评价程度高的交易。你经常会与为你提供服务的某个人发生联系，但比如住在陌生人的家里就会比叫陌生人寄包裹给你风险更高。但是相应地，因为分享经济包含在每天真实世界的各种服务里，它有潜力更深刻地去影响人们的日常生活。

第三，在eBay上，交易双方的距离对交易质量几乎没有任何影响。尽管距离近会减少邮费，但除了这个，近距离就没有其他的优势了。但在分享经济里，位置的远近往往成为关键因素。的确，正如我后面将会谈到的，点对点市场在人口稠密的城市地区发展尤其迅猛，也更具优势，因为当参与者生活得很近，他们合作起来就更有效率。

在很多方面，eBay可以理解为现有分享经济的"远房表亲"。尽管它本可以让消费者进入亚当·斯密（Adam Smith）的18世纪"一个人的店铺"（one-man shop）的数字化模式，并且帮助其建立起对在数字接口另一端的人的信任的第一种亲密模式，但它离邮购目录仅仅只有几步之遥。相反，1995年以电子邮箱服务开始创业、1996年成为互联网服务公司的Craigslist在某种程度上与现代分享经济更一致。

在2012年一张广为周知的信息图中，SupplyDemanded.com网站的大卫·哈伯（David Haber）描述了Craigslist为点对点专业市场提供的不同服务，这些服务的出现能扩大每个"行业类别"交易的规模。[1]图2.1统计了截至2015年12月市场上还在运营的涉及众多行业的平台。

图 2.1 2015年各种行业中的分享经济平台

---

1 参阅http://minus.com/lbg98QhH9AALlU。

每个用过的人都知道，Craigslist是一个通用的点对点市场，一个"什么都卖"的电子集市。你可以购买产品，比如新旧电子产品、家具或自行车，你也可以获取服务，比如自带司机的小货车、清洁工、家用电脑维修或钢琴调音。如果eBay是分享经济的表亲，那么Craigslist可能就是一个血缘关系更近一点的表亲。

当然，表亲之间并不是很像。一方面，虽然Craigslist在很大程度涉及买卖商品，它同样也涉及寻找和提供服务。而且，在Craigslist里，距离邻近很关键。这也是为什么Craigslist虽然是全球规模，但总是本地化运作。

另一方面，Craigslist缺少很多今天的分享经济的因素。最显著的一个因素是信任。你可能会惯于使用Craigslist去雇用别人帮忙搬家、粉刷厨房，但随着新的点对点服务出现，在Craigslist上寻找服务变得很危险。毕竟，为什么当我们可以在TaskRabbit和Handy上找到背景清白的人选时，我们还要在Craigslist上雇用一个清洁工或者维修工？[1]

的确，这个清洁工或维修工在技能上与你在Craigslist上找到的没什么区别，你对任何一个人也都可能满意或不满意。但是在Craigslist里没有双方的制衡关系，任何人都可以进入你的家。如果你不满意这些人的工作，你可以选择下次不雇用他们，但是如果有东西被损坏或者被偷，你没有地方可以投诉。

当然，这也意味着，Craigslist上找来的清洁工或搬运工没有足够的动机做好工作。毕竟，虽然他们可能会失去一个潜在的回头客，但他们不会失去未来的主顾。比较起来，如果你在TaskRabbit或Handy上雇用一个清洁

---

[1] 在区块链技术为基础的市场中，信用系统的出现使类似Craigslist的市场潜力得到重振。在第4章中我会继续讨论这个话题。

工或搬运工，你不仅找到的是被平台审查过的人，而且更重要的是，如果这个人做得很差，你可以给他差评。坏的表现会带来不好的后果——这会成为平台上个人形象的一部分——而且，正如我在第8章讨论的，还会产生一种数据驱动的新的达尔文进化论。同样地，如果你是一个TaskRabbit或Handy上的服务提供者，你不需要担心做了工作而被欠薪，因为平台会辅助交易进行。这里就解决了自由职业者的巨大担心。自由职业者联盟充满魅力的创始人萨拉·霍洛维茨（Sara Horowitz）曾提到过：10个自由职业者里有8个都在某些时候遇到过雇主不付款的情况。2015年10月，我和她共同出席了一个时任美国总统奥巴马参加的会议，她在会议上向奥巴马提出："自由职业并不是免费的。"[1]

从这层意义上说，尽管Craigslist扩大了点对点交易模式，为今天的分享经济做了前期准备，但它并没有产生人口规模的信心将这些服务延伸到数字化平台上。事实上，在过去的20年，由于Craigslist发生了很多尴尬的甚至是危险的遭遇，现在仍有许多博客和在线论坛都讲述了可怕的Craigslist的故事。

最后一个分享经济的先驱平台是Kozmo——它虽然不那么知名，却是今天很多点对点速递服务的雏形。在很多方面，1990年创立的Kozmo太超前了。它是第一个"提供任何物品"的服务，可以一小时内订购和送达一系列物品到你家。这间公司获得了2.2亿美元的风险投资，雇用了超过1000名快递员。在2000年，Kozmo和星巴克形成了伙伴关系，一方面可以提高星巴克咖啡店的服务质量，另一方面利用其门店作为租赁物品的临时放置点。

如果在今天，你的Kozmo快递员很可能是一个独立的外包人员或兼职

1　参阅https://twitter.com/digitalarun/status/651878601177079811。

员工，带着自己有GPS功能的智能手机在工作。然而在1999年，Kozmo不得不雇用专职人员并且给他们配备公司的硬件设备，比如司机携带的供电系统。难以为继的成本结构、过低的定价以及太快的扩张计划使这间公司在2001年破产了（它的同类竞争者UrbanFetch在2000年破产）。

Postmates现在是美国还在运作的点对点速递服务平台中的一个，它2015年获得8000万美元风险投资，它的模式和Kozmo创造的模式几乎是相同的。想成为它的快递员，你只需要有空闲时间，一部智能手机安装它的应用程序来追踪顾客的行踪，送达物品然后收费。截至2015年，费用都是在每个快递基础上产生并且由服务需求决定。

分享经济的数字决定因素

上面的例子说明，尽管分享经济的产生可以追溯到20年前，而且一些先驱者，比如eBay和Craigslist仍然存在，但在经济足够数字化之前分享经济的美好前景并不能完全实现。

我们今天认为是理所当然的数字化经济的基础是什么？它和分享经济的爆发有什么关系？2007年，我和我的同事瓦森特·达哈（Vasant Dhar）发表了一篇研究文章，试图解释什么才是促进数字经济进化的根本力量、这些力量会带来怎样的后果，从中我们可以了解到关于商业预期和信息科技的社会影响的什么样的情况。我们认为，在它们的核心，将数字科技与过去革命性的通用技术区别开的是三个不变的因素，这些因素在过去的40年里决定了科技的进化并解释了它带来结果的千差万别；这些力量成为了我们思考未来数字科技的基础，同样也阐明了部分分享经济的可预见的数字决定因素。

三个基本力量

我们从三个基本力量开始，这三个力量将数字科技与之前的其他影响经济的"通用"技术区别开来。

第一种力量是**事物的信息呈现方式，特别是以数字形式来传达信息。**越来越多的重要的经济、社会事物"被数字化"。比如，你的钱是关于财富的信息，它储存于银行电脑中、PayPal（全球最大的电子即时支付工具，美国eBay公司的全资子公司）服务器中，或是比特币区块链中，偶尔也会变成真实的货币——纸币和硬币。音乐、声音和录像在今天都表现为数字信息，体现在频率、音高、颜色以及它们的变化。今天的贸易策略是一系列基于信息的原则和算法。一个商用药品最开始是一段信息，然后才变成胶囊里的化学物质。越来越多的真实物品最开始只是数字化的设计，这些设计通过制造工艺变成实物——一张椅子、一个电话机、一件珠宝或是一架飞机——供人们消费。这些信息都可以数字化，并且在今天已经实现了。一旦数字化，这些信息就可以适应各种形式的加工和移动。

第二种力量是**硬件能力、带宽、硬盘以及伴随着的数字设备微型化的持续指数级增长**。20世纪60年代，戈登·摩尔（Gordon Moore）预测，芯片上的晶体管的数量大约每两年就会翻一番。如今，这个预测经常被引申为电脑价格每两年减一半的"摩尔定律"，就是第二种力量的经验体现。尽管几年前有证据表示摩尔定律开始变慢，但大规模并行处理以及软件功能性和可靠性的提升在基础的数字运算能力上继续维持了这个指数级增长。集中表现在谷歌公司在此方面领军式的推动，同时这些做法也被包括Facebook在内的公司广泛接受，建立了大规模计算使用的硬件以及类似Hadoop和Hive等软件。

最后一个力量很小，却是前两个的增强和补充力量。这就是**持续增长的模块化编程能力，它使不断增加的复杂性得到聚合、编纂，最终整合成标准化的软件平台**。换句话说，数字"机器"与之前的其他所有机器有根本不同，因为你可以让这些"机器"做全新的事情而不需要重新造一个，只需要简单地告诉它一个新的编辑好的指令。你要给一个现有的数字设备增加新功能，只需要增加一个软件即可。比如，你的智能手机每下载一个应用，它的功能就增强一点，而它的物理设备还是原来的样子。电脑、智能手机和平板设备等硬件的不断增长的编程能力和模块化能力已经对商业和社会起到了强大的变革作用。添加和改进的模块化层能带来原本不存在的功能和商业模式。

我们已经能够观察到大量关于这三个因素直接带来的影响：信息从其物理构件中分离出来，比如音乐、视频以及出版业推出的纯电子出版物，可以通过 iTunes（苹果公司最热门音乐软件）、Netflix（在线影片租赁提供平台）和亚马逊的Kindle来呈现；强大的分享数字平台的创建，从谷歌地图到亚马逊；以及越来越丰富的数字空间的出现，比如Facebook、Snapchat（提供"阅后即焚"功能的社交平台）和微信带来的人与人之间交流的复杂性增加。[1]

---

1 我和达哈教授在2007年的论文中详细讨论了这些早期的后果。

我列出了这三种力量带来的四种额外的影响结果，这四种结果对分享经济的出现和不断进化起着关键作用。它们是：

（1）数字技术消费化；

（2）物理数字化；

（3）去中心化的点对点模式的出现；

（4）信用的数字化。

数字技术消费化

20世纪80年代晚期至90年代早期，工作场所个人电脑的集中出现、服务器技术和企业接入以太网带来组织内部大规模工作流程的重新设计，伴随着80年代纸质文件不断被纯电子文件所代替。今天，消费者关注数字技术，不断装备自己的数字设备，智能手机就是其中最强大的通用电脑。另外，快速的通信网络，包括居民宽带和移动互联网，都为他们建立起来。似乎接下来我们要讲这次再造工程的第二阶段；但我们先来看看日常生活的重新建造。

虽然数字技术源于20世纪40年代战争时期的情报处理技术，但不到20世纪60年代，它的商业用途就出现了。在20世纪的60-90年代，出现了IBM、惠普、苹果和微软等信息技术巨头公司。除了苹果，这些公司的主要用户都不是个人，而是私有企业和政府机关。尽管这些公司创造的硬件和软件偶尔也适合消费者，它们生产的所谓家用电脑就是在为企业和政府设计的技术基础上生产的个人化产品，比如20世纪90年代由企业电脑改装来的家用电脑曾风靡一时。同样，微软的软件都是用于商业用途，作为后来的补充，有时也设计了个人版本。

之后非常快，数字技术的指数级增长到了足够水平，可以生产出价格划算、大众化、人们负担得起的数字设备了。几年后，音乐也可以以数字化形式储存于CD中了。20世纪90年代，歌曲信息从其物理构件中分离出来，变成了人们储存在家用电脑中的MP3文件。再加上个人对网络的足够广泛的接受，使个人数字音乐设备具备了商业可行性。

苹果公司一直以来非常专注于消费者，但不幸的是，它超前了20年。如今它专注于即时使用的外观漂亮的产品，并用iPod这个产品抓住了市场。然而，iPod并不只是一个非常受欢迎的消费产品。作为一个成功的专为个人，而非企业、政府开发的大众化产品，它代表了一个拐点，数字化发展重心变化的拐点。

在接下来的十年里，许多最重要最有创造力的新数字产品——如智能手机、数字平板、类似YouTube和Facebook的社交平台，以及像谷歌地图这样的应用——都是先为个人消费者开发，然后再改造为适应企业和政府使用的产品，与过去正好相反。这个趋势仍在继续，我和我的许多同行都将此称为数字技术的"消费化"。人们不再宣称硬件和软件的开发必须首先考虑企业和政府的需求了。事实上，今天IT行业的发展动力来自于个人消费者产品的开发。

因此，今天我们认为理所当然的概念，比如所有权、购买大品牌产品，将不再通用。企业开始重新思考它们能为数字化的消费基础带来什么——想想如果Uber离开了有GPS功能的智能手机，它至少不能实现规模化了——在装备了智能手机的独立劳动者能自由进出劳动市场的时代，什么样的劳动模式是可行的呢？

物质的数字化

伴随着数字消费化，我们还见证了一个同时发生且同样重要的变化：物质的数字化。这两个正在发生的变化说明了前面提到的三个不变力量，在促进数字消费化的同一个经济背景下，会怎样重新塑造我们日常的实体对象——物联网和叠层制造技术的萌芽。

物联网。就在不久的将来，每个"实物"都会具备数字化和网络化的潜力。比如这样一个标志性的例子（也许并不是最省钱的）。当牛奶接近或到达保质期时，牛奶盒子就会告诉冰箱，冰箱会将牛奶增加到你的FreshDirect（提供生鲜食品购买送达服务的平台）购物清单里。接着几箱新鲜的牛奶就会送到你家，你可以不用费心这些琐事而将精力用于更重要的事情。这就是物联网——这个世界里的所有东西，包括从盒装牛奶到家用电器再到服装，都被植入了小小的数字化智能，成为了互联网的一部分。牛奶盒子不会占用一个电脑而只是简单地装上了一个传感器，通过它就能让同样已经网络化的冰箱知道牛奶的保质期快到了。冰箱会提交这个信息，然后在网上的快递服务中把牛奶纳入购货清单。[1]

换句话说，**在不久的将来，更多平凡的物体能通过网络相互传递信息进行对话**。需要明白的是，这不是科幻小说里的情节。毕竟，物联网并不能帮助我们与冰箱和牛奶箱进行智能性的对话（至少现在不行）。幽默作家道格拉斯·亚当斯（Douglas Adams）写道，智能电梯不会对枯燥的每日上上下下的工作感到厌烦，而在地下室生闷气。虽然还没有表现出明显的应用前景或者设备萧条情况，但是物联网必定将促进分享经济的扩增。

---

1 当我写这本书时，这个标志性的例子还没有获得商业社会的广泛接受。

因为这种智能虽小，但它能更低廉、更容易地植入实体中，从而提高跟踪这些物体的能力。同样地，也会提高对它们的管理能力。随着无人机技术的发展和接受度的提高，点与点之间物品传递的成本将下降。换句话说，一个物体将会知道它在哪里、它的使用程度是多少，它还能安排自动化、数字化的运输设备将自己运送到客户处而不需要人的干预。[1]在某种意义上，一个实体物变得像一个智能的iTunes电影文件。

因此，物体的"可租借性"也在提升。所有种类的按需服务在物联网下变得越来越可行、有效和普及。

3D打印技术和叠层制造。直到现在，如果你想进入实体的制造业和销售业，你都必须具有生产能力和销售渠道（比如通过批发和零售网）。我们将要进入一个不再需要工厂、仓库和分销网络就可以从事实体销售的世界。你也不再需要通过各种渠道从世界各地购买机器零件。你只需要设计。

改变这一切规则的技术就是3D打印技术。工业时代——典型的生产方式就是削减法；它从实体材料开始——木材、金属、热加工树脂——然后通过工具、机器和模具削减部分材料得到最终的产品。而叠层制造法正好相反。它从设计开始，然后利用"打印机"一层一层构建起一个实体物。

这将如何重新塑造经济？我们来看看数字模拟（把数字和模拟两个词放到一起我感到很舒服）。20年前，大部分的城镇都有许多从事唱片零售的实体店面，集中生产再分销到这些店里的唱片和CD，用箱子送来，放在货架上，再被销售出去。如果你想成为一个成功的音乐家，你必须成为为数不多的几个其唱片能在这些店面中销售的音乐人之一。同样地，要成

1　关于亚马逊在2014年进行评测的无人机快递技术的概述，参阅http://www. amazon.com/b?node=8037720011。

功地办一间报社，你需要进行大规模打印的技术和报纸实体分销的基础设施。去年一年里你去过唱片店吗？你知道还有几个人现在还在订阅实体报纸？你是在Kindle上阅读这本书的吗？

音乐和出版的数字化已经剧烈地改变了这两个行业的经济模式，将竞争优势转移到了能控制"交互界面"的实体上：比如苹果公司的iTunes、亚马逊的Kindle，以及YouTube的视频平台。它同样促进了更多小众音乐家、作家、博主和网络明星的出现。正如罗切斯特大学的拉维·曼特那（Ravi Mantena）教授在2004年纽约大学的博士论文中预测道：**即将到来的叠层制造时代同样能极大地改变许多实体工业的经济模式。**

例如，你想象一下，你想要一个新手机套。现在，我们当中绝大多数人都局限于在苹果专卖店、BestBuy（百思买，全球最大家用电器和电子产品零售集团）、街头小贩的手推车里进行选择，或者取决于亚马逊的仓库里有什么。但是，有了3D打印技术，你就能购买一个设计而不是一个手机套。换句话说，过去你需要购买一个物品，而现在你可以轻松地购买一个在某种意义上能被自己制造出来的设计，不管是通过自有的3D打印机或是附近3D打印店的机器。如果你自己及附近都没有3D打印机，你还可以轻松地通过3DHubs等服务平台找到能帮你打印的人，或者在Shapeways（在线3D打印设计销售商）中搜索一个类似物品。

因此，点对点交互式商业潜力正在飞速增长。交易的是纯数据而不是实物，也不再需要传统的批发商和零售商。微型创业者（比如那些在Etsy等平台上出售3D打印的手工艺品的人）构成的小批量生产经济将发展迅猛。

去中心化点对点结构和区块链

第4章，将讨论去中心化点对点商业活动的新模式，它的出现可能会降低对中心化的中介机构的需求。为了让你对此类去中心化发展的潜在革命性影响有一个感性认识，我将Napster（第一个真正流行的基于网络的点对点文件分享网站）和之后出现的"纯点对点"文件分享网络做一个对比。

Napster由肖恩·范宁（Shawn Fanning）创立并于1999年6月对外运营，当时他还是西北大学一名19岁的学生，联合创始人还包括他的朋友肖恩·帕克（Sean Parker）和他的叔叔约翰·范宁（John Fanning）。Napster使所有网络中的用户都可以搜索其他用户电脑中储存的文件（主要是MP3格式的音乐文件），然后直接从别人电脑里下载下来，没有数量限制。这项服务迅速流行，很快用户人数就达到了8000万。

在Napster出现并迅速发展一年之后的2000年，它惹怒了重金属摇滚乐队金属乐队（Metallica），因为一位乐队成员发现一首他们正要发行的单曲竟已经在歌迷之间被传播，甚至通过电台在整个美国播出。金属乐队对Napster提起上诉。不久后，说唱歌手Dr.Dre也提起了上诉。直到2000年7月，反盗版艺术家联盟（Artists Against Piracy）在《今日美国》《纽约时报》《洛杉矶时报》，以及十多家其他国家级报刊上发表整版公告，表达了他们对Napster平台上日益突出的"盗用"音乐问题的关注。

并不出乎人们的意料，之后不到一年的时间，Napster——至少8000万用户赖以分享音乐的那个Napster——事实上已经死掉了。由于受到美国唱片工业协会的指控和禁令，它在2001年完全关闭了其网络服务。

和eDonkey一起，Napster被认为是第一代点对点服务平台的代表。虽然Napster倒闭的原因很大部分来自唱片行业的反对，但它的"阿喀琉斯之踵"（Achilles' heel，意为致命弱点）是它的技术设计。它是一个音乐的集中式索引，配合一系列规则，通过这些规则使点与点之间能直接传送文件。这个集中式索引意味着它有一个中央故障点。如果这个索引被关闭了，即使两个点之间想分享音乐，他们也找不到彼此。

Napster之后最受欢迎的后继者是Gnutella，通过拆散这个索引并把每个内容的多个副本分发到网络中的多个点上，从而在某种意义上解决了这个问题——不再有中央数据库，索引设计成分布式的。或者说，连接入网的电脑可以直接查询网络中的其他电脑哪些音乐可以下载。如果遇到Napster的情况，也不会出现网络停运，因为这里没有中央故障点。"群体"——表现为一个分布式和部分重复的索引，而不是一个中心化的服务器——将需要某首歌的一端与有这首歌的一端匹配起来。

每个后来成功了的点对点文件分享网络平台都使用了在这个去中心化、重复索引方式之上的一些变体。2009年，电子货币比特币的出现体现了迈向去中心化点对点技术的重要一步，不仅将索引去中心、分布式化，而且将区块链这个具有匿名账目的金融交易也同样实现了去中心化和分布式化。当与点对点文件分享技术、加密技术和新的激励机制结合起来，比特币展现了以区块链为基础的系统可以作为相互信任的点对点交易的基础，不需要第三方中介，而是利用社群——一个"验证人"组成的去中心化网络——去明确每笔交易。

以比特币为代表、以区块链为基础的系统的前景被2014年1月《纽约时报》上的一篇文章很好地概括出来，这篇文章的作者是风投资本家马克·安德森（Marc Andreessen）。他是一个资深互联网创业者，并在1993年创造出了第一个网络浏览器"马赛克"（Mosaic）。

比特币第一次让我们有了相互传递数字财富的方法，而这些传递又有安全保障，每个人都知道交易发生了，没有人可以挑战它的权威性。这个突破性技术的影响怎么夸张都不为过。

什么样的数字财富会通过这种形式被传递呢？想想数字签名、数字合同、（物理锁、在线锁）数字密码、汽车、房产等实物的数字所有权，数字股票和债券，以及数字货币，等等。

本书前面谈到的相关例子形成了新供应者的"群体"——他们提供了临时出租屋、钱、时间及劳动力等财物。区块链技术有望从边缘到核心都扮演好社群的角色。**分散的点成为市场的创造者**。我将在第4章继续这个话题。

信用数字化

分享经济使我们彼此的信任程度达到了令人惊讶的水平。《连线》杂志的编辑詹森·坦茨（Jason Tanz）在2014年的封面故事《Airbnb和Lyft是如何提高人们之间的信任感的》（*How Airbnb and Lyft Finally Got Americans to Trust Each Other*）中写道：

但有一个结果已经很清楚：许多公司使我们可以去做很多事，而这些事就在短短5年前还会被认为是不可思议和愚蠢的。我们将希望坐上陌生人的车（通过Lyft、Sidecar、Uber），欢迎他们住进我们的房间（通过Airbnb），将我们的宠物狗寄养在他们家里（通过DogVacay、Rover），去他们家里分享美食（通过Feastly）。

除了我们前面讨论过的单纯数字化工具，过去几年里分享经济的爆发应该归功于我们与陌生人之间迅速发展起来的信任关系。这种关系是通过不同的系统产生可靠的数字化信息建立起来的，这些信息组成了所谓的"数字化信用基础设施"。

然而准确地说，什么是信任呢？在很多时候，答案取决于前后背景。恋爱关系中的信任与商业交易中的信任可能代表了不同的意义（我当然希望它们是一样的）。在分享经济的发展史中，一个特别有实用意义的定义来自社会学家詹姆斯·科尔曼（James Coleman）1990年所著的书中，作者将信任定义为：**在知道别人的行动前愿意致力于合作。**

建立信用关系似乎意味着需要投入时间，还取决于多重因素。在不碰面（偶尔碰面）的情况下，第一需要确定真实性。这个人是真的吗？他们就是他们说的那个谁吗？第二，需要评估意图。这个人是否出于好意？这些人是真的想在Airbnb中找住处还是想打劫我？第三，需要评估专业性和能力。这个人是一个好的水管工吗？这些人真实地反映了他们的社区的情况吗？他们对人有礼貌吗？那个客厅像看起来一样通风吗？汽车像照片显示的一样有那么大的脚下空间吗？

在一些交易中，最重要的是判断一个人是否擅长他的专业，比如当你想要请某人粉刷护栏时。而对于一些风险较高的互动，比如搭乘陌生人的车，意图比专业能力更重要；你可能更在意这个人是不是犯罪分子，而不会介意他是否是这个平台上最好的驾驶员。在一些风险更高的交流中，比如请保姆照顾小孩，你不会在三个因素上都满意：只要他能保证真实性，不怀恶意，能知道这些事情怎么做就够了。

你如果和某人反复互动，随着时间的推移你就会加深对他各个方面的了解。但是如果你想和一个半匿名的人进行交易，第一次时你该如何判断他的身份、意图和能力呢？在很多时候，**交易风险越低，越容易建立足够的信任**。这就是为什么eBay等平台会在网络发展的初期就发展到了很大规模，而其他如BlaBlaCar等平台花了15年的时间才达到人口规模上的成功。

我认为在半匿名的基于点对点网络的背景下，信任是从下面五个因素中发展来的：

（1）来自之前的互动；

（2）通过学习别人的经验；

（3）通过品牌认知；

（4）依靠数字化的社交资本；

（5）通过外部机构或实体的认证，数字或非数字，政府或非政府。

在过去某个时间我们已经具备了获得信任的前三个途径——一个有争议的说法认为是从1995年eBay创立开始——但是其他两个途径的数字化、规模化是仅仅最近才出现的。

亲密感是一个可以培养的过程，随时间建立起来的。因此，信任是随着每个正面的经历逐步累积的。比如，你在eBay的拍卖中中标，标的物正是你期望的样子，你就会更愿意以后再次回到这个平台进行购物。加州大学伯克利分校的史蒂夫·塔德利斯（Steve Tadelis）和芝加哥大学的克里斯·诺斯克（Chris Nosko）曾对eBay上的这些"外部名誉效应"进行量化，这样的外部效应在现今的分享经济平台上同样存在。比如，如果你与某个特别的供应者有过很好的交易经历，你会更愿意跟他再次交易。当然，你在eBay上的正面经历可能会让你更容易信任这一代新平台。Airbnb的早期使用者可能已经在之前的分享经济平台上有过很多不错的体验了。

从20世纪90年代中期开始，我们已经在通过数字形式学习他人经验中获益良多。比如，在eBay上采用了卖家和买家互评的功能。长期不按期发货的卖家将会得到差评。同样，没有如约交付货款的中标人也会有同样待遇。当其他人的交易历史被数字化，并通过在线信用系统进行公开，我们对陌生人的信任度就得到提高。因为，从某种意义上说，我们能从过去与他交往的人身上学到经验。在过去的20年，我们深入理解了这种互评模式信用系统的潜力和局限。[1]

之后还出现了建立在品牌认知上的信任。正如我将在第4章、第6章里讨论的，在西方经济里我们仍旧在这样一个消费阶段，我们的信任来自于对品牌名的信任；eBay在早期就认识到这一点，推出了"Power Sellers"

---

[1] 想要了解早期有影响力的概述，可以参阅保罗·雷斯尼克等（Paul Resnick et al.，2000）和赫里桑索斯·戴拉·克斯（Chrysanthos Dellarocas，2003）；想要了解关于其在以电脑为媒介的交易中的定位，参阅哈尔·范里安（Hal Varian，2010）；想要研究文本反馈内容的重要性，参阅阿宁德亚·高斯、帕纳约蒂斯·伊佩罗蒂斯和阿鲁·萨丹拉彻（Anindya Ghose, Panagiotis G.Ipeirotis and Arun Sundararajan，2007）；想要了解对因为害怕报复而产生的偏见的研究，参阅赫里桑索斯·戴拉·克斯和查尔斯·伍德（Chrysanthos Dellarocas and Charles A.Wood，2008）。

（实力卖家）专栏，以此告诉潜在客户这些卖家在某种意义上是经过平台审核过的，因此更加值得信任。并且，eBay这个名字本身就能让许多消费者感到安心。

品牌和平台认证在今天的分享经济中仍旧扮演着重要角色，认识到这一点非常重要。虽然有其他提供短期分享住宿服务的平台（类似Airbnb），或者提供城市交通的平台（类似Lyft和Uber），但是平台的品牌效应仍然对其发展有着巨大影响。

从这一方面来说，这样的品牌功能与其在传统经济中非常相似，但只有一点不同。平台建立起一个连接着数十万（甚至百万）的供应者的品牌，这意味着现在更小的供应者能更容易地将自己与大品牌相关联。从某种意义上说，这是加入平台的一个不那么正式的特权。他们通过利用已经建立起来的品牌同时以符合分享经济的方式来赚钱，尽管需要交少量的费用。

历史交易、评价和品牌认知在eBay的世界里发挥了作用，但是数字化的社交资本和外部认证的数字渠道这两个重要的信用来源是最近才发展起来的。

社交资本定义为，一个人通过人际关系网络可能获得的资源的总和。这些关系可能是友谊、一面之缘或者仅仅是赏识。这样的关系将为你带来大量资源，不管是现在还是未来。总的来说，这些关系和它们连接的现在和潜在的资源代表了你的社交资本。[1]由此，你的社交资本也是当你做交易时你的可信任度、可依赖度的一个指标。拥有更多社交资本的人更为人所知、社会地位更高，因此更可靠，做得更符合你的期望。如果你和某人有

1　社交资本的这个概念，可参阅皮埃尔·布尔迪厄（Pierre Bourdieu，1986）。

共同的朋友，你就会更加信任他们，也许是因为你认为他们和你的关系更"接近"了，也许是因为你认识到分享的友谊可能会阻止不良行为。

的确，比如Facebook、LinkedIn（领英）等在线社交网络平台增强了我们以数字化的方式建立新社交资本的能力，但是这仅仅是它们促进点对点在线交流能力的一小部分。最重要的是这些平台包含了我们真实物理世界的社交资本的数字化表现。可能我们在Facebook平台上建立的友谊只存在于Facebook平台本身。一些朋友可能是你在一些聚会和大型活动中遇到的对你有吸引力的陌生人。但是更重要的朋友是真实世界中的关系：童年的朋友、亲戚、同学和同事。正如肖恩·莫菲特（Sean Moffitt）和迈克·多佛（Mike Dover）的《维基品牌》（*Wikibrands*）一书，这本书用生动的语言叙述了品牌是怎样被社交媒体重新塑造的："连接家庭、朋友、同事和兴趣团体的协作技术和社交媒体并不仅仅是一时流行，它们是未来市场的流通货币。"

真实世界的社交资本实现数字化为我们提供了真实性、意图和可靠性的有力依据。它与eBay过去获得信任感的来源不一样。正如我在前言中提到的，它是投身于今天数量众多的分享经济平台的前置条件，它有助于提高半匿名的点与点之间的在线交流。

最后，信任经常来自于外部机构的认证，而外部机构往往与交易没有关系。政府通过颁发给你一个身份证来证实你就是你。一个汽车俱乐部也能做到，同时还能反映你的驾驶能力。你绑定包月套餐的手机号码在筛选谁办理了这种套餐的时候就显示了你的真实性。一个公司开展的背景调查能证明你没有犯罪前科。

再次说明，许多这样的服务已经存在几十年了。但是，只有在最近某些技术的出现，使你可以将这些证明数字化，从而变成你网上名片的一部分。你可以将你的驾驶证在网络摄像头前晃一晃，只需几分钟，由在线支付公司Jumio提供的一项功能就能认证你的身份[1]（Jumio还可以鉴定你的信用卡的真假）。Airbnb将这项技术作为其"身份鉴定"项目的一部分。一旦这些真实世界形成的认证被数字化，它们就通过将原来仅在真实世界有效的信息运用到网络上，从而拓展信用基础设施。

2015年的分享经济里，这些信用基础设施大体上都是各自孤立的。如果你是一个eBay上信用好的卖家，却不能将这个名声运用到Airbnb上去：你必须从头开始重新建立。Uber上4.9的得分却不能帮助你在Lyft上获得顾客。

但是这种状况在未来几年里可能会发生变化。比如，一个建立在马德里的创业公司Traity正在建立一个通用的可移植的信用平台，有望助力于更大范围的点对点交流，不管是在线还是离线。[2]你在Traity上信用的一小部分来自你在比如Uber、eBay等平台上用户的反馈和打分。[3]Traity还会验证你的身份证，连接到你在Facebook和LinkedIn上的数字社交信息上。

然而，你的资料远远超出你的市场活动和身份资料。Traity收集种类繁多的其他资料并将其数字化，包括性格种类、是否献过血、在什么机构做过志愿者。我在2015年和这个平台的创始人胡安·卡塔赫纳（Juan Cartagena）、何塞·伊格纳西奥·费尔南德斯（José Ignacio Fernández）、博尔雅·马丁（Borja Martín）在皇家马德里的伯纳乌球场吃饭时了解到，这样能促进信任的各项指标表现得更完整。任何让陌生人相信你会言出必行的事情——或者回到科尔曼的

---

1 参阅 https://www.jumio.com。
2 我与Traity网站及其科学家合作进行科学研究。
3 之前为了收集这样的个人市场声誉证明进行了许多努力，可能其中最突出的是TrustCloud的努力。参阅http://www.trustcloud.com。

定义，任何能让你在知道别人的行动前愿意致力于协作的事情——都可以可靠地被数字化，然后增加到你的在线Traity信用里。

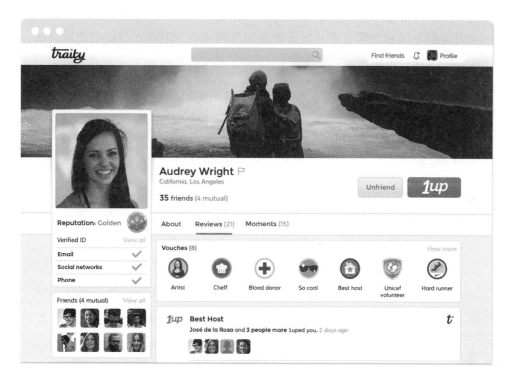

图 2.2 Traity的网页示例

分享经济的社会经济学推动力

最后需要考虑一组非数字化因素，从而可以明白为什么分享经济在最近才产生，又在城市地区得到快速发展。正如前面讨论到的，实现数字化是关键，城市里的发展优势却不是偶然。

工业革命之后，世界各地的人们逐步进入城市。随后出现的城市化改变了我们的生活方式、获取食物的方式，最终改变了我们自身（和我们的商品）的移动方式。20世纪后半叶，在西方经济体中出现了一小段逆转。当时美国等国家出现了离开城市进入郊区的运动，但进入21世纪之后，城市化在全球范围内仍持续推进。2014年，联合国的报告指出当前全世界有54%的人口生活在城市地区，而1950年仅有30%。报告更预测到2050年，全世界将会有66%的人口生活在城市。然而，值得注意的是，在世界很多地区我们早已经超出了预测的这个数值。在北美地区，82%的人口生活在城市。拉美地区和加勒比海地区接近80%。在欧洲，73%的人生活在城市。在这些地区，特别是一些世界上的超级大城市（城市人口超过1000万）能准确地发现分享经济的发展势头更劲。

城市就是分享经济。生活在城市中，你们分享公园。你们通过出租车、公交车和地铁等分享交通方式。你们在公寓大楼中分享公共区域。作为一名城市公民，你自然就习惯于一个分享的世界，而不是一种排他性的所有权。这让你从本质上就更容易接受数字化媒体的分享行为。

而且，城市越大，人口密度越大，那些需要地缘优势的点对点交易就更容易发生。毕竟，如果你生活在乡村，你可能不会愿意开车到20英里外只是为给下一次旅行租一顶帐篷。除此之外，你可能会有一个棚屋、车库或一整间仓库去存放你不用的旅行包、帐篷和皮艇。如果你居住在伦敦这样的大城市里的一间不大的公寓里，你可能仍然想去露营，但是你不会拥有任何空间去存放你的露营装备。由于你没有空间去存放你所拥有的物品，点对点租借成为人们的需求。而且租借的对象最好离得很近而不是很远。[1]

1　邓肯·麦克拉伦和朱利安·安吉曼（Duncan McLaren and Julian Agyeman，2015）深入研究了城市是如何以这些以及其他的方式对分享经济进行补充。

最后，分享经济经常代表了与传统的所有权的彻底分割，它同样具备吸引力，因为它鼓励了那些可以防止或至少能减缓未来环境危机爆发的行为。租借，与拥有不同，能在更大的人群中将更少的物质更有效地利用起来。这对于自然来说是真正的利好——新商品的制造、包装和运输带来的生态破坏被降低，进入垃圾填埋场的物质也会更少。

罗宾·蔡斯在她2015年出版的《共享经济》（*Peers Inc*）一书中讨论了许多分享经济是如何解决（她认为的）即将到来的生态危机的例子。正如她在前言中所说的，她相信分享经济中蕴含的理念是"我们能及时达到应对气候变化所需的速度、规模和局部适应的唯一方法，从而阻止迫在眉睫的灾难性气候变化"。Uber的Uber–Pool和Lyft的LyftLine服务在最近非常流行，这是一种真正的共乘服务，能匹配要去同一方向的人并实时分配他们一辆共乘汽车，这也许是目前实现这一愿景最有希望的发展方向之一。

在本章中列出的数字和社会经济的基础条件上，已经创造出了眼花缭乱的各式平台，这些平台都为越来越广泛存在的分享经济增添力量。接下来，经济行为的重组会采用什么样的形式呢？在下面的内容中，我们会在这章的基础上继续去弄明白分享经济平台到底是什么样的机构，它们是如何代表了一种新组织方式去组织公司与市场之间的经济行为，以及我们提到过的一些数字化变化会怎样塑造和扩大未来的去中心化点对点的世界。

第3章
平台：内部构造

因为现代企业获得了迄今由市场实施的功能，从而成为了美国经济中最有实力的机构，它的经理们也成为了最有影响力的经济决策人。因此在美国，现代企业的崛起带来了管理资本主义。

——艾尔弗雷德·钱德勒，经济历史学家

Platforms:
Under the Hood

麻省理工学院的教授托马斯·马隆（Thomas W.Malone）、乔安妮·耶茨（Joanne Yates）及罗伯特·本杰明（Robert Benjamin）在他们1987年合著的文章《电子市场和电子层级制》（*Electronic Markets and Electronic Hierarchies*）中做了大胆的论断：数字技术将彻底脱离"层级制"——成熟经济中随处可见的现代企业，迈向了"真正的市场"。这曾是一个惊人的预测。那时，电子市场鲜为人知，羽翼尚未丰满，主要由推动软件交易的公告板服务提供商和网络新闻集团进行管理，后者是通过邮件的交流方式来进行讨论的论坛，类似今天的谷歌网上论坛，它的用户有时会为一些如现场音乐会唱片等商品的交易进行促销。[1]

Uber、Lyft、Airbnb和Etsy的出现会让人忍不住觉得马隆、耶茨和本杰明对未来拥有非常精准的眼光。但今天的分享经济平台是真正的"市场"

1　我自己还记得从Usenet（如今的谷歌）网站上的rec.music.dylan小组购买鲍勃·迪伦音乐会录音磁带的情景。这个小组通过有影响力的小组成员初期的"对等监管"进行管理。"对等监管"的想法我将在第6章进行讨论。

吗？或者它们单纯地只是20世纪的机构增加了新的雇用模式，因此不过是旧的层级制包装在新的数字化外壳里？

在这一章中，将会解释为什么分享经济平台可能代表了经济组织行为的新架构，这是一种有趣的市场与层级制的混合，它标志着20世纪的管理资本主义向21世纪的分享经济的进化。为了说明这个说法的背景，需要简要概述一下经济行为是怎样组织的，从而可以比较市场和层级制这两个完全不同的结构，弄明白它们在经济中各自的作用。首先注意数字科技——它已经开始展现了其显著的、组织化的影响，这种影响表现为社群基础组织的早期模型的出现，如开放式创新，是怎样逐渐塑造和融合这两种经济行为的组织方式的。

为了在市场到层级制之间给分享经济平台（例如，分享经济的新机构）更好的定位，我列出了一个图表，表中包含了二十多个方面，它们都有助于评价一个新混合体，指出它与其他经济体的不同之处。在本章总结时，会快速概述其他一些分类方法，重点主要集中在三位学者提出的框架内。这三位学者的观点我在本书前面已经介绍过，他们是：丽莎·甘斯基、雷切尔·波茨曼和杰瑞米·欧阳。

市场和层级制

我们首先来深入理解"市场"和"层级制"这两个词。资本主义经济至少有两种组织经济行为的方式。市场方式，其中人与人相互买卖、投入时间和资本用自己的设备制造商品和提供服务，有时从他人处得到融资。

市场就是亚当·斯密著名的"看不见的手"，它通过供需关系决定价格。然而，还有一只"看得见的手"——层级制，我们一般将公司或机构（或政府实体机构）归为这个范围。这些实体机构包含了一系列运营单位，这些单位由雇用人员组成的层级组织来进行管理。每个运营单元都有获得额外工资的经理来参与各种不同的经济行为；单元之间的合作和交流就由这些经理组成的上层机构来推动，运营单元本身作为一个整体通过市场与消费者、供应商进行交流。

为了分清市场和层级制之间的区别，我们来看一个例子。我们需要购买新鲜的水果、蔬菜，或者更广泛的农作物（包括肉类、谷物等），我们称之为初级农产品。一些消费者更喜欢农贸市场。这是一种以市场为中介的交易行为，农民将自己生产的农作物带到市场，需要农作物的消费者来到市场，检查选择，然后买自己中意的农作物，但价格往往比百货店高很多。

相反，当你在百货店，例如美国的全食公司（Whole Foods）买东西时，你购买的商品是经过层级机构协调几百个当地农民供应来的，可能会有一个专门负责采购的部门来运营。而你购买牛油果或有机鸡肉的价格很可能是由一个专门负责定价的机构制定的，一般都经过了复杂的分析。百货店的布局又是由另一个不同的部门来决定的。你去的每个百货店都会有自己小小的管理部门为每天的事务做决策。[1]

很难再想出其他能反映市场和层级制区别的例子，因为在现代西方经

---

1 虽然农民的有些选择受到全食公司的影响，但农民本身不会被认为是组织的一部分。例如，2015年6月，零售商推出了一个名为"负责任地发展"的评级系统，将其产品和鲜花基于一系列农业实践的评估，如土壤健康、空气污染、减少废物、农场工人福利、节约用水、转基因生物使用等，分为"未分级""好""较好"和"最佳"。农民（特别是那些在经济上依靠有机食品去获取消费者的农民）可能会因此在这些领域改变他们的选择，进行更多的尝试，从而得到更高的评级。

济中，层级制在经济组织形式中占据了主导地位。诺贝尔奖获得者社会学家赫伯特·西蒙（Herbert Simon）在1991年的一篇关于组织和市场的论文中，总结了这种主导地位。文中讲述了来自火星的神秘造访者可能会"惊讶"于我们的经济竟被称作"市场经济"：

> 假设……（造访者）从宇宙中来到地球，带着能看清社会结构的望远镜。公司显示出是一片坚实的绿地，有着模糊的内部轮廓标记分支和部门。市场交易则表现为连接公司之间的红线，形成了公司之间的网络空间。在公司内部（甚至公司之间），这些访客还能看见淡蓝色的线，表现了连接老板和不同级别员工的权力线。当我们的访客更仔细地观察下面的情景，它可能会看到一块绿色分裂开，因为公司的一个部门被分裂出去。或者会看到一个绿色吞噬了另一个绿色。在这个距离上，离开用的"金色降落伞"可能根本看不见。
>
> 不管我们的访客关注的是美国还是俄罗斯、中国的城市还是欧盟地区，其中最大片的景象还是绿色区域，因为几乎所有的居民都是公司雇员，都在公司的边界内。组织机构可能是地图上最主要的特征。它们发回家的描述此般景象的信息可能会写道"大片的绿地被红线相互连接起来"，而不会写成"连接着绿点的红线网络"。

经济由"看不见的手"调节到由"看得见的手"调节的变化过程是缓慢的，《看得见的手》这本书我在前言和本章的引言中都有引述，其作者经济历史学家艾尔弗雷德·钱德勒追述了从19世纪早期到20世纪晚期的这个变化过程。虽然在亚当·斯密时期美国大部分属于市场经济，但书中仍记载了在200年间一系列技术发展下，经济是怎样平稳过渡到越来越复杂的层级结构的。钱德勒用编年体方式记录了种植园的发明、纺织厂的出现、兵工厂的使用、19世纪中期运输业和通信业的技术革命带来的铁路和电报，紧接着出现第一次大规模运销，以及随后的大规模生产。他还记录了通过将大规模生产和运销整合起来而出现的现代企业，这些企业在20世纪迅速发展并广泛存在——涉及行业范围很大，包括食品、烟草、石油、化学和机械——并且确立了整个20世纪现代管理层级制的主导地位。

钱德勒记述的关键点是，**技术进步似乎加强了从市场向日益复杂的层级制的转变**。在这个背景下，马隆、耶茨和本杰明（以下将此三人简称为MYB）的预测——数字技术会将我们带向相反的方向——看起来就更令人吃惊了。[1]

数字科技如何重组经济行为

MYB观点的要点如下。在市场中，经济行为的组织是基于生产成本和不同事物间的协调成本的相对大小。我们将后者称为"外部协调成本"。当外部协调成本相对生产成本较低时，有利于通过市场组织经济活动，这样的市场里一个人能容易地生产、销售。如果情况相反，在一个公司或层

---

[1] 我意识到马隆、耶茨和本杰明的很多工作，以及维贾伊·格巴夏尼（Vijay Gurbaxani）和黄胜进（Seungjin Whang）的研究，都是来自于弗里德里希·哈耶克（Friedrich Hayek）、罗纳德·科斯（Ronald Coase）和奥利弗·威廉姆森（Oliver Williamson）的具有极大启发性的早期研究成果，甚至可能包括由桑福德·格罗斯曼（Sanford Grossman）、奥利弗·哈特（Oliver Hart）、约翰·摩尔（John Moore）等许多其他优秀的经济学家和社会科学家在后期开展的研究工作。我并不想要对这些文献进行系统分析，只是简短地讨论一些基础知识。

级结构中进行组织则更有意义。

然而更重要的是，MYB认为要考虑到两个额外的因素：产品描述复杂性和资产特异性。让我们仔细看看这些术语的意思。当经济交易的各个方面需要更多的信息去描述时（或当商品是十分复杂的，比如商业保险），则该商品有更高的产品描述复杂性。相反，在股票交易中，虽然基础资产可能是复杂的，但评估某个股票所需的信息却很简单：股票代码、价格、数量。正如MYB所说："因为高度复杂的产品描述需要更多的信息交换，它们也提升了层级结构在市场中协调成本的优势。因此，描述复杂的商品的买家更有可能与单一供应商形成亲密的、层级结构的关系（无论是内部还是外部），而简单描述的商品的买家（股票或分等级的商品）可以在市场中更容易地对许多备选供应商进行比较。"

MYB提出的思维框架见图3.1。随着数字技术的进步，整个市场处理商品复杂性描述的相关费用减少，因此使以市场为基础的经济活动变得适合更大规模活动，或使图中纵轴上的数字上升，一直到虚线位置。

因为接下来还会提到资产特异性这个概念，让我们花一分钟来理解它。资产特异性衡量了投资于某个特定交易，比重新部署用作其他用途有更高价值的程度。资产特异性有许多形式。例如，如果有些东西移动会花费很多钱（如工厂旁边的煤矿里挖出的煤），我们称之为位置特异性。具有公司特异性的技能（比如了解公司专业机器的运行，了解公司的流程），或者随着时间的推移迅速折价的资产（MYB所谓的时间特异性）都更可能对某个经济活动具有特异性。

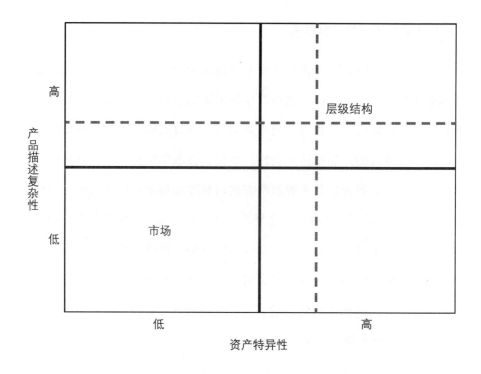

图 3.1 一个简单的MYB框架的示意图

当与之相关的投入（技能、身体素质）对经济活动具有特异性时，在组织或层级结构中组织经济活动则更有意义。MYB第二部分的论点是：**数字技术的进步在许多经济活动会降低资产特异性，**因此使图中的纵轴线向右边移动，使一系列经济活动转向市场。

现在，并不是每个人都同意MYB单方面的预测。几年后，维贾伊·格巴夏尼（Vijay Gurbaxani）和黄胜进（Seungjin Whang）指出，"近来IT业的发展提供了更高效的市场机制，从而显著地提升了市场经济运作效率，因此降低了相关市场交易成本"，但他们还指出了另一些此消彼长的情况。除了与市场交易相关的"外部协调成本"，还有一组层级结构具有的"内部协调成本"。这些成本随着组织规模发展管理结构变得更加臃肿，工人的利益和激励与更广泛的公司目标越行越远，甚至分道扬镳。所以，官僚膨胀导致了效率低下。

然后格巴夏尼和黄胜进提出数字技术可以同时降低外部和内部协调成本，这意味着在传统行业内其净效应既能增加也能减少企业的活力："公司可以通过信息系统下放部分决策权同时又集中部分决策权，利用两个系统的优点，形成一种混合结构。"相对MYB提出的更明确的预测，他们总结道：

> 前面的研究（比如，MYB在1987年的出版物）一直专注于它对外部协调成本的影响，造成人们预测层级公司的规模将随着IT技术的运用增加而减少。我们的模型显示，这显然是一个可能的结果。然而，我们的结果表明开发一个能同时考虑到内部协调成本及IT技术的相应作用的综合模型的重要性。我们的模型提供了一个对公司成本结构的全面描述。基于该模型，我们得出这样的结论：公司中IT技术的使用可以导致公司规模的增加或减少，不管是横向还是纵向。

换句话说，MYB认为数字技术的进步导致横向的增长，扩大了公司的传统边界之外的经济活动，同时造成了纵向的减少，或减少了层级结构的大小和深度。然而，格巴夏尼和黄胜进坚持认为无论哪种类型的增长都可能会受到数字技术的推动，经济活动的发展方向和变化很难清楚预测。

所以，究竟发生了什么呢？在当今经济中数字技术无处不在，但是持续的变化并没有把经济活动的组织形式限定在任何一个特定的方向上。正如埃里克·布莱恩约弗森（Erik Brynjolfsson）和他的合作者宾夕法尼亚大学的洛林·希特（Lorin Hitt）、斯坦福大学的蒂莫西·布雷斯纳汉（Timothy Bresnahan）和我的母校纽约大学的普拉桑纳·塔姆贝（Prasanna Tambe）等，在一系列研究中已经发现的，数字技术有可能极大地改善公司内部经济活动组织的生产力，但这种生产力只在这些公司内部积累（在他们的研究对象公司中占大约20%），比如工艺的重新设计、绩效工资的增加、工人权利的增加，以及层级结构扁平化。正如达特茅斯大学的詹姆斯·奎因（James Quinn）发表在《麻省－斯隆管理评论》（*MIT Sloan Management Review*）上的评论文章中描述的，我们也看到了通过数字技术而实现的大量外包。比如，今天绝大多数企业都全部或部分将员工技术支持和客服中心运营外包出去，几乎所有的高科技制造都是由几个设在中国大陆、中国台湾和韩国的巨头公司所完成。许多公司，在发现其他国家的外包机构需要很高的协调成本后，选择了外包的中间地带，将工作移至海外。但通过在一个劳动力低廉的国家里设置一个运营单元，仍将其保留在原来的组织中。

在第7章中，当我讨论分享经济如何重新定义工作时，我会更详细地分析外包的发展过程。但是，通过观察最近出现的这种非常特别的创新微型外包活动，来建立我们对分享经济平台的理解是很重要的。在这些创新活动下，一个公司简单地"向人群外包"，而不是由一个特定的合同供应商提供公司需要的东西，这种外包主要通过在数字平台上发布的一系列挑战或需求，让好的想法自然地浮出表面，然后吸收这些创新并将其用到生产过程中。

类似这样群体模式的例子通常会提到"开放式创新"——这个观点

就是企业可以而且应该既采用外部创新也利用内部创新来进行经济活动。与开放式创新这个概念性想法关系最密切的两位教授是：加州大学伯克利分校的亨利·切萨布鲁夫（Henry Chesborough）在其2003年的著作《开放式创新》（*Open Innovation*）中介绍了他的想法，以及麻省理工学院的埃里克·冯·希普尔（Eric Von Hippel）在其2005年出版的《民主化创新》（*Democratizing Innovation*）一书中，在20世纪80年代末秉持公司之外的客户和用户是创新重要来源的观点，当时显得孤掌难鸣。如同我在纽约大学斯特恩的同事希拉·利夫希茨–阿萨夫（Hila Lifshitz–Assaf）在NASA（美国宇航局）研究开放式创新时解释道："直到最近，在各种流派的理论和实证文献之上形成了主流共识，认为创新应该发生。事实上，的确也发生在公司框架内。然而，最近有一种新模式，通常叫'开放'或'同伴生产'创新，正在不断挑战、渗透自我的边界。"

早期的开放式创新的例子出现在平台Threadless（美国芝加哥无线T恤公司，在线服装零售商）上，并在2009年的某个哈佛商学院案例研究中有详细描述。这个研究的作者是哈佛大学商学院的卡里姆·拉克尼（Karim Lakhani），他是这个领域一名有影响力的学者。成立于2000年的Threadless一直都在制作印花T恤和其他服装及配饰，但没有雇用设计师。相反，设计是由一个在线社区来进行提供和选择的。每周都有数百名设计师在线提交其设计。这个社区对这些设计进行投票。基于票数和社区的其他规定，每周大约选出10个设计。之后在社群中产生候选设计并决定最终胜出的设计；最后由Threadless进行生产和销售。另一个开放式创新的早期例子是在IDEO公司里。IDEO是一个世界领先的产品设计公司，提出了"openIDEO"的首创活动，这个创新活动被拉克尼以及我在纽约大学的校友娜塔莉亚·维纳（Natalia Levina）和安妮-洛尔·法亚尔（Anne-Laure Fayard）进行了广泛的研究。[1]

开放式创新是一个吸引人的话题，有着众多相关的研究。正如维纳经常向我指出的，它是对企业不断实践利用外部资源和能力的发展过程的广泛观察的一部分。它也提前让我们了解了更广泛的、数字化的对市场和现存的传统层级结构之间边界的扰动。如同莱纳斯·达兰德（Linus Dahlander）和大卫·甘恩（David Gann）在他们对在开放式创新中"开放"意义的分析中写道："开放，在一定程度上被各种形式的与外界的关系所定义，因此和广泛存在的关于公司界限的争论紧密相关。"两位作者发现这种扰动发生在两个不同的方面——对边界的突破是向外的（公司的资源向社区溢出），还是向内的（公司从其外部吸收资源）；以及随后发生的交易是付费的，还是免费的。每种方式都有不同的收益和成本。

在开放式创新的研究中反映出的这些不同变化很有意思，因为它是众多打乱公司和市场界限的新分享经济模式平台的一个先驱。下面我会详细探讨这个话题。

平台是"公司-市场"的新混合体吗

在许多方面，有人会将分享经济看作是向"数字组织"、向外包、向开放式创新，以及突破公司界限的发展趋势的高潮。一方面社群已经从仅仅提供思想（开放式创新）演变成提供真实的服务（分享经济）；另一方

1　参阅哈佛商学院OpenIDEO的案例，http://www.hbs.edu/faculty/Pages/item.aspx?num=41519。

面，人们会不会将Uber、Airbnb看作是有着成千上万（可能很快会有百万级）的小承包者的规模巨大的"微外包"操作呢？

我认为将这些新机构看作纯市场和层级结构的一种混合体会更具实用性。表3.1表现了与层级结构、市场相关的一些参考因素，将四个流行的平台（Uber、Airbnb、Etsy和TaskRabbit）按照22个参考因素分别进行分类（我会在第8章中再次提到部分参考因素，它们在评价平台上"员工式"供应者时，或者评价平台本身是否支持分享经济创业的时候同样很有用）。

表 3.1　平台：层级结构、市场，还是混合体

	特征	Airbnb	Uber	Esty	TaskRabbit
与层级结构相似	平台向供应者提供融资"产品"	否	是	否	否
	平台提供集中指导	是	否	否	是
	平台支持点对点指导	是	否	是	否
	平台支持供应者之间形成社群	是	是	是	否
	平台提供集中客户服务	是	是	否	是
	平台处理支付过程	是	是	是	是
	平台负责向消费者提供物流服务	否	是	否	否
	平台向消费者指派供应者	否	是	否	否[a]
	平台向供应者指派消费者	否	否	否	否
	平台提供保险、第三方托管等降低风险措施	是	是	是	是
	平台向供应者提供日常作业指令	否	是	否	否

（续表）

	特征	Airbnb	Uber	Esty	TaskRabbit
与市场相似	供应者可以很容易地进入和退出平台	是	是[b]	是	是
	供应者获取或使用自己的财产进行生产	是	是	是	是
	供应者同时承担"库存/供应管理工作"	是	是[c]	是	是
	供应者选择定价	是[d]	否	是	是
	供应者可自由选择合意的对象进行交易（通过描述、图片等）	是	否	是	是
	供应者与消费者有面对面交流	是	是	否	是
	供应者与消费者通过虚拟界面交流	是	否	是	是
新"混合体"的功能	点对点反馈系统	是	是	是	是
	透明的点对点反馈系统	是	否	是	是
	平台内部可筛选供应者	是	是	否	是
	有外部信用指标支持	是	是	是	是
	可处理支付	是	是	是	是

注：a. TaskRabbit会提供积极的建议，可以让客户不用看完所有可用的供应者。

b. 一些Uber司机受制于他们的汽车贷款。

c. 在某些城市，Uber的员工会发送信息告知司机应何时何地出勤。

d. Airbnb在平台内部构建了定价工具。

我在纽约大学史登商学院的MBA学生安德鲁·科沃尔（Andrew Covell）、瓦伦·杰恩（Varun Jain）和琼·钦（June Khin）曾帮助我利用这个表将一百多个分享经济平台进行分类。我们的研究显示不同的平台之间存在巨大差异。许多与促进创业的市场相似，而另一些看起来更像雇用承包商的层级结构。除了Airbnb、Etsy和BlaBlaCar，还有劳动力平台如Upwork和Thumbtack、社交美食平台如VizEat和Eatwith、本地导游交流平台Vayable（由分享经济先驱人物黄蕴瑶[Jamie Wong]所创立）等都明显更像市场，驾乘分享服务平台Lyft和Uber介于两者之间，专注于服务和劳动力的平台如Luxe、Postmates和Universal Avenue都比分享经济平台的平均水平更接近层级结构。

当然，这只是进行分类平台的许多方法中的一个。也可以根据供应者提供的服务、平台的商业模式、消费模式被改变的产品的种类、被打破的行业或者几种因素相结合来进行分类。我发现了其他三个有助于我组织思路的思维框架。他们提供了一个有用的附加视角，通过它我们可以理解成百上千的可能现在以及将来会被标记为"分享经济平台""需求经济平台"或"群体经济平台"的实体机构。

甘斯基的"多孔状"网格

在甘斯基《聚联网：商业的未来》一书中，丽莎·甘斯基列出了两个维度，通过这两个维度，我们可以在判定相关的点对点租赁平台是否可能出现前对某个产品进行评估：即产品有多少价值（成本）和所有者对该产品的集中使用程度（使用频率）。在她的理论框架中，低使用率、高价值的产品（图3.2中右下方）是"网络敏感点"。为什么？因为没有经常被使用的产品，比如汽车或吸尘器，有许多空闲时间，所以租赁的前景更有意义。然而，除非产品十分有价值，否则相对租入（或租出）获得的价值，租赁市场的协调成本是非常高的。因此，点对点租用一辆价值3万美元的汽车有一定意义，但对价值100美元的吸尘器意义就不大了。

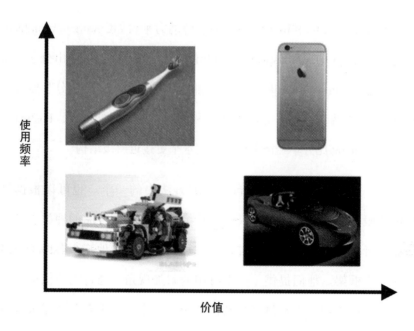

图 3.2 甘斯基的"多孔状"网格的一个示意图

甘斯基的体系为预测不同类别产品的分享经济出现的可能性提供了一个简洁的评估雏形。正如前言中讨论的,我们已经看到了点对点的汽车租赁市场在几个国家中出现,如美国(Getaround)、法国(Drivy)和荷兰(SnappCar)。

按照甘斯基的逻辑,我们也期待大量活动出现在高端奢侈品(比如劳力士手表)市场上。2013年,创业公司Eleven James新开发了一个名贵手表的租赁服务。然而,在真正的点对点平台出现前,这类服务首先需要对保险模式进行创新。两个在美国推出的点对点汽车租赁平台,Getaround和Turo,都首先花了一年多时间与保险公司一起设计并商业化了一种全新的保险产品,它包含从物主到非物主的租金。有人可能会立即将甘斯基的体系延伸出去,用它去评价内化于我们的财产中"空闲资源的价值",将其计算为在产品没有使用的各个片段时间里可以获得的潜在租金的简单加总,然后总结道,拥有更高潜在租金（波茨曼的术语中称为"闲置产能价值"，或者本克拉称为"更易分享性"）的财产更容易出现点对点租赁市场。因此，尽管个人住宅使用频率很高，但因其基础资产价值很高，即使很小的闲置产能也能带来很高的潜在租金。Airbnb的成功证明了其释放潜在租金价值的能力。

此外，就像相应资产特异性能决定特定商业经济活动是按照层级结构还是市场进行组织的道理一样，通常会有相应的资产特异性决定客户如何从产品中获得价值——而这种特异性越高，我们就越不容易看到点对点租赁市场的出现。例如，在同样的使用强度下，产品对用户的定制程度越高（例如，定制的伴娘礼服），出租的可能性就越小；相应地，客户对该资产的特定投资越少（例如，滑雪服或一个帐篷），我们就越有可能看到点对点租赁市场出现。同样，从产品中获取价值所必需的专门学习水平越高，该产品越有可能留为私用而不会用于租赁。

如果潜在租金在其主人的收入中占比更高，其租赁市场也将更有可能会出现。当然，从"收入效应"和"财富效应"的微观经济学教科书中，我们知道收入越高和财富越多的人更有可能拥有贵重物品。然而，有一些贵重物品（如汽车）的拥有者遍布各个收入阶层。可能没有特别高收入的人也有贵重物品，因为这些物品品质优良或是人们梦寐以求的。例如，独立制片人经常可能拥有昂贵的电影和摄影设备，占了其收入非常高的比例。同样，"创新设备"的早期爱好者会花很多钱在新的"酷"的产品上，比如2013年推出的虚拟头戴设备Oculus Rift。正如前言中讨论的，KitSplit就是这种设备的点对点租赁市场。

此外，大多数物品，甚至是那些拥有地位吸引力的物品，通过我所称的"消费价值"来传播价值——例如，你通过使用iPhone，或佩戴劳力士手表而得到的价值。但另一些物品具备"所有权价值"，拥有所有权因为有私人意义（例如，一个订婚戒指或一本有作家亲笔签名的首发版的书），又或者因为它塑造或标记了你的身份（例如，一块有文化意义的珠宝，尽管也可能与其拥有的汽车有关），而其本身具备价值，所有权价值较低的产品尤其适合点对点租赁。

资产的折旧速度与其可租借能力有着复杂的关系。一方面，迅速贬值的资产的所有者（如高端服装，其价值与它是否"当季"有关系）有更大的动力将其租出去，在其价值"消失"前，从中获得最大的价值。我希望看到这些物品的租赁服务平台（如Rent the Runway）能更加流行。另一方面，其价值不随时间推移而变化的东西，其"空闲资源的价值"寿命更长，更适合点对点租赁。

我将在第5章中回到并进一步深度探讨点对点租赁市场的经济学话题。

波茨曼的四个象限

2013年，雷切尔·波茨曼提出了一个组织"协作经济"的框架，列出了经济活动的四个宽泛的方面：协作生产、协作消费、协作金融和协作教育。

（1）协作生产涉及通过协作网络来设计、生产和销售商品。

（2）协作消费通过分享再分配来寻求资产最大化。Airbnb和Getaround就是很好的例子。

（3）协作金融包括协作形式的融资，如Funding Circle、Kiva或比特币

（在没有传统的第三方中介情况下使人们进行交易）。

（4）协作教育包括协作形式的教育，如Coursera和edX，它使世界各地的人不管是否是在校的学生都可以学习顶尖大学的课程；或Skillshare和Trade School，可为知识学习提供点对点模式。

欧阳的蜂巢结构

随着分享经济在2012年和2013年的发展，杰瑞米·欧阳开发了一个被他视为"协作"的不同类型的经济活动以行业为基础进行划分的方式。他的协作经济蜂巢结构在2015年提供了分享经济的细致分类，同时也是一个对这种跨行业的新经济组织形式的适用范围和影响的实用追踪方式。[1]

当我写这本书时，欧阳的分类方法涉及的大类包括了学习、市政、资金、商品、卫生与健康、空间、食品、公用设施、出行、服务、物流和企业。然而，在每个宽泛的类别中又有进一步的划分。例如，运输行业分为出租车式的运输服务（如Uber）、汽车贷款服务（如Getaround）和汽车优化服务（如SherpaShare）。换句话说，对于每个类别都有观察其分享经济活动特异性的梯度视角。欧阳协作经济蜂巢结构也清晰地说明了虽然分享经济一直被用于促进单纯的分享和微型企业，但大公司也同样欢迎它。

今天的分享经济似乎要创建新的机构来组织经济活动，从而在整个经济领域里为人们提供价值，既作为消费者，也作为生产者。以上内容对于我们下一章的主题——去中心化点对点的新技术同样适用。

---

1 参阅http://www.web-strategist.com/blog/2014/12/07/collaborative-economy-honeycomb-2-watch-it-grow。

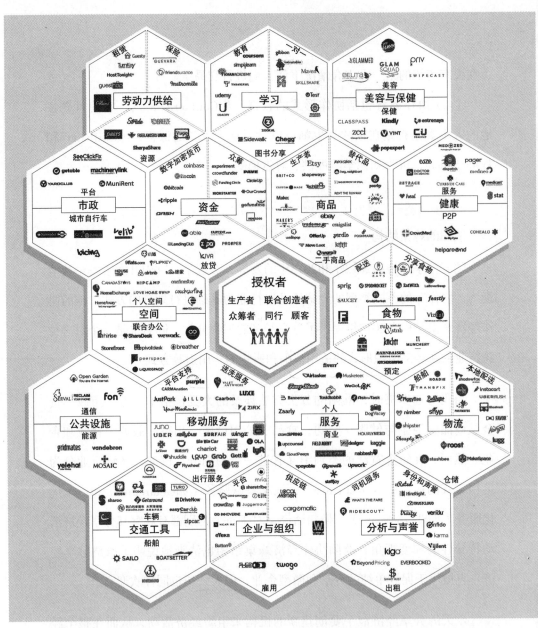

注：协作经济让人们相互之间就可以得到他们需要的。蜂巢结构是灵活的，可以在已有的结构上随时加入、分享和增长。在蜂巢结构1.0版中，只有中心区域的6个类别：资金、商品、食物、服务、移动服务、空间。经过一段时间的发展后，蜂巢结构2.0版在1.0版的基础上，扩充了另外6个类别：学习、健康、物流、企业与组织、公共设施、市政。在最新的蜂巢结构3.0版中，又增加了4个类别：劳动力供给、美容与保健、分析与声誉、交通工具，目前共计16个类别。

资料来源：杰瑞木·欧阳，2016年3月，jeremiah@CrowdCompanies.com。

图 3.3 协作经济蜂巢结构3.0版

第4章
区块链经济：大众成为市场的制造者

想想赌博没有赌场、股票交易没有交易所、房地产交易没有契约、商业交易没有票据交换所——这就是我们即将进入的世界。而今天的我们对此才刚刚略知皮毛。

——弗雷德·威尔逊，纽约知名投资人

Blockchain Economies:
The Crowd as the Market Maker

作为社交媒体巨头Twitter和微博平台Tumblr的早期重要投资人而闻名的纽约风险投资公司联合广场投资公司（Union Square Ventures，USV），于2015年6月宣布向名为OB1的新公司注入340万美元的种子基金。[1]

宣布这项投资时，几乎看不到任何OB1的公共信息。在互联网上搜索该公司，搜索结果更有可能是关于星球大战人物欧比旺·肯诺比（Obi-Wan Kenobi）名字拼写的讨论。而这家公司的网站是一个安静、简洁、纯白的页面，没有提供额外的细节，只是陈述一个承诺："不论何人、不论何处，交易都是免费的。"

布拉德·博哈姆（Brad Burnham）是USV的合作伙伴，同时也领导了这次投资。他在一篇博客文章中解释说：OB1会进一步推动OpenBazaar的发展。OpenBazaar是一个开源的去中心化的市场协议。如果没有事先知晓，浏览OpenBazaar网站会让人感到其效果是有破坏性的，几乎是险恶的。"尽管

1　参阅OB1的链接，https://www.usv.com/portfolio#2015。

互联网是全球性的，政府和企业却正在限制自由贸易。"OpenBazaar的宣传视频中一个虚拟的声音说道："他们收集数据和侵犯你的隐私，他们审查你的交易并从中渔利，是时候拿回控制权了。"[1]

OpenBazaar的历史也是令人不安的。它以点对点系统DarkMarket为原型发展而来。DarkMarket是由阿米尔·塔基（Amir Taaki）于2014年4月创立的，塔基同时也是互联网无政府主义团体unSYSTEM的创始人。塔基创建DarkMarket是在地下暗网"丝绸之路"（Silk Road）被关闭之后。"丝绸之路"最出名的就是它允许毒品销售，其创始人罗斯·乌尔布里切特（Ross Ulbricht）因此被处以终身监禁，目前正在美国监狱中服刑。"就像不死鸟，我们致力于在社区中不断推动个体赋权，并像军备竞赛一样去为人们装备下一代数字黑市交易所需的工具。"塔基在2014年如此告诉《连线》杂志的记者安迪·格林伯格（Andy Greenberg）。

在其网站上，OpenBazaar致力于"零费用"，以此说明因为交易中不存在政府或党派，所以没有任何费用。博哈姆在他的博客中就OpenBazaar做了进一步澄清："中央权威无法利用具有网络效应的市场力量从交易者中获取租金。"

当大多数风险投资家似乎都在投资那些博哈姆认为能做到OpenBazaar做不到的事情的分享经济平台时（比如，利用具有网络效应的市场力量从交易者中获取租金），为什么一个现有的如USV这样的成功风险资本家却想投资这个旨在发展某种"超出常规"的、开源的，并致力于"零费用"的技术的公司呢？博哈姆进一步解释道：

1　该视频发布在YouTube上，参阅 https://youtu.be/nuRgHbTU9pk。

这就引发了另一个问题：OB1能如何成为一个盈利企业，从而产生我们今天所说的投资回报。商业该如何有意识地进行组织以卸下对网络效应的抵御性，每个关于市场竞争的论文都认为，拆除隔阂的大墙和填平交流的沟壑这两点是下一步成功的必要条件。

OB1将为OpenBazaar上的买家和卖家提供一系列增值服务。他们期望有更多人来向OpenBazaar的会员提供服务，同时（保证）每个人都相互平等，不会有任何凌驾于其他竞争对手的优势。作为投资者，我们希望它（即USV）对市场的熟悉和作为早期开源项目赞助商而产生的商誉成为它们的一个优势，但是我们知道它们必须很好地执行，否则将会被甩在后面。

USV将如何判断投资OB1的成功与否要留待时间的验证。但OB1仍是一个比它看起来更有前途的投资。**OB1从属于新一代的点对点系统，这个系统有望在未来几年里极速扩大分享经济的潜力，使大众从资本和劳动力的来源变成通过分散的方式真正拥有和运行市场的力量。**许多这样的新生系统与数字货币比特币分享相同的基础思想体系和"区块链"技术。

而USV也不是对这种技术感兴趣的唯一一家公司。RRE风投公司的合伙人亚当·卢德温（Adam Ludwin），目前经营着一家创业公司Chain，其联合创始人是著名的硅谷投资人维诺德·科斯拉（Vinod Khosla）。RRE同安德森·霍洛维茨风险资本公司一起也投资了旧金山数字支付公司Ripple Labs，这个公司正在构建一个基于区块链的银行间结算市场。安德森·霍洛维茨的合伙人马克·安德森和克里斯·迪克逊经常为区块链的商业前景欢欣雀跃。

这些只是几个以市场新技术促进新一代分享经济发展的例子，为了能更好地理解它们对经济和社会的影响，我们首先需要了解其部分工作原理。最好就是从了解比特币开始。

理解去中心化点对点交易

用最简单的表述来说，比特币（bitcoin）就是一种数字货币。你可以以美元、欧元或日元换取比特币，也可以通过向人提供产品或服务来获取比特币，或者通过"挖掘"（mining）来获得比特币（后面详细介绍）。你获取及随后拥有比特币的行为以一个或多个条目的形式存在于一个公共账目（即区块链）中，在这里面你的身份通过匿名的安全"密码"来认证。每次你使用比特币，新交易被记录的同时，账目中也会增加一个条目。

很多对比特币的关注都集中在它成功地创造了一个没有政府背景的货币，或者是比特币相对传统货币的价值随时间波动很大（尽管在2015年它的汇率相当稳定），或许还包括比特币的商业运用被许多政府认为是非法的。下面将重点关注比特币作为众多新落地技术应用中的一员，而不再讨论以上这些话题。我还将讨论其他两个相关的应用程序：OpenBazaar和La'Zooz（以色列一家区块链式拼车应用）。通过下面的讨论，我们对去中心化点对点市场的一些关键的经济、技术因素的理解将变得更加透彻。

比特币

去中心化点对点市场的许多重要构件都部分类似比特币的思想。假设你想要向你的朋友克莱发送数字货币。你最好这样表述："我从上一笔交易中能获得至少一个单位的货币，然后我将给克莱一个单位。"这就确认了三件事：你有钱、你将进行这项交易、克莱将获得钱。在真实世界中，就相当于你将钞票给了克莱。

建立一个数字化的等效体系首先需要使用"数字签名"。假设有两个独特的数字（称为"密码"，类似于解锁的钥匙）与你有关。一个只有你知道，或者存储在你自己的设备上的，被称为私钥（private key）。另一个可供任何人查找，被称为公钥（public key）。如果有人用你的公钥"锁上"消息（或使用加密算法进行编码），那么这种加密消息只能用你的私钥才能"解锁"。反过来也一样——如果消息是用你的私钥加密，那么它只能用你的公钥进行解密。这就有了一个简单的方法来创建一个"签名"：因为你是私钥的唯一拥有者，一个加密消息只能来自你。又因为你的公钥是公开的，所以任何人都可以确认这是你的签名。

未来一定有办法阻止你任意使用不属于你的钱。在真实世界中，可以通过将银行票据制造得难以被伪造。另一方面，在PayPal等系统中，一个受信托的第三方（比如一个中心化的实体或PayPal本身）——每次有人向其他人付费时，就追踪每个人有多少钱以及不断更新每个人自己的数字"账目"。[1]相反，比特币使用公共账目，即区块链。每个比特币的用户都有这个区块链的副本，它包含了每一个比特币自诞生以来的交易情况。当你说"我从上一笔交易中能获得至少一个单位的货币，然后我将给克莱一个单位"时，克莱可以通过你的数字签名来验证消息真伪，他也可以检查他的

---

1 例如，让我们想想当你刷信用卡或借记卡时会发生什么。关于该交易的数据通过由VISA和万事达等公司建立起来的网络进行传输交换。你的账户被扣款，商家的账户入账。发行该信用卡或借记卡的银行就是受信任的对交易进行验证和结算的第三方机构。

区块链副本去确认你是否真的有比特币可以支付。

但是这种方法会导致一个问题。假如你只有一个单位的货币。现在，假设你给克莱和艾米丽同时发送带签名的消息，告诉他们你要给他们每人一个单位货币。如果他们两个都检查过了当前的区块链副本，他们会找到之前的交易，它似乎会显示你是有钱的，同时他们都会更新他们的账目，从而导致出现问题。

一个可能的解决方案可以是**委托"大众"来维护账目的完整性**。我以这个简单例子来说明：克莱和艾米丽收到你的消息后检查他们的区块链副本，以确认你是否有钱，然后向整个网络的用户广播这次交易。然后这笔交易将进入"未决事务"的列表，只有当网络上足够多的人将此次交易与自己的区块链副本进行比对并表明它没有问题时，这笔交易才能被"确认"。在等待确认期间，可能会有人发现你（也许只是失误）试图用该单位货币支付两次。

这有点像真实世界中的支票。如果你给人一张个人支票，虽然他们现在拥有这张支票，但实际上他们当时收不到钱，直到银行"确认"这张支票。在上面的例子中，用户网络（拥有个人的区块链副本）共同提供银行的服务。

但是，是什么阻止了你创建数百万的网络账户并通过控制大多数的账户来"接管"网络呢？如果你能在大多数区块链副本中植入假的交易信息表明你有钱，这会不会使你有能力创建"假冒"的货币呢？

比特币用一个巧妙的方法解决了这个问题：继续依赖于基于大众的交易

确认方法，但人为地增加了验证过程的复杂度。如何实现？为什么会有效？当一个用户，我们还叫他克莱吧，检查了待交易的列表并确认其有效性，克莱还必须解决一个非常具有挑战性的计算问题（"挑战"）。解决挑战有点像将一个很复杂的多项式做因式分解——通常解出因数是非常困难的，但一旦分解成功，证明它们相乘就是原来的数却很容易。也就是说，比特币的挑战是非常困难的，但是一旦解决，检查答案是否正确却相对简单。[1]

同时，艾米丽和其他人也可能和克莱一样在验证待确认的比特币交易列表，试图解决这个挑战。如果克莱赢了（首先他解决了挑战），其他人将验证他的答案是否正确，然后用他验证的交易列表更新其区块链（它实际上比一组交易记录被区块链接受所需要的时间更长，但这是一个与我们的讨论不太相关的细节）。

因此，克莱不能简单或任意地生成伪造身份接管网络以及插入假账目条目。他需要大量的计算能力，与此同时，其他人则忙着解决同样的挑战来验证交易。同时挑战中还存在足够的随机性，因此最有计算能力的人也不一定每次都能赢（虽然从普遍意义上来说，具有计算能力确实有优势）。因此，尽管存在这样的风险，有人会比其他人投入更多以提高计算能力，甚至开始接管网络，但这远比建立的数以百万计的假身份更加困难和昂贵。

但是，这将导致另一个问题，计算能力并不是免费的。为了让克莱和艾米丽投入资源去反复解决挑战，我们有什么激励手段呢？于是，挑战

1　在下面的内容里，问题的细节并不重要。简单地说，当附加到与一系列交易相关的鉴别编码（"区块"）时，克莱必须生成一个数字（称为随机数），然后使用SHA-256哈希函数进行"哈希计算"，产生一个满足特定数学属性的结果（比如，小于某个最小值或者开始有一串0的值）。要实际计算出"随机数-鉴别码"的组合需要高强度的计算，但一旦算出答案，其与相应数学性质的匹配性却很容易验证。

的"赢家"被奖励新的比特币（截至2015年，这个奖励是25比特币，价值几千美元）。这个交易验证、解决挑战、获得赏金的过程被称为"挖掘"新比特币。因为每10分钟都会有一个新的交易清单（或"区块"）需要验证，"挖掘"可以使计算能力转化为不错的投资回报。

换句话说，区块链对"无许可创新"的发展发挥的作用就像TCP/IP协议之于互联网。阿尔伯特·温格（Albert Wenger）是纽约联合广场投资公司的合伙人，他于2013年在其早期有影响力的关于区块链的博客中解释了这些协议的重要性：

> 然而，政策制定者们需要理解这些协议对于分布式无许可创新的重要性——这种创新形式来自于无数个人和创业公司。例如，超文本传输协议（http）让浏览器和web服务器实现了对话——只要服务器支持协议，它就可以向任何浏览器提供创新内容或服务。http本身建立在许多其他下级协议之上，如DNA和TCP/IP。历史上，协议出现往往是从个人或小团体的研究项目中产生，就像从主干中长出分支。关于比特币的争论，关键是认识到比特币有可能成为这样一个能促进很多创新出现的协议。

虽然比特币工作原理的具体细节比我在本节中的描述要复杂得多，但一些关键点仍然描述得很清楚：确认身份的数字签名；存储在每个客户设备里的分布式账目（区块链）；群体共同确认每笔交易；为避免潜在的主宰区块链的情况发生有必要使结算工作具有挑战性；以及有必要使用一定激励（相当于钱，通常称为"硬币"[coin]，它是从内部系统产生的）让大众对有挑战性的验证交易工作感兴趣。

现在，如果你仔细想想，点对点支付实际上是一个相当简单的商业应用。一旦你建立一种认知，创建一个系统来对交易进行结算，同时使人们相信他们的钱有足够的保障，你就有了足够的信用去让一切运转起来。被交易的是统一单位（即货币）。不需要考虑产品多样化。不存在实物资产。不需要去确认实用性或进行价格比较。不需要去思考买方如何从卖方获得物理资产。（被交易的东西）质量得到充分保证——钱就是钱。不需要复杂的关于送达和质量的合同。在商业交易上不需要透露你在真实世界中的存在或位置，不存在与令人讨厌的人面对面的风险。

因此，毫不奇怪，大部分关于区块链市场开发的初始焦点都集中在创造新的系统去交易虚拟资产：数字资产和金融资产。亚当·卢德温是我之前在这一章中提到的区块链创业公司Chain的首席执行官。2015年，在我和他的一次谈话中，他将区块链形容为"以资产交易为目的新数据库技术"，同时他还看到了，在以区块链为基础的新市场中，在忠诚度点数、移动分钟数、礼品卡，当然还有一系列金融资产中潜藏的巨大力量。卢德温描述了当前这些资产的交易系统中有多少能显著地得益于新的去中心化的市场。他提到："并不是说一个集中的机构有什么问题，但它会增加成本、抑制创造力而且需要不同层面的调解。"他还进一步指出，在去中心化市场的竞争压力下创新是如何轻易就被激发了，如同非法的点对点文件分享网络就会导致iTunes、Pandora、Spotify的出现。

如果你回顾电子市场的历史，金融市场成为最早被关注的市场这件事并不奇怪。因为许多股票交易所本身就是数字技术的早期采用者，比eBay

和亚马逊的出现要早十年或更长时间。然而，要超越数字资产市场而面向更广泛的真实商品和服务市场，只要我们寄望于继续向前去为更复杂的市场交易创造严谨的去中心化的备选方案，那么我上面提到的每个（老）问题——比如参差性、物流和不确定性——都在不断产生并需要解决。

OpenBazaar和智能合同

OpenBazaar平台向去中心化点对点市场的建立迈出了第一步。如果你有一个物品待出售，你可以把它加入OpenBazaar客户端的列表里（一个下载到你的移动设备里的程序或应用程序），内容还包括产品描述和价格（以比特币为单位）。一旦你确认将其加入列表，这个列表就会在OpenBazaar平台上被广播给所有其他客户。

所以，你怎么找到待售的物品呢？除了最关键的分散市场（即分享账目）作为"基础设施"这个因素之外，其次还有分布式哈希表（distributed hash table）。作为背景，让我们回到第2章讨论的关于Napster和Gnutella的区别——Napster有一个中央音乐索引存储在一个中心化的Napster的电脑中。相反，Gnutella则将索引分布在网络各处。虽然Gnutella开创了分布式索引，但该方法的问题在于它的用户需要花很长时间才能找到他们想要的东西；此外，每次有人进行搜索，这个动作将"弥漫"整个网络。而且因为每个点之间互不了解，不能保证这种方法一定能找到可供下载的歌曲。

分布式哈希表，就是将Gnutella的方法努力改善的结果，它是一个在分布式网络中进行搜索的更复杂的索引方式。它在分解索引、复制索引、分发信息上更明智，这种方法使搜索结果更可靠。如今最流行的点对点文件分享技术，比特流（BitTorrent），使用的就是这种方法。当在一个数以百万计的数据库服务器中检索你朋友的照片时，Facebook也是这么做的。

但是，回到OpenBazaar，如果你发现一个你喜欢的产品，你就可以用比特币购买它。就像PayPal，在点对点市场早期发展中它是使eBay正常运转的关键组成部分，如今比特币技术也为OpenBazaar的支付提供了必要的基础设施。而且类似eBay的拍卖系统，如果OpenBazaar上的价格太高，你可以向卖方重新提出一个较低的价格。

一旦你（作为买方）同意卖方的价格，那么你将遇到另一个挑战。你怎样保证你会得到你买的产品？这就是分布式点对点市场的第三个关键基础设施因素：合同。在OpenBazaar里，合同相对简单，将受信任的第三方作为公证人——在OpenBazaar中，这个公证人可以是任何其他客户端。合同一旦成立，你就要发送比特币进行支付，这些钱都由第三方暂为保管。你，作为买方，通知卖方说"我已付款"，然后卖方发货（并负责所有物流）。当产品送达时，你宣告已收货。这些钱就会被支付给卖方。如果有争议，公证人则可以充当中介（由任何2～3个当事人——买家、卖家、公证人——来决定钱最后的流向。例如，买方和卖方可以自己解决他们的纠纷）。有一个评级系统来帮助你选择卖家、买家、公证人。这与集中市场的方法略有不同，也完全避免了人为操作。

还有一类新兴的基于区块链交易的更复杂的合同（被称为智能合同）。在《区块链：新经济蓝图》（*Blockchain: Blueprint for a New Economy*）这本书中，梅勒妮·斯旺（Melanie Swan）解释说，虽然传统的合同是两个或两个以上的当事人之间的协议，但对于一个智能合同而言，这些条件都一样，只是有一点不同——信用是不是来自第三方变得不那么重要。这是因为智能合同的协议可以用计算机代码指定某些条款，在这些条款下必须履行相应义务，也可以执行某些行动，如一旦付款或者有证据表明合同条款被履行则该合同文件就会被终止（智能合同的前身是在类似iTunes等媒体存储播放器中使用的数字版权管理系统，在此系统下你付费观看的电影在24小时后自动失效）。

"智能合同"如何能做到这一点的呢？普里马韦拉·德·菲利皮（Primavera De Fillipi）2014年在哈佛大学伯克曼中心发表的极具影响力的演讲中解释道，**点对点交易合同的风险可以通过引入三个新的前提而减少：自动性、自足性、分散性。**

在交易确定后，智能合同自动生成，理论上不需要再次触发启动部门。智能合同也具有自足性，能自己争取自己的资源。最后，智能合同是分散的，他们分布在各个网络节点，而不是在一个集中的位置，并且是自行驱动。这意味着，智能合同将跨越司法的管辖区或适用范围，在某种意义上，将无国界。我们甚至可能因此缓慢逼近实现斯坦福大学教授劳伦斯·莱斯格的令人难忘的咒语："代码就是法律。"在这方面，智能合约将解决一个我们面临的自20世纪90年代开始就在网络中传播的难题——超越司法对政治边界的依赖。问题最后的答案，毫不意外地，就是代码本身。

然而，我们有理由保持谨慎。迄今为止，通过代码进行监管取得了好坏参半的结果。与互联网一同到来的还有垃圾信息。随着时间的推移，我们已经试图阻止这些垃圾信息使用各种不同的自动化方法，但是正如莱斯格自己指出的那样，努力阻止垃圾信息也阻止了其他类型的信息在互联网上传播。因为我们没有达成互联网的基本原则——自由言论上进行妥协，从某种意义上说，通过代码进行管理已然失败。目前尚不清楚对人类的限制是否能同样限制智能合同的有效性范围。

去中心化的服务平台

类似比特币的货币或像OpenBazaar一样的市场变得越来越强大，因为它拥有更多的用户。但是，如果你仔细想想，比特币的早期用户加入的这项事业时，平台并不能保证他们贡献的时间、支持或计算能力会产生真正的价值。当然，也有部分人因为"挖掘"了价值数百万美元的比特币获得了丰厚的回报。在某种程度上，正如物理学家马坦·菲尔德（Matan Field），同时也是区块链的思想家和连续创业者，在2015年夏他向我解释的，这些早期用户为系统增添了巨大的价值——远远超过今天的新用户可能会增加的——以及相应地，许多人也收获颇丰。类似于风险资本家从早期创业公司处获得风险投资回报的方式，早期用户冒着巨大的风险——但投入了大量人力和处理能力资本——最后获得了巨大回报。

但除了那些参与交易验证的用户和成员，比特币系统中还有许多的其他部分也增加了它的价值，如编写底层的开源计算机代码的人、做宣传的人、写用户指南的人等。可以说，许多利益相关者也为最终的成功做出了贡献；但对于该系统，尽管它可能比私人企业更公平，但它在某种程度上只给了"挖掘者"巨大的经济回报。

这突出了另一个中心化点对点市场面对的挑战。在一个缺乏任何中央集权或第三方监督机构的网络中，如何确保不同的人有正确的动机做出有益的贡献，如何确保奖励与努力、风险相匹配，如何让人们有持续的动力投入交易清算需要的精力和资源去做贡献？这种内部生成的"硬币"显然类似于积分，但是你如何让它有价值，又如何传播这个价值呢？

2013年马坦·菲尔德、澳伦·索科尔斯基（Oren Sokolowsky）和谢瑞·次罗夫（Shay Zluf）联合创立了La'Zooz，它是（截至2015年）一个去中心化点对点的乘车分享市场，它也是解决这一问题的新方法（平台的总部在以色列，"lazuz"这个词在希伯来语中意味着"移动"）。想想看，一个类似Uber的服务项目——当然，它在技术上是有价值的——根本上来看，这个系统中司机越多，对乘客就越有价值；与此同时，乘客越多，对司机就越有价值。所以在这样的乘车分享系统中一个关键的"投入"是用户参与。相应地，参与"播种"这个系统的早期参与用户更可能会获得更大利润，超过那些后来加入的。

La'Zooz创造了一个似乎很常见的用于乘车分享的移动设备应用程序，但它有一个关键的不同：在每个应用程序里都嵌入了一个"挖掘应用"，旨在鼓励用户的早期参与。下面介绍它是如何工作的。你下载并安装应用程序。当你开车时打开应用程序，就会得到"zooz"，即La'Zooz里的货币。你开得越久，你就能赚越多的zooz。你也可以通过邀请其他人下载应用程序来赚zooz（项目负责人也会出售一些zooz筹集资金）。一旦你的周边对该应用的使用水平足够高，乘车分享部分的应用程序就被激活。你可以使用累积的zooz购买乘车服务，就像你可以用货币来购买Uber或Lyft的服务一样。

维塔利克·布特林（Vitalik Buterin）是一个在去中心化点对点系统领域有影响力的作家，他也是以太坊（Ethereum）的创始人，以太坊是一个运行智能合同的点对点平台。正如他在一篇博客文章中提到的："作为一个发展融资协议的机制，发行新货币的点子也许是一个来自加密货币领域的最有趣的经济创新之一。"但成功的一个关键因素是价值分布的设计架构[1]，同时这个值的表现形式也很重要，硬币会随着平台的发展和成熟持续增值。同样重要的是要将硬币不仅仅想成是货币，而是作为价值储存手段，就像一个私营公司的股票。硬币让我们能重温各种早期作用因素——人力资源、市场风险的早期参与、市场宣传效果以及辅助最关键的群体——即新一代目标导向的投资者。

去中心化交易中价值的创造和获取

因为其较低的交易成本，新的去中心化点对点市场将会促进许多新形式的经济活动。其他的去中心化系统，不管是独立的或是植入到传统私营企业或市场中的，在过去都可能会有在数字交易中信用不足的情况，因为过去其潜在市场太小以至于不能吸引私人资本，或者因为区块链技术降低了其运营成本。这一章的末尾，我将讨论一些当前的例子。

首先，让我们思考一下去中心化点对点市场更广泛的未来。随着时间的推移它能持续保持民主吗？或者，我们会看到代表私人资本的中间"阶层"的出现吗？我们应该期望它沿着类似无许可互联网商业化的轨迹发展，即在初期去中心化之后出现广泛的重新组合以及对市场价值的大规模占领，再通过像亚马逊、谷歌、Facebook这样的公司的出现体现出来吗？

1　基于经济学的一个叫作机制设计的分支研究结果，对它进行"最优化"很可能不能实现。

我们已经目睹了比特币这个被许多用户广泛使用的去中心化点对点支付系统的出现。下面我们再看看在其他交易系统中创造价值的基本功能也是很有意义的，不管其是否数字化、是否去中心化，然后再看看我们从近期这些例子中可以学到什么。

关注、搜索和发现

随着万维网在1994年之后迅速发展，任何一个可以上网的人都可以在网上发布内容供他人访问。大量分散的信息流几乎瞬间就促进了一系列辅助搜索引擎和目录的出现——其中包括雅虎（最初靠人工管理网址目录的网站）、Lycos（最早提供信息搜索服务的网站之一）、Infoseek（早期最重要的搜索引擎之一）、Altavista（全球最知名搜索引擎公司之一）等。这些搜索引擎能够索引和组织网络信息，并保持一定的全面性，但它们不能用自动化的方式提供任何可靠"质量"的信息。我们一直没有很好的搜索引擎让我们不仅找到想要的，而且能切合我们的需求——即一个可靠的搜索和筛选系统，直到1998年谷歌的出现。在接下来的十年里——随着数字信息变成更小、更多、更专业的信息单元，比如社会媒体文章和微博——另一个中心化的媒介——Facebook将成为主导，成为搜索中"人–网络–调节"的仲裁者。

谷歌和Facebook已经表明，**在一个以去中心化方式发布信息的世界里，通过引导搜索可以获得巨大的市场价值**。它们都将越来越有价值，部分原因是它们正在让我们发现的，不管是网络信息还是他人分享的信息，是一个复杂的"产品"（相比之下，市场中的上市产品相对比较简单。针对某个特定类型的产品其描述是相当容易的，数量、价格和运输成本只是些数字而已）。此外，相同信息的价值在不同终端用户之间差异很大。相对随便一个人，朋友在Facebook上的更新对你来说就更有价值。你朋友感兴趣的新闻更有可能是你感兴趣的。

商品和服务交易的去中心化点对点市场将很可能变得流行，而不同层次的发现将随之而来。有许多专门针对分布在比特流客户端的内容的搜索引擎。BazaarBay是针对OpenBazaar中产品列表的搜索服务。商业互联网的第一个20年教导我们因为信息供应者的数量激增——不管它们提供的是信息还是商业机会——最关键的是吸引人的关注。任何能够吸引我们注意力的服务，让我们迅速可靠地搜寻到我们想要的东西或服务，就很可能成为创造价值的源泉。

当然，各行各业中的每一个在线零售商或如今的点对点平台——从亚马逊到Airbnb，再到专业零售商——都已经有了自己的搜索功能。对OpenBazaar的供应者中运用的分布式哈希表将在去中心化点对点市场中促进此类搜索发展。但是，除非全世界的商业都聚集到很小的市场中，大概类似中国阿里巴巴的淘宝网的全球化、去中心化版本，所以预测Facebook和谷歌将出现这样的新同类似乎也很合理。

信用和声誉

在斯坦福大学计算机科学系里，谷歌正在这里不断壮大，同时另一个鲜为人知的不同类型的搜索引擎也正在这里被开发出来。它叫Junglee，是一个比价搜索引擎，能比较数十个（有时数百个），还在不断增多的在线零售商所提供的所有产品的价格。1998年，亚马逊从其联合创始人温基·哈里纳瑞扬（Venky Harinarayan）和阿南德·拉贾拉姆（Anand Rajaram）（都是来自位于马德拉斯的印度理工学院的毕业生）那里，用不到2亿美元收购了Junglee，并悄悄停止了该服务。也许是为了确保它不会吸引到太多亚马逊竞争对手的注意力，因为那时亚马逊的竞争对手经常通过低价来参与竞争。

许多人肯定都还记得随后出现的一些市场搜索和比价软件，尤其是一个叫mySimon的软件在1999年大受欢迎。然而，它们并没有阻止亚马逊的发展以及最终占据主导地位。为什么呢？部分原因是因为当人们喜欢低价的同时也重视交易的其他方面，比如可靠的交货承诺、快速送货以及对客户信用卡的安全保证。到1999年，亚马逊在这些方面成为了一个受信任的中介（根据我最近得知的消息，该公司还在物流方面投入巨资）。这创造了亚马逊的品牌，再加上其卓越的运营管理，共同筑造了亚马逊在互联网零售业内的主导地位。

在第2章中，我们讨论了信用在点对点交换中的核心作用，它的重要性怎么夸大都不为过。也许在去中心化市场中，促进更高水平的点与点之间信用的新的第三方系统将会出现，就像Airbnb到BlaBlaCar中不同层次的信用基础设施促进了今天介于高风险中的点对点交易。以我们在第2章中讨论的信誉服务——Traity为例。截至2015年，它已经创建了一个可以促进信用在区块链交易中使用的版本。前麻省理工学院计算机科学家和互联网创业公司Traity首席科学家卡洛斯·赫雷拉-亚格（Carlos Herrera-Yague）向我解释道，这包含了人们携带着的一系列类似特征集合的"卡片"，可以在交易中随时供人查阅，同时保留当事人的匿名性。它不是一个完全分散的信用体系，而是中心化的，它的使用从一开始就包含了这个第三方组织——即Traity平台本身。

然而，在不久的将来，我希望大多数客户继续用"品牌"作为他们选择的基础。第2章和第3章，提醒我们如今那些成功的平台都曾在大众市场基础上的某个熟悉的、集中的、层级化的品牌体验中进行了巨大投资。也许与某些特定的去中心化点对点市场相关的新品牌通过创造持续的高品质的终端用户体验——其品牌建立的方式自有其规律——即将被创造出来。但即使是在一个分散的点对点世界里，品牌的信誉也可能会有更少的组织性和更多的资本导向性。

物流

早在1998年，零售巨头沃尔玛起诉亚马逊侵犯其商业秘密，控告亚马逊在过去一年，雇用了大约15名沃尔玛的员工，包括亚马逊1998年的首席信息官理查德·达尔泽尔（Richard Dalzell），他从沃尔玛副总裁的职位上卸任后，于1997年加入亚马逊。沃尔玛声称这些前雇员泄露了沃尔玛著名的供应链管理系统相关的专利信息。

该上诉在1999年被审判，但它强调了一个事实，亚马逊并不仅仅投资于产品多样化或寻找和发现技术创新，比如增加用户评论和建议。那时他们正在大量投资于创造一种全新的库存管理、仓储及运输的基础设施，这是为新的零售市场而进行的优化，在新的零售市场中商品不再是成批包装后再出口或送到商场，而是逐个直接送到每个消费者手里。

亚马逊目前在美国网上零售业取得的主导地位在很大程度上归功于这些早期投资，以及它已经建立起来的比竞争对手更快、更便宜的物流能力（现在成千上万的卖家通过亚马逊平台进行销售，借助于它专业物流能力同时也要将自己的利润分给亚马逊一部分）。尽管中国电子商务巨头阿里巴巴的商业模式看上去似乎比亚马逊的更分散（至少在其主要消费平台淘宝上是这样），但实际上阿里巴巴对众多高效的物流合作伙伴持有大量股份并拥有控制权。同样，Uber和Lyft也依赖于可实时优化当前全体司机配置的系统。

因此，尽管叠层生产技术（例如3D打印机）将继续提高以纯数字信息形式销售的产品比例（我们在第2章中曾提到过），但对可靠的、低成本物流的需要不太可能很快消失。很有可能随着点对点物流越来越复杂，像Instacart（一个食品杂货快递公司）这样的平台对本地商务所产生的影响就如同亚马逊曾经对邮购的影响，这些平台积极地抓住当地商业的经营及客户关系的维度，同时减少社区商场，变成小而有用的、就在消费者身边的分散仓库网络。也有可能中心化调控的点对点快递服务的去中心化替代品Deliv（以众包方式做当日送达服务的快递服务公司）可能出现，在区块链经济中添加物流层面。历史表明，**当实时运输中，中心化控制和去中心化信息之间的平衡远胜过建立的各个系统。**

一些挑战和机遇

在许多方面，新一代的去中心化点对点技术不仅反映出了米歇尔·博旺（Michel Bauwens）的P2P观点（我们在第1章中曾提到），还反映出了在未来几十年里它将创造巨大经济价值的前景。风险投资家克里斯·迪克逊于2014年在他的博客上写道，比特币让类似国际小额信贷、计算能力市场、获得推崇的社交软件和其他小额支付等活动变得可能——不是因为我们之前没有考虑到这些价值，而是因为过去交易成本太高。

有迹象表明，传统企业将结合许多去中心化点对点技术的新功能，就像Facebook积极在其私有服务器群中使用比特流技术。2015年春，纳斯达克宣布计划利用区块链技术支持发展分布式账目功能以提高证券交易的完整性、审计能力、管理能力和所有权的转移能力。创业公司R3CEV已经联合了25个世界最大的银行财团创建了一个框架体系，旨在在世界金融市场中使用区块链技术。创业公司Provenance提供了区块链技术为基础的身份验证服务。举个例子，通过此服务你可以根据追踪及访问关于其全部所有权相关的交易来可靠地建立一个高价物品的信息源头。2015年消费类电子产品展示会上，IBM和三星展示了一个基于区块链技术和智能合同的系统，它可以让一台全自动洗衣机在洗衣液不足时订购洗衣液，而且当它感知洗衣液已经补足就会使用智能合同技术进行支付。无疑这是个简单的任务，但是它发展的前景却是（全自动）物联网下以区块链技术为基础的市场。

然而，在我们确认区块链及其他去中心化点对点技术覆盖了绝大部分世界经济活动之前，仍然存在很多挑战。比如安全问题依然存在。此外，分布于所有客户端的账目表会随着时间变得非常巨大，基于区块链技术应用的发展前景仍然是一个悬而未决的问题。类似比特币这样的支付系统，因为推迟结算的方式，可能需要在处理实时支付方面重新设计，而在实时支付方面，信用卡和移动支付系统（比如PayPal）在今天已经能轻松应对。这两个问题的部分解决方案将来自创造一个更大范围的"账外"交易，但这将创建新一层的中介。账外交易也会制造新的风险。有些人可能会想到Mt.Gox，这个比特币交易所一方面把用户的比特币都纳入它中心化的比特币账户，同时还有一个平行的区块链外系统追踪每个用户拥有多少比特币。

在2013年损失了相当于4.5亿美元的比特币后，Mt.Gox于2014年停止运营，原因似乎是一个黑客获得了它的比特币账户的访问权限。

也有人担心会有在交易结算中拥有远超过51%的计算能力的人（比如，在比特币平台中就是挖掘比特币）就有能力改变账目"建立自己的链条"。随着时间的推移，在之前的共识体系下，就将取代真正的区块链。2014年，比特币采矿池ghash.io，的确在挖掘比特币的计算力上获得了绝对优势，同时也具备了上述"51%威胁"的可能，尽管他们迅速安抚社区表明他们无意这样做。

任何分布式市场都必须让交易结算工作的"奖金"有足够的分量，以产生足够的吸引力。作为替代的方法可以是为每笔交易设立一个与之相关的小额的、自愿支付的"任务佣金"，同时将此添加到客户发送供应商的货款中，然后再作为奖励分享给"矿工"。[1]这也表明，将会出现与去中心化点对点市场相关的"关注力"规模经济——大众已经注意到区块链并足够关心它，表现在对交易结算和维护账目完整性等各方面的投入。否则，开始作为一个去中心化系统的可能只是进化成一个传统的第三方平台，仅仅使用了吸引眼球的区块链数据库。

也许那些去中心化点对点系统中的最伟大的机会将来自新兴的分散自治组织（DAOs）以及分散协作组织（DCOs），如那些在布特林的以太坊以及菲尔德和德菲里皮的Backfeed（美国互联网公司）中正在形成的组织。这样的组织假定经济活动的整体模型以分散的方式进行组织。或许这将认可一种去中心化的、分布式的对"平台合作社"的所有权和控制权的，我将

1　比特币有这个特点。不过，截至2015年，这只是"矿工"收入总额的百分之几。

在第8章中讨论该"平台合作社"。

有人可能会想知道那些貌似仅仅存在于计算机代码中的组织的真实可能性有多少。然而，正如布特林对一般性分权协议所指出的，"一方面，和比特币本身一样，非常明显它们'没有任何背景和支持'；另一方面，在底层它们实际上拥有相当强大的支持，这些支持坚若磐石。"

布特林所说的支持是什么呢？他2014年4月在以太坊博客上的一篇博客文章中指出："重要的是要首先理解，在科技公司，尤其是社交网络创业公司，大部分除了社会共识之外几乎都没有任何支持。"然后他继续解释：

> 从理论上讲，Snapchat、Tinde、Twitter或其他任何类似的创业公司的所有雇员都完全有可能突然同意辞职，然后开始自己的业务，在几个月内完全从头开始重建所有的软件，迅速建立一个卓越的产品。这些公司有价值的唯一原因在于两个对等的问题：让所有员工同时辞职，以及让所有的客户同时转移到新的网络。
>
> 抽象地说，这似乎是为什么科技公司有价值的一个单薄的理由；当我们想想那些价值数十亿美元的东西，人们自然会期望其价值是建立在实物资源和政府支持等有形资产之上的，而不仅是虚无缥缈地归纳为：因为一大群人很难突然从一个社会组织转移到另一个。

布特林在博客上总结道："幸运的是，我们还有几十年去仔细观察分权协议生态系统将如何发展。"它的确看起来前景甚佳。

The Sharing Economy

The End of Employment

and the Rise of Crowd—Based Capitalism

第二部分

影响

第5章
分享经济的经济影响

通过Napster，电脑有了眼睛、嘴巴和耳朵。它可以告诉你："我的硬盘里有这首歌。"同时还会将这个信息报告给中心索引表。范宁并没有增加对音乐基础设施的资金投入，而是扩大了资本的影响。

——克莱·舍基，美国互联网专家

The Economic Impacts of
Crowd-Based Capitalism

2001年，位于苏格兰海岸线外的吉厄岛（Gigha），一百多名岛民集体将整个岛屿以400万英镑的价格卖掉了，上面包括47间农舍、4个农场、1个酒店、1个采石场、1个风力发电站以及54英亩的花园。吉厄岛的人口在18世纪初达到顶峰后，自工业革命以来一直在下降——然而，自从该岛居民联合起来通过一个信用发展基金共同拥有这个岛屿后，人口状况开始好转。外来人口开始涌入该岛。2003年，新进居民中就包括了加利福尼亚人唐·丹尼斯（Don Dennis）。

用不到曼哈顿或旧金山地区一间三居室公寓的钱，丹尼斯买到了阿卡莫尔别墅（Achamore House），一个占地14,000平方英尺（1平方英尺约等于0.093平方米）的建筑，曾经是当地领主的家。正是这幢用信用发展基金购买的房子，给他的"住宿及早餐"（bed-and-breakfast）服务提供了足够大的额外空间，同时还给他发展中的微企小项目提供了空间，该项目是从他种植的兰花中提取精油。

十年后，2013年，丹尼斯为了扩大业务规模需要一笔小企业贷款。也许是受到岛民"众筹"方式的启发，丹尼斯决定将项目拿到英国的点对点贷款平台Funding Circle上去贷款。他的名叫"鲜花精油专营店"（The Flower Essence Repertoire）的企业获得了18,000英镑的贷款——来自266名资助者。融资的过程简单也很透明，这样的资金也不断注入吉厄岛当地的经济中。

吉厄岛可能会成为分享经济对全球经济影响的新篇章的一个不同寻常的开端，但是，在很多方面丹尼斯的故事都说明了某些经济活动与分享经济关系密切。丹尼斯是一个全球化的企业家，尽管规模非常小；他的财富来自在大型数字平台上的推广、销售和融资。他的选择反映出本地化和全球化之间的平衡。吉厄岛的发展基金中反映出的"合作"模式正作为一个参与分享经济所有权的潜在形式而重新受到关注。丹尼斯能够在一个位置偏远、人口到21世纪已快消失的地方经营一家成功的企业，这个事实也很值得注意。

在某种意义上，丹尼斯代表了新一代企业家——以超乎寻常的努力成功拥有一间"微型企业"，也许有目的导向的因素或者其他与众不同的方式；但他们毫无疑问仍是资本主义者，依赖于市场并且私人拥有企业。

在我们讨论更广泛地推动分享经济的经济原则之前，让我们再看几个例子。到现在，我在书中广泛关注了分享经济公司中的"典型范例"企业，比如Airbnb和Lyft。为了你可以感受各种各样的新的即将出现的经济活动，让我们来看看其他点对点平台所代表的分享经济的情况。

首先，让我们看看拥有100多万名创业者规模的零售平台Etsy。虽然很多Etsy卖家在平台上每年只能赚到几千美元，但至少也有个别每年获得6位数收入的卖家，比如横尾·纪伯伦（Yokoo Gibran），她的手工钩针围巾的受欢迎程度足以产生每年超过14万美元的收入。

纪伯伦之所以成为Etsy的卖家，是因为她发现这个平台有可能使她在追求热爱的东西的同时也能带来更好的生活。在成为Etsy的卖家之前，她在一个打印中心从事朝九晚五的工作。在描述为什么离开全职工作时，她提到："那一刻，我投入全职工作的时间减少了我的'秘密事业'的总收入，也就是当时还不怎么知名的Etsy上的（兼职卖家）工作。"

纪伯伦是Etsy博客上被标记为"辞掉你的全职工作"分类中数十位卖家中的一个。其他的博客故事还包括萨摩街（Satsuma Street，Etsy上的一间店铺）的创始人，他们为大制作的好莱坞电影制作特效工作了七年；萨拉·巴雷特（Sara Barrett），她离开了公司的设计工作；以及迈克·斯科米德克（Mike Schmiedcke），他放弃软件工程师的工作从事家具的制作和销售。

与过去的小企业不同，虽然许多Etsy的卖家创业者可能"很小"，但他们的覆盖面却"很大"——这个平台使他们一下子就成为了全球化的企业。正如Etsy的全球公共政策主管阿尔泰亚·埃里克森（Althea Erickson）在2014年的一次采访中指出的那样："你知道，当你谈论促进小企业交易，人们倾向专注于帮助小公司进入新市场、开发分销渠道等。但是我们发现我们的卖家已经在全球市场上了。有世界各地的买家在购买他们的商品。"

在我写这本书时，纪伯伦仍在Etsy上销售商品，并且投入更多精力去扩大她的生意，但这并不是在Etsy里的唯一增长途径。一位Etsy博客作家称，有一家专门从事波希米亚风格女装及配饰的店铺ThreeBirdNest，据说每年销售额接近100万美元。公司的创始人艾丽西娅·谢弗（Alicia Shaffer），每天几乎都要处理150～1200个订单，但不像纪伯伦那样每天要钩编13个小时以满足她的订单，谢弗现在雇用了十几个裁缝和进口海外生产的一些配件来跟上订单需求。更重要的是，她在2015年8月下旬从Etsy的销售中"毕业"了，从此ThreeBirdNest作为一个独立的小公司来运作。随着该品牌的产品生产线和供应商的扩张，艾丽西娅现在通过批发渠道以及一个专门的网站进行销售。[1]

汽车共享平台Turo（创立时名叫RelayRides）也具备同样的供应者规模。就像Airbnb可以让人们列出自己可供短期租赁的房屋一样，Turo也可以使人们向网友出租他们的私家车。与Getaround的汽车主要供应社区居民的短途需要不同，2015年Turo专注于旅行者到达新城市时对汽车租赁的需求——它是点对点版本的Hertz公司，而不是一个基于大众的Zipcar。就像Airbnb，大多数Turo的"供应者"只是在自用的汽车空闲时将其租出，或者通过多余的车来赚些钱。但就像Airbnb一样，也有例外情况。2013年，一个名叫大卫的Turo会员知道了这个平台，于是决定将一辆他即将出售的卡车租出去。这次经验激发了他足够的热情，大卫开始使用Craigslist去购买其他车辆以供他在Turo上出租。截至2014年，大卫有了6辆车，他在Turo的博客中分享了他的故事，他写道，通过他的微型车队每月能赚几千美元。[2]为了解决这个车队没有专门停车位的问题，大卫使用了SpotOn——类似JustPark的分享经济公司，它可以连接需要停车位的人和拥有空闲停车空间的人。

1　Etsy宣布谢弗退出PR Web（美国一个社交网站）上的市场。参阅http://www.prweb.com/releases/2015/ThreeBirdNestLeavesEtsy/prweb12924751.htm。
2　大卫的故事请参阅http://blog.relayrides.com/2014/03/pro-tip-make-thousands-renting-out-your-own-vehicle-fleet。

大卫的小型车队的出租业务对Hertz来说是威胁吗？也许还不是，但他寄望于很快就能负担他房屋费用的这个微型商业，正在对当地经济产生影响。大卫现在一边购买二手车，一边雇用当地技工来维护他的车队，同时还一边向提供车位的人分享他的利润。

许多国家已经注意到在小规模企业中这一趋势的增长。例如，2015年英国皇家艺术协会的一项研究显示，在英国增长最快的行业，如教育、电脑编程和个人服务的就业市场中，微型企业（雇用9个及以下员工的企业）占比最大。同样，2009年来自考夫曼基金会（Kaufmann Foundation）的戴恩·施坦格勒（Dane Stangler）和罗伯特·里坦（Robert Litan）的研究结果显示，2007年美国三分之二的就业来自年轻的新公司。研究进一步指出："事实上，如果没有创业公司，美国经济的净就业增长除了极个别年份外，都将是负数。"此外，无雇用企业，也就是不雇用任何人的注册企业，本质上就是一个人的企业，这种企业的数量在美国大幅增长，从2003年大约1800万个到2013年超过2300万个。

这些例子强调了向分享经济的转变对总体经济可能带来至少四个重要的影响：

（1）资本影响的变化；

（2）更丰富的产品多样性和访问模式差异性带来消费方式改变；

（3）规模经济性质的改变和网络效应重新塑造了工业经济的特征；

（4）指向包容性增长的民主化经济机会。

这些例子也说明了本章的另一个中心论点，人们参与分享经济的动机并不总是为了钱。这表明，我们不仅仅需要关注以收入和金钱产出值来衡量的经济增长，也需要关注更广泛定义下的经济发展。

在本章中，首先提出了需要改善对经济发展的评估方式。但需要说明的是，我既不是第一个指出，也不是第一个注意到数字技术带来的进步使这个一直存在的评估方式问题更加严重了的人。尽管原有的这些方法有缺点，但是我认为通过GDP等传统经济评价途径来了解正在发生的转变带来的影响仍然是很有必要的。所以接下来我讨论了影响经济的四个关键推动因素——资本影响的变化、更丰富的产品多样性和访问模式差异性带来消费方式改变、规模经济和网络效应的改变，以及包容性增长前景——它们都发生在分享经济的背景下。我专门深入了解了一个特定的分享经济板块——点对点租赁市场，并且基于我与前纽约大学博士生塞缪尔·弗赖伯格（Samuel Fraiberger）所做的研究成果进行了总结，这项研究成果提供了一个对分享经济的对经济增长、消费者福利、社会不平等多方面的长期影响进行严格分析的模板。

国内生产总值引起的问题

本章开始的每一个故事都说明了点对点平台在世界范围内给融资、生产、分销和服务交付等领域带来的改变。我们进行商业活动的地点（对象）正在发生改变，正如我们获得建设资本的方式也在改变。地区和世界正在发生全新的融合。

当然，传统的贷款源仍然比Funding Circle及它在美国的同类平台Lending Club或Prosper等要多出几个数量级。虽然这些点对点借贷市场不会完全代替银行，但它们会以其对分散的金融资本和贷款人更透明、更高效的整合和匹配来减少银行的业务占有量。正如Funding Circle的首席执行官萨姆·霍奇斯（Sam Hodges）在2015年的一次采访中指出："市场和点对点借贷的区别是透明度。一边是需要借贷的小型企业，另一边是广泛存在的投资者。作为一个市场，在数据驱动的包销下，并没有动机去收取或多或少的费用。这就会给借款人一个有足够回报的公平结算价格。"

点对点金融市场也将促使更多人用借款人和投资人的收入作为部分生活来源。更重要的是，它们可能使很多原本根本无法获得小企业贷款的人开始发展全新的、有创造力的企业了。随着时间的推移，这些新企业进入市场后慢慢又会产生一个均衡的效果。此外，和Airbnb一样，它并没有让酒店停业，但为觉得长途旅行太昂贵的人们创造了旅游的多样性和更多不同的选择，对Funding Circle等平台最好的理解应该是使现有的经济模式实现多样化和扩大化，而不是取代它。

当然，这些平台同时也正在改变消费者行为。Uber、Lyft、Gett减少了传统出租车的使用是因为它们使服务更方便和更廉价，还因为它们通过其不同的分享服务内容创造了服务的多样性。和Getaround一样，它们将按需租用车辆作为私家车的一个可行性替代物，从而更彻底地改变消费者的习惯，使我们离科技推动的"分享流动"成为普遍的世界更近了。这个世界由加州大学伯克利分校的苏珊·沙欣教授设想出来的，并且在过去的15年里她一直在做相关的研究。

当然，问题在于寻找评估这些不同变化带来的影响的方法，包括经济影响、消费习惯的根本变化，以及在人们经济生活中的其他进步。我们建立的对经济影响的评估模型合格吗？

可以先用我们常用的评估经济活动的指标，即GDP来进行评估，这是一种通过计算一个经济体中所有商品和服务的总价格来评估消费和生产情况的方法。从本质上讲，GDP去掉了经济活动中消费的所有中间环节，而只抓住最终产品的"销售价值"，从而提供一个经济活动净增长的清晰展示。它关注总变量——比如花在商品和服务上的总金额、用于生活费用的工资总额或总支出额。虽然不是非常完美，但这些方法整合起来为评价传统经济的整体健康情况提供了有用的信息。

虽然GDP仍然是财政和货币政策决策的一个关键指标，但GDP作为衡量经济健康状况指标的缺陷是众所周知的。第一，GDP是一个宏观评价指标。它无法证明收入、消费或财富是如何分布的。不均匀状况发生大变化也可能不会反映在GDP的平均或总体数据中。第二，GDP不能全面评价经济增长，有的经济增长反而会降低我们的生活质量。交通拥堵的增长同样也会增加天然气消耗量，间接提高GDP，但交通拥堵的长期影响却很坏——它们降低了通勤者的生活质量，延长了工作时间，影响了工作和生活的平衡关系。第三，因为GDP只专注于评估市场行为，而非市场活动（如无偿家务劳动、自己动手修理和各种形式的物物交换）通常并没有计算在内。相应地，如果之前提到的非市场活动，比如拼车、育儿合作社、晚餐俱乐部和公寓交换等实现了商业化，这样的经济活动变化可能会使GDP急速扩大。第四，在某种意义上，GDP忽视了消费的质量——对教育或医疗保健的支出和对赌博的支出都一视同仁，不顾这些差异极大的消费方式可能对未来发展和福利带来的影响。的确，GDP关注的焦点是数量而非质量，这就意味着在这样的审查下，生活质量的改善行为通常不被重视。第五，由于GDP从不将资源有限这一点考虑在内，不可持续的支出（如煤炭、石油、天然气或其他不可再生的资源上的消费）没有得到充分重视。在一个相关报告里提到，其他如污染和人口过密等外部因素也都在GDP评价体系中被忽视了。[1]最后，GDP没有捕捉到"消费升级"的变化，这个点我会在本章下一节中更详细地解释。

GDP的缺点早已不是新闻，而且随着分享经济的崛起它们变得越来越突出。因此，现在已经有几个可供选择的措施建议。世界银行的人类发展指数旨在寻找进行评估更广泛的社会标准（如受教育程度和健康）及生活标准（如休闲时间）。英国国家统计局已通过了国家福利评价方法，现在还发布了按季度评价的一揽子指标以扩展GDP评价体系下有限的评估措施，从而反映出真实的经济影响。教育合作和发展组织（Organisation for Education Cooperation and Development，OECD）在优质生活指标中增加了更多的因素，包括公共事务参与程度以及工作和生活的平衡。"社会进步指数"（Social Progress Index）则代表了一种更激进的思想转变，它用社会和环境指标替代了经济指标。在这里，人们的基本需求，如营养品、基本医疗服务、水、卫生服务以及安全，与其他包括生命存续权、人权（如集会自由）、宽容（如移民接受程度）和获得高等教育等需求一样都得到了同等重视。

1　关于GDP还有其他的问题，但我选择把重点放在那些能反映出分享经济影响的具体问题。我认为Stiglitz-Sen委员会，又称欧盟对经济表现和社会进步评价委员会（The Commission on the Measurement of Economic Performance and Social Progress，CMEPSP），提供了这些问题的最佳的参考，参阅https://www.vorarlberg.at/pdf/ berichtderstiglitz-kommis.pdf。

数字经济中的其他评估问题

经济数字化突出了GDP评估体系存在的缺陷。例如，我们可以想想对像谷歌这样的搜索引擎的经济影响进行评估。由于搜索引擎的使用越来越广泛，消费者也越来越有主导力——他们可以通过获得更优良的信息、进入更多的市场、得到最新的反馈和产品评论来做出更好的选择。然而，部分消费体验的品质提升通常由一个无形的"更适合的产品"或通过经济学家所谓的"消费者剩余"的增加来实现。大致来说，**消费者剩余丈量了消费者对产品或服务愿意支付的最大金额和实际支付金额之间的差值。**因此，谷歌对经济的影响有很大一部分没有被观察到，因为消费者剩余的变化并没有反映在GDP中。

这一点在关于数字市场时更普遍地被提到。一个传统实体书店可能可以容纳4万至10万本书，而亚马逊可以提供超过300万本书。这样的激增在各种音乐、电影、电子和无数其他产品中也同样存在。此外，由于亚马逊使用了几个推荐系统帮助推销产品，不仅仅是种类多，"匹配度"也更高了。[1]然而，要弄清多样性增加和自发口碑宣传对经济的影响也是很困难的，同样的道理，因为改变的主要是消费体验的质量。正如埃里克·布莱恩约弗森、胡宇（Yu [Jeffery] Hu）和迈克尔·史密斯（Michael D.Smith）在他们对数字经济的消费者剩余的研究中提出的，这些好处可能难以衡量，因为不同消费者受到影响的程度不同。"实际上，在线零售商的出现就是在每个购物者的

1　一个关于不同的自动推荐方法的优秀调查，参阅http://ieeexplore.ieee. org/xpls/abs_all. jsp?arnumber=1423975&tag=1。

电脑里设了一个专卖店和一个个性化的购物助理。让消费者选定和购买那些有针对性的产品，这些产品在其他情况下可能会由于交易成本太高或产品曝光率太低而无人问津，在这样的平台下消费者的购物变得更便利。这种效应将特别有利于那些生活在偏远地区的消费者。"消费者剩余的类似增长也被阿宁德亚·高斯（Anindya Ghose）、拉胡尔·特朗（Rahul Telang）和迈克尔·史密斯在2005年对二手书电子市场的研究中记录了下来。这些效应被各种利用机器学习算法来更好指导消费者进行选择的推荐系统进一步放大。正如亚历山大·图芝林（Alexander Tuzhilin）和吉达斯·阿多马维希尔斯（Gedas Adomavicius）记录的，这样的系统在数字市场中随处可见。我们很自然会在试着检视不同类型的经济影响时期待同样的挑战，如Airbnb增加的多样性和匹配度、Lyft增加的便利性，或者丹尼斯在吉厄岛上增加的融资渠道。

在过去15年里，许多研究记录着数字技术创造的消费者剩余的逐步变化。最新的思想成果已经开始引入另一个维度——源于数字化的人力资本收益。在这方面，我在纽约大学的同事普拉桑纳·塔姆贝的研究颇具参考价值。塔姆贝与宾夕法尼亚大学的洛林·希特的研究提出了一个有趣的新假说：源于数字技术的这一部分收益经常以人力资本的形式被一个公司的员工获得，（这些收益）可能通常是特定于某些任务而不是特定于某些公司，并且会随着这些员工换工作而扩散到其他公司。这些发现增加了第三种可能——除了表现为生产数据和消费者剩余，数字化的部分收益来自将可转换的、特定于任务的人力资本转移给某公司的员工。这看起来很吸引人——员工似乎很自然地从他们公司的IT投资中获得收益并且成为这些投资回报在公司中"传播"的管道。因为更大范围的经济活动是由许多个体来实施的，这些个体要么与"公司-市场"的混合体，例如Uber、Airbnb、Etsy等有更多流动的关系；要么作为小企业家正锤炼着专业性，比如RelayRides的大卫，数字化使得对这些劳动力的经济影响的量化工作变得越来越复杂。我将在第8章对一些相关评估方面的问题进行讨论。

交易的"本地化"也可能对物质分配有影响。例如，一个Etsy的卖家可能从当地的工艺品店购买原材料，而不会以批发形式购买。在传统的市场里，这些零售商愿意将材料卖给其爱好者，但却不一定会卖给其他小企业。同样的道理，因为小企业主通常经营规模很小，其收益甚至分布在小型零售商和大型批发商之外，但也可能同样存在着规模经济的损失。

更加复杂的问题是，如何计算分享经济的情感收益。当我在2015年与Airbnb的首席执行官布莱恩·切斯基谈话时，他提到这样一个非经济的好处："热情好客的确是让人觉得有归属感，它是关于'接纳'的。"切斯基说，"Airbnb不一定完全改变人，但我们正在一点点改变人们的心态"。切斯基进一步解释说，"我自己作为一个人都因为Airbnb而发生了改变——不是因为公司业务而是因为实际的服务。我发现自己更关心别人了。当有人住在你家里，他们是那么脆弱，你必须照顾他们。而照顾和接待别人是一件非常重要的事情。"

四个关键的经济影响

如果一个点对点平台真的在改变我们的心态——以积极的方式改变我们对其他人的态度——我们怎样抓住这样的情感影响呢？这个问题的答案不太

可能来自经济学家。然而，毫无疑问，分享经济的扩张需要我们进一步改善对经济影响的评估方法，包括一些GDP不能很好捕捉到的指标。

然而，与此同时还存在一些广泛的、传统的、可以期待的经济影响。接下来，我概括了四个最显著的影响。

改变资本的"影响力"

无论是点对点租赁市场中的资产能力（即波茨曼的"闲置产能价值"）、TaskRabbit、Handy和Spare5等市场上的劳动力供应，还是贷款平台Funding Circle等平台上的金融资本——所有的东西都是平等的——利用"闲置产能"会增加经济生产力。

例如，拥有一个空房间的房子主人不只是拥有一个空房间——他拥有着未被充分使用的资产。有了Airbnb，房子主人能够把少量的额外空间变成一个收入来源。在这个意义上说，通过充分使用空间来利用过剩产能。同样，通过Spare5应用，曾经花在坐公共汽车上下班的时间可以通过使用智能手机在Spare5的商业社区中标记图片或回答调查问卷来获得收入。当小借款人不再把钱存到个人储蓄账户，而是通过Funding Circle把它借给中小企业，他们可能增加了他们的金融资本的经济影响。

我认为这些例子都体现了现有资本、资产或劳动的影响力的增加。[1]克莱·舍基（Clay Shirky）于2014年5月在纽约大学举办的"协作–对等–分享"（Collaborative–Peer–Sharing）经济峰会上发表的主题演讲中，特别清楚地解释

---

1 有人可能会认为应该使用术语资本"效率"或资本"生产力"。然而，这些词有特定的（甚至截然不同的）经济学含义，不能完全体现我想表达的意思。

了在分享经济平台上展现出这些影响增长的数字前兆。在说明了为什么说"在数字世界中，分享经济伟大的先驱是Napster"后，舍基接着解释道：

在20世纪90年代，美国音乐听众的共同目标是能够使用一个被称为"天堂自动点唱机"的玩意儿，可以点任意一首歌，一次可以点一首歌。Napster的发明人肖恩·范宁意识到"天堂自动点唱机"的苦差事已经结束了。世界上所有的音乐都已经数字化了，一次可以做成一张CD。有人买了CD，然后他们把音乐拷贝下来并以MP3的形式存在硬盘里。于是大量的工作已经完成了。但固定资本的大量基础设施还没有整合起来，它还不是一个集合。网络中计算机是瞎子，它们还是哑巴和聋子。这些都是未连接起来的节点。

范宁用Napster所做的就是解决这一问题。他没有解决存储问题、传输问题、数字化问题——他只是解决了索引问题。通过Napster，电脑有了眼睛、嘴巴和耳朵。它可以告诉你："我的硬盘里有这首歌。"同时还会将这个信息报告给中心索引表，在这里其他电脑可以相互交流各自拥有的音乐并协商相互传输。

舍基接着总结他的观点："范宁并没有增加对音乐基础设施的资金投入，而是扩大了资本的影响力。"

也许最引人注目的利用不足的资本就是美国的汽车。每年美国人花费约一万亿美元购买新车和二手车，而且车辆的存量资本价值是这个的几倍（把这个计算在内的话，2015年整个美国经济的GDP约为17万亿美元）。然而，正如前言中提到的，这些汽车的利用程度低得令人沮丧。如图5.1显示了2009年加州居民对他们汽车使用频率的分布图。横轴表示使用强度（例如，使用强度5%意味着你现在有5%的时间使用你的车，或者说每天使用1小时多一点），而纵轴表示该汽车使用强度在加州人群中的比例。正如前面说明的，实际上大多数人拥有一辆汽车，只有不到10%的时间在使用。这意味着，绝大多数汽车超过90%的生命是停在街上或车库里（正如前言中指出的，曼哈顿几乎就是这样）。而加州人对汽车的使用频率实际上比美国居民的平均水平更高。

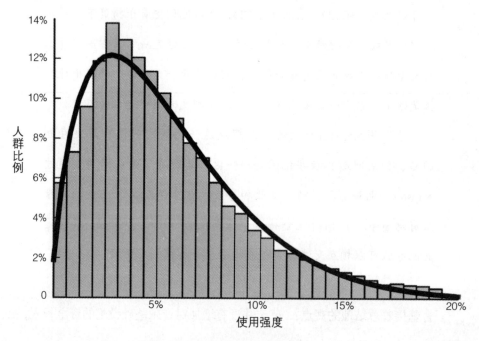

资料来源：截至2009年的全国家庭出行调查（NHTS）。

图 5.1 美国机动车使用情况

我们可能不需要等到自动驾驶汽车出现后才能看到数字化给汽车和交通行业带来的经济革命。新的点对点模式涉及的范围——Uber可以按需获得汽车驾乘服务，Lyft可以看谁的车顺路，Getaround可以知道你的社区里谁的车可以让你开走，BlaBlaCar可以搭车到另一个城市——对全球存量汽车的影响开始变得越来越大。在世界增长最快的消费市场上出现的资金雄厚、形式轻盈的区域性平台，如滴滴出行和Ola等，给汽车所有权行为尚未根深蒂固的用户群带来了更深远的影响。正如Ola年轻有为的联合创始人兼首席执行官波巴维什·阿加沃尔（Bhavish Aggarwal）在2015年向我提到，数百万新崛起的印度中产阶级达到的收入水平允许他们在未来的十年里考虑购买一辆汽车，但许多人将"跳过"低效的完全所有权阶段，而直接作为按需消费者进入汽车使用市场。

在最近的一系列会谈中，美国西北大学的经济学家罗伯特·戈登（Robert Gordon）哀叹美国生产率增长放缓，特别是，没有明确的证据表明近20年来的数字化变革对全要素生产力的增长率是否产生了重大影响。这张很出名的幻灯片是从他最近的一篇文章中复制来的，如图5.2所示。

随着时间的推移，平均来看当相同的输入产生更多的输出时，全要素生产力（total factor productivity，TFP）就会增加——包括实物资本、金融资本和劳动力。生产力的增加反过来会提高经济的增速。这些平台不只增加舍基提到的数字产品的"资本影响"，还将继续扩张并在未来的几十年里不断提高劳动力、金融资本，特别是实物资本的影响。数字技术的这种独特效应将很有可能扩展到更广泛的经济范围，如房地产、交通、能源、医疗以及各种形式的劳动。

或者正如戈登担忧的，数字化变革会促进全要素生产力增长可能不是一个神话。相反，在它们出现在国家统计数据里之前，它们可能只是一直在等待促进分享经济变成可能的那些力量的形成。

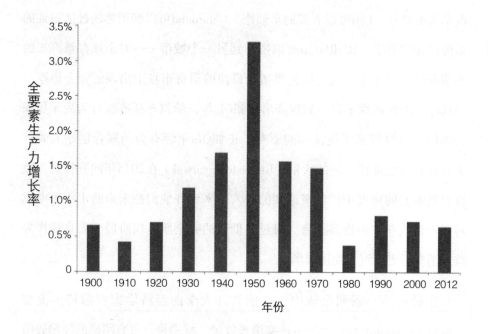

图 5.2 每10年的全要素生产力增长率（1900-2012年）

规模经济与区域"网络效应"

在过去的两个世纪里，由技术驱动的经济进步不断重复出现，并逐步创造、完善了规模经济——即随着生产量的增长企业获得的成本优势。简而言之，传统的规模经济是在随着生产量增长平均成本下降的情况下产生的。这些优势可以来源于在一个更大的单位生产量下平摊了"固定成本"（如建设工厂的成本）。它们也来源于劳动不断细分，这种细分在大公司中是更容易实现的（按照这个逻辑，如果你做的事范围越窄且不断重复，那么你就能更高效地完成，这个理论最好的代表也许就是亨利·福特的流水线）。它们也可能来自"实践中学习"——效率的提高来自学习如何更好地使用设备，或工人对他们所做的事情变得更精通。

关于规模经济的记载可以追溯到18世纪亚当·斯密在回形针制造业

中关于劳动分工的观察；几个世纪之后的今天，规模经济则通常是由供应侧的进步所驱动的。你可以以更大的规模击败竞争对手，因为你可以投入更高的固定成本，或者因为你能降低你的单位可变成本。然而，自20世纪80年代以来，经济学家的记录中有越来越多的证据来证明哈尔·范里安（Hal R.Varian）和卡尔·夏皮罗（Carl Shapiro）命名的"需求面的规模经济"——即一个产品随着它的使用量增加其价值也会增长。这个效应——**任何用户对某个产品的使用量增加都会提高其对其他用户的价值（有时是对所有用户）——也被称为"网络效应"**。[1]硅谷投资者在一种商业模式中常常追求"网络效应"，因为他们通常都相信"赢家通吃"，比如过去的微软、Facebook等科技巨头以及当今市场中的成功例子。

接下来，让我们讨论一下分享经济是如何影响这些类型的规模经济的。首先，巨头公司似乎会离我们越来越远而数以百万计的小企业家将会出现在我们面前，这样的变化带来的后果可能会是失去200年经济发展形成的规模经济。毕竟，Airbnb的房主能为短期住宿提供比专业酒店中的由技能娴熟、高度优化的酒店员工组成的团队更高效的服务吗？一个中国的巨头工厂不会总是相对布鲁克林的木制玩具制造商有成本优势吧？

答案似乎既可以说"是"，也可以说"不是"。我们无疑会失去一些规模生产的好处，以及当我们将经济活动的组织转向大众，我们也会失去专业性。然而，规模化的其中一些好处将不那么重要，因为扩大固定投资的需要减少。只要你可以利用家里的闲置房产，你就不需要建一间酒店。在某些情况下，如果你可以使用复杂的3D打印机，你就不需要一间大型工厂。在某种意义上，整个成本曲线可能会降低，尽管斜率增加了。

1　参阅http://oz.stern.nyu.edu/io/network.html for more discussion of network effects。

此外，许多规模经济将会被平台本身保存并重新分配。"实践中学习"信条的传播可能不会发生在一个酒店组织或者工厂里，而是通过在Etsy上制售商品的手工业者形成的人际网络，或通过Airbnb房主社区和"公会"来传播，不管是直接通过各种活动、培训或嵌入到平台的功能等由公司来实施，还是以一种更草根的方式。

实际的变化将在整个行业和整个国家范围中有所不同，还需要很多年的时间我们才能理解这些相互竞争的力量平衡。但它是吸引人的：这是一个真正的机会，分享经济的经济模式可以真的将生产分散到数以百万计的小供应者那里，而无须牺牲在20世纪的公司中流行的规模经济带来的显著收益。

相比之下，它似乎清楚地表明，随着分享经济的高涨，需求方规模经济将更加流行。一种特殊的网络效应——双向网络效应——主导着许多平台的经济问题。正如托马斯·艾森曼（Thomas R.Eisenmann）、杰弗里·帕克（Geoffrey Parker）和马歇尔·阿尔斯丁（Marshall Van Alstyne）在一篇有影响力的《哈佛商业评论》文章中解释道：

> 在双边网络效应影响下，平台对于任何给定用户的价值在很大程度上取决于在网络的另一端的用户数量。其价值随着平台对双方需求匹配程度的提高而提高。例如，视频游戏开发商只会为有大量的玩家的平台开发游戏，因为开发人员需要一个足够大的客户群来弥补他们的前期编程成本。反过来，玩家会更支持有更多种类游戏的平台。

由彼得·埃文斯（Peter Evans）的全球企业中心所主导，在经济新兴平台上的一个雄心勃勃的项目，正在收集来自数百种不同的规模和互动平台的数据，而且无疑它将会指引未来十年的经济发展。

与此同时，我自己的研究表明，这些双边网络效应的性质在不同的分享经济平台上的变化情况非常重要。这些差异主要与本书前半部分我们讨论的分享经济的区域性有关。就像eBay，更多卖家让买家从中获益，而卖家也更中意表现出有更多买家的平台。买家和卖家在什么地方并不重要。如果我是一个在纽约的买家，一个位于洛杉矶的卖家和另一个位于明尼阿波利斯的卖家具有差不多相同的价值。

然而，Uber网络效应正好与之相反。当然，随着越来越多的司机加入纽约的Uber平台，对纽约的用户来说平台价值增加了（也会随着时间下降）；相应地，随着越来越多的乘客用户，作为一个Uber司机的价值也增加了（你可能每小时能挣更多的钱，因为有更多潜在的客户）。然而，这些网络效应带来的好处是高度本地化的。大多数Uber用户只关心在他们自己的城市的服务质量。在洛杉矶新增1000名Uber司机对于缓解纽约乘客的等车时间起不到任何作用。因此，新的市场里制造供应的过程将比原有市场更加艰苦。

这是什么意思？需求方规模经济在这样一个平台不会自然地产生一个全球"赢家"，而相反，**在每个本地市场里可以产生一个或多个赢家**。[1]因此每个本地市场更具竞争性。对于Etsy上只卖手机配件或者那些只生活在纽

1　当然，可能还有其他的传统规模经济。因为在某些情况下，与司机签约并留住他们，或者通过开启新市场进行学习，或者在与当地监管部门交涉中进行学习，最终会有一两个公司获得主导地位。

约的卖家来说，很难离开固有的生意去开发自己新的市场而不失去原有的大量潜在需求。相反，完全可以想象，纽约的Uber司机可以集体切换到一个不同的平台（或原创一个自己的平台），而最终获得所有的市场需求。

现在，让我们将Uber的网络效应与Airbnb的网络效应作一个对比。同样，这是一个存在于成千上万的不同城市和城镇的市场，在其中通过市场本身将供应建设于市场之外。但是，"网络"从巴黎的房主那里得到的好处远远超出了来自巴黎消费者的。这是因为与本地交通不同，短期住宿的需求者主要是旅行者，而不是当地居民。你会喜欢一个可以让你在世界任何地方住宿的平台，而不是专注于一个城市的平台。因此，对Airbnb平台而言，它的网络效应更有弹性。

在某种意义上，在这两个例子中网络效应的"不规则"结构使它们的经济比传统的双边市场更复杂，潜在地使它们变得更强或更弱。正如我将在第6章中讨论的，随着分享经济的出现，有很多新的监管挑战被提出。我没有讨论与市场力量有关的问题，这是因为在判断这些新的规模经济是否将形成够得上反垄断审查的市场力量之前，关键的是加深我们对这些新的网络效应的本质的理解，以及回答由莫里斯·斯图克（Maurice Stucke）教授在2015年6月联邦贸易委员会小组上关于经济调节分享的讲话中提出的问题——"我有评估这些影响的分析工具吗？"[1]

---

1 名为《"分享"经济：关于平台、参与者以及监管机构的问题》（The "Sharing" Economy: Issues Facing Platforms, Participants, and Regulators）的研讨会文字记录，参阅https://www.ftc.gov/system/files/documents/videos/sharing-economy-workshop-part-4/ftc_sharing_economy_workshop_-_transcript_ segment_4.pdf。一份完整的研讨会议程以及在此之前对公众意见的征求，参阅https://www.ftc.gov/system/files/documents/public_events/636241/sharing_economy_workshop_announcement.pdf。

增加多样性 ＝ 增加消费

分享经济创造了全新的拥有更高质量和多样性的消费体验。因此，新形式的经济活动将会出现，而不是仅仅在旧形式的商业上启用新的数字化形式。换句话说，**我们要做大蛋糕，而不是简单地将它做成不同的形状。**

下面以我们熟悉的Airbnb为例。酒店虽然提供了多种住宿选择；酒店许多不同维度的体验都是标准化的：比如酒店客房在酒店建筑中；除了少数例外，酒店房间一般都有一张床、一台电视机和一个私人浴室；它们在大多数情况下能容纳两人，当然对于更贵的酒店，可能会有更多的设施。相比之下，在一个点对点平台上，住宿可能不一定会被安置在一个建筑里（有可能是一顶帐篷或者房车），也不一定会有床（充气床垫和沙发也可以被出租），价格和设施之间也没有直接关系。Airbnb之外的平台具有更高的多样性。Couchsurfing提供空闲的沙发；OneFineStay提供豪华住宅，其中也能提供专业、全面的服务体验；黛比·瓦斯科（Debbie Waskow）的LoveHomeSwap提供度假租赁；Kozaza提供韩国的传统房屋；中国的途家网提供酒店式公寓；印度的Oyo提供一系列酒店式的备选房间。

有人可能认为这些多样性的增加将减少对传统酒店的需求。一些酒店行业的支持者表示这种情况可能正在发生。在曼哈顿中城有五家Apple Core Hotels连锁酒店的董事长兼纽约酒店协会领导人的维贾伊·丹达帕尼（Vijay Dandapani）在2015年8月接受美国公共电视台的采访时称，Airbnb的影响已经显现。他断言："在金融危机之后，尽管旅游业出现上升趋势，但（房间占用率）并没有回到过去的水平。[1]

1　参阅http://video.pbs.org/widget/partnerplayer/2365538931，查看相关视频。

但从这种转变的经验证据来看，截至2015年，最多可以说是两方面证据都有的。一项由乔治斯·泽瓦斯（Georgios Zervas）、大卫·普罗塞尔皮奥（Davide Proserpio）和约翰·拜尔斯（John Byers）进行的研究中，Airbnb对得克萨斯州酒店影响的记录表明，Airbnb对酒店的替换率是相对较低的。Airbnb上出租的房间数量增加10%，酒店房间的月收入仅下降了0.34%，而在奥斯汀该数值稍高一点。泽瓦斯和他的同事还注意到Airbnb订单在其他方面的差异性，因为它们能在通常没有酒店的地方发展。

Airbnb在不同城市的数据记录都反映出了这一点。如图5.3所示，它展示了曼哈顿的情况，Airbnb在纽约的出租房中大约有5/6在曼哈顿中城之外，而曼哈顿中城聚集了约2/3的酒店房间。

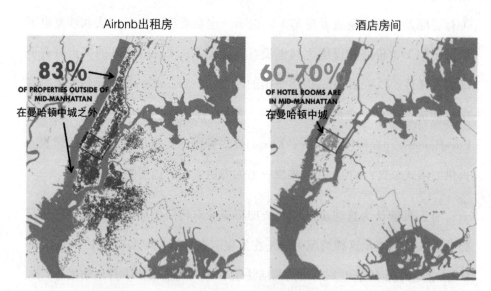

注："曼哈顿中城"是指曼哈顿14~59街之间的范围；图中表示酒店分布的圆点只是估算的数量。

图 5.3 纽约市的Airbnb出租房的地理分布图

布莱恩·切斯基总结得很好："随着我们的发展，酒店的入住率也会增长。我认为这一定会在酒店行业中发生。我与一些酒店高管也很熟悉，他们似乎并不过分担心这样的情况。"的确，正如美国知名网络杂志*Slate*（1996年创刊，以其政治评论、离奇新闻和艺术特写等内容而闻名）的艾丽森·格列斯伍德（Alison Griswold）所记录的，2014–2015年的酒店业获得了它们历史最高水平的入住率和平均每日房价。

但是，对于Uber和Lyft相对传统出租车的影响情况并不是这样。关键的区别是，不仅仅是差异化服务，Uber和Lyft在顾客重视的大多数方面上都有着更高的质量，也许只是不能当街扬招。但这并不否定提高多样性会增加消费。然而，对现有的企业来说，可能是负面影响来得更快。事实上，每天都有出租车司机（大城市中的大多数人并没有自己的汽车或拥有出租车"徽章"）变成"Uber司机"；已经有证据显示纽约市的黄色出租车徽章的价格下降了约30%。2015年7月，纽约黄色出租车徽章最大的老板叶夫根尼·弗里德曼（Evgeny Freidman）提交了一份请愿书，申请他旗下多个拥有徽章的公司破产。而按需服务的交通方式可能最终将对机动车行业作为一个整体产生影响，在未来十年内自动驾驶汽车在大众市场实现商业化将会更大程度加速此影响。很大一部分汽车消费者将转移到种类越来越多的按需交通服务中。

产业组织经济学告诉我们，随着商品种类的增加，人们会消费更多，而不是更少。部分是因为以前没有消费能力的人现在有消费能力了，或者有能力比以前消费得更多了（在住宿行业，表现出来的就是消费的时间更长、消费的区域范围更大）。还因为从理论上讲，随着种类的增加，人们的理想之物与市场能提供的商品之间的"匹配度"不断提高，也使人们愿意支付更高的价格。正如安德烈·弗拉德金（Andrey Fradkin）在对Airbnb的研究中向我们说明，搜索和排名技术的进步使房主与房客之间能通过平台进行真正的匹配和交流。作为结果，消费的增长将推动经济发展，即使以传统的GDP来衡量。从这方面来说，**很明显分享经济带来的品质和种类的快速增长必将加速，而不是减缓经济增长。**

民主化的机会

2014年夏，一本名为《21世纪资本论》（*Capital in the 21st Century*）的书在学术圈和硅谷都成了谈论热点。在书中，作者托马斯·皮凯蒂（Thomas Piketty）研究了过去两个世纪里持续的不平等。核心观点是：不平等仍然存在，因为资本回报率r ——无论是投资金融资本、固定资产或者其他类型实物（比如，分享经济将会增加其影响的资本种类）——持续高于整体经济增长率g，而工资增长率与整体经济增长率大致相同。皮凯蒂总结道："不等式r > g，意味着过去积累的财富比产出和工资的增长快。这个不等式表现了一个基本的逻辑矛盾。企业家将不可避免地成为出租人，对那些只有自己劳动力的人越来越占主导地位。这个结论一旦成立，资本自我繁殖的速度将比产出的速度更快。过去将吞噬未来。"

换一种方式来说，即富人发现他们的回报以r的速度增长，而大多数人没有大量财产和银行存款，或者说大部分投资人会发现他们的回报以g这个较低的速度在增长。因此，随着时间的过去，不平等的情况将进一步恶化。有鉴于此，皮凯蒂继续发问："你能想象在21世纪，资本主义将被一个更和平、更持久的方式超越吗？或者我们是不是只能等待下一个危机或下一场战争（一次真正意义上的世界大战）的到来呢？想象一下，政治制度能对全球范围的世袭资本主义进行既有效又公正的管理吗？"

皮凯蒂的解决方案更支持传统的、可预测的再分配干预措施（比如更高的全球税）。然而，很可能出现的情况是，分享经济已经通过以r的速度增长的人口数扭转了局面，即使目前这种情况并不明显。

让我们回到英国Funding Circle的例子：它使日常投资者——也许是一个只有几百英镑的大学生或者是一个有几千英镑的退休人员——能够投资于那些通常只属于银行投资范围的小企业。投资者不需要理解复杂的股市后再进行投资，也不需要任何特殊软件的帮助。Funding Circle的在线平台和Airbnb或Etsy一样容易操作，此外用户社区还能提供一个评估潜在借款人的快速入门培训。

从某种意义上说，几乎没有额外的基础设施，皮凯蒂的"出租人"就可以开始通过投资或持有而不是劳动去体验硬币的另一面了。随着Etsy的卖家数超过150万，可以预计会出现一个类似的效果。在非常小的范围内，人们一旦开始为他人劳动就有了新的角色，以及在经济方程中占领了新的位置，不再从拥有资本的人那里获得工资了。超过100万的Airbnb房主拥有大部分集中在股东和特许经营的连锁酒店里的资本。换句话说，这些变化正在扩大其回报以r，而不是g的人口比例的增长，这样有利于传统上不是财富顶端的人群。

总的来说，这个景象是一种包容性增长。然而，虽然有一些例外，但选择在Airbnb租房、Funding Circle放贷，或RelayRides出租汽车的人一般都是拥有较少而不是较多资本的人。他们可能不属于贫穷人口，但他们也肯定不是传说中"占领华尔街"的1%。将来那些在Courser上寻求教育资源的人，可能是那些无法获得传统的高质量四年制大学学位的人。阻止人们从工人变成持有者或投资者的传统门槛机制已经放宽了。

随着时间的推移，更多新的"微创业"机会将使曾受到传统企业限制的个人有可能发展成比独资企业更大的企业，例如ThreeBirdNest。布莱恩·切斯基告诉我，他和他的联合创始人乔·吉比亚曾经把在Airbnb上当房主称为"未来企业家培训班"。我们将不得不等待几年后才能知道Airbnb、Etsy、Lyft、Getaround上的供应者是否能更容易开创成功的具有更大规模的公司（尽管Airbnb最早的两个房主——布莱恩和乔——显然已经做到了）。但随着生产者和消费者之间界限的模糊，拥有可以生钱的资产的人口比例很明显极有可能将扩大。

深入了解点对点租赁市场

经济是一个复杂的系统，而且是动态的。上面列出了四个被预测的宽泛影响，但我们需要更仔细地分析不同的变化和类别，以更精确地量化分享经济的长期经济影响。

这种详细的分析会怎样进行呢？为了揭示分享经济一些更细微的影响，我会转入该经济的一个特别领域——点对点租赁市场——特别是对我与同事塞缪尔·弗赖伯格一起完成的一项研究进行分析和结论。该研究中我们开发了一种新的针对点对点网络租赁市场中耐用商品的动态经济模型。耐用商品是指使用寿命很长的资产，因此更有可能具有闲置产能。在这章中，我也是为了让你相信我们需要仔细、系统地研究经济中的不同部分，才能决定分享经济究竟是好消息还是坏消息（当然，可能你已经看出来了，我是一个乐观主义者）。

在进入弗莱伯格和我的研究发现之前，用更系统的眼光来看看它可能会更有帮助：当消费者进入一个可以租用商品或者可以获得过剩产能的新市场时，我们来评估一下这时会产生的关键经济影响。

想想自己拥有耐用商品的经验，如汽车、餐桌等。它在很长一段时间里都能提供价值。在一个没有损耗的世界里，也就是说，在这个世界里你可以即时购买或出售，而不考虑交易成本，你可以在任何时候根据你当前的需求自由地调整你的所有权。当你想开车去海滩就购买一辆保时捷，然后当天晚些时候你要去足球场接你的孩子，就卖掉它再购买一辆厢式旅行车。当然在实际情况中这是不可能的，因为耐用品是非流动性的——即时购买和出售它们并非易事。买与卖之间存在着重要且金额很大的交易成本。在你买下一辆车的瞬间，它就已经大幅贬值了。当家具公司Room & Board把餐桌送到你家后，它的再次销售价格相比你支付的价格立刻大幅贬值。

结果，我们到底做了什么？我们购买耐用品并且一直拥有它们，它们不断贬值直到被替换掉。这意味着什么？因为我们不能基于我们的即时需求去无缝买卖物品，我们的欲望与我们最终能使用的物品匹配度很差。当你购买汽车时，你的车可能比你需要的更"新"（当然，虽然拥有一辆新车是件高兴事），但你可能在卖掉它时它已经变得"非常旧"了（我们大多数人不会在汽车变旧后就立即卖掉，而是一直用到比我们理想状态更破旧以后才卖掉它）。其实你也在囤积产能——比如，你车库里的一辆专供你使用的汽车在100%的时间里都是专属于你的。即使你并不需要一天24小时都使用它，也许拥有它的唯一用途就是用它从足球训练场接你的孩子。然而，这将导致低利用率。

还有另一个例子：露营设备。为了和家人露营，你可能计划买一个帐篷、一个野营炉和一些睡袋。也许，这些设备可能一辈子只用一次，或者一年用一次，或者夏天的时候每个月用一次，但在其余的时间里，这些设备将会堆放在储物间或车库里成为闲置资产。

点对点租赁市场的引入在一定程度上改变了这种情况。**现在你可以在很短的时间里同时访问不同种类和新旧程度的产品。**换句话说，如果点对点租赁市场变得更加无处不在，你可以租用帐篷和其他露营设备而不需要自己去购买，你还可以选择适合你需求和预算的新旧程度的设备。或者你还可以作为一名所有者，当你不使用帐篷时将它租出去。当然，这里仍然存在交易成本——你必须去搜索你需要的东西，还要到某处去取物品——但这些都是远低于买卖成本的。

而对于点对点租赁市场带来的另一些变化，其部分原因是由于在不同人群中或在不同时期，人们的收入和喜好会不同。当人们通过点对点汽车租赁市场，如Getaround进行消费时，在某一天里，一个人的汽车低利用率可以与另一个人的汽车高利用率相匹配，而前者可以成为后者的供应者。而在某个时间点，你强烈需要钱而愿意使你将时髦的特斯拉出租出去时，就需要有人愿意花钱来体验这辆够酷的车。如果有足够多的人成为会员，这两者的匹配概率会更大。另外，鉴于所有权常常造成使用障碍（例如，不是每个人都能负担得起买一辆车，也只有很少的人买得起好车），一个点对点租赁市场将增加能以各种方式"使用汽车"的人数。

同样地，**点对点租赁市场引入的新的适应性和灵活性让人们可以应对新的经济风险。**如果那些昂贵的资产——无论是汽车，还是1000美元的裙子——都可以通过出租成为一个收入来源（不再是一个衣柜里的不断贬值的物品），你也可以购买价值更高的物品了。简单地说，可以让你赚钱的东西就是你可能愿意花更多的钱购买的东西。这会带来一种可能，有些人可能会"为了出租而购买"。这可能会增加某些奢侈品市场的交易。

当然，我们这个模型现在还不能实现，除非解决了出租方和租用方双方的各种相关费用成本问题。以汽车为例，占了所有权生命周期全部成本大约40%的折旧成本即将发生改变。毕竟，如果有人在点对点市场出租车辆，汽车里程数的增加在降低了车辆的二手交易价格的同时也缩短了汽车的使用寿命。类似地，如果有人在Airbnb上出租他的住宅空间，磨损的增加可能会导致更高的维护成本，或加速房产的贬值。换句话说，商品将被使用得更频繁，因此它们可能需要更积极地更新换代。所以虽然可能会有更少的所有者，这些所有者将更频繁地购买，因为在某种意义上，他们正在更快地"消费"他们的资产。

点对点租赁的这种效果被经济学家所谓的道德危机放大了。虽然它可能是一个刻板印象，但是租房者并不总是能像房主一样去照顾房产的情况的确是真实存在的。想想你怎样对待租来的车，同时你又怎样对待自己的车。你没有做一个长期的承诺。而且，你熟悉自己的房子而租房者可能不熟悉，这可能会存在因不熟悉而导致的额外磨损。因此，尽管有各种监测技术的进步，以及出现了很多成熟的在线信用系统，但道德危机并不能完全被缓解。所以，点对点租赁市场会影响资产的预期寿命，增加其二手销售期间产生的交易成本，不管是因为使用频率增加还是因为不爱护。

最后一个需要考虑的关键因素是便利性。当你拥有一个商品，你随时都可以使用该商品。这样的用户体验，虽然价格昂贵，但是很直接，同时还能满足即时的需求。相比之下，如果你通过点对点租赁市场租用，你却无法在你想要某件物品时立即得到它。尽管点对点租赁平台的普及程度已经迅速增长，但它们的普及性和流动性仍然是有限的，要到达这个状态仍有阻碍。可供出租的汽车可能不会在你需要时就出现（在我们的研究中，Getaround在2013年和2014年的数据表明只有大约70%的时间乘车订单能得到满足），也就是说，当你在Airbnb或Getaround上列出你的出租清单时，并不能保证你一定会得到客户。

上面的讨论说明了为什么我们需要用系统的经济分析来揭示，最终分享经济引发的变化带来的影响。有很多不同的事情在同时发生，而当所有这些变化都是并行发生时，经济模型就可以帮助我们理解。

为了最终的分析，弗莱伯格和我使用了点对点汽车租赁业两年来的数据，这些数据都是Getaround慷慨地提供给我们研究的。我们将此与其他不同来源的数据相结合——比如，劳动力统计局（Bureau of Labor Statistics）、国家家庭交通调查（National Household Transportation Survey），以及全国汽车经销商协会（National Automobile Dealers Association）来"校准"我们的模型，通过该模型我们可以创建各种虚拟实验室来对未来进行预判。

我们的分析发现了什么呢？随着时间的推移，点对点租赁市场将如何影响经济呢？是的，我们发现**所有权和消费模式正在发生显著变化，人们明显正在朝远离所有权的方向移动**。然而，即使经济体中的所有人都已经进入点对点租赁市场，远离所有权的转移也是渐进的。正如我在这一章前面提到的，它似乎对于现有的不同类型的市场将会有不同的影响。波士顿大学的Airbnb对得克萨斯州酒店业的影响的研究表明，虽然低端酒店已经受到影响，但高端酒店并没有受到影响。同样，我们也发现点对点汽车租赁市场使二手车市场价格降低了。

接下来，也许最显著的一点是我们的模型预测在消费者剩余中会有巨额收入，每年仅在美国就有价值数百亿美元的订单。但引人注意的是，低收入家庭从中享受到的收益却不成比例。在很多方面，鉴于我们在本章前面的讨论，似乎很自然地就能推导出包容性增长。但理解其中的缘由会更有益处。

第一，正如预期的那样，点对点租赁市场包括了因为买不起而无法开车的低收入消费者。

第二，从拥有转向租赁的消费者更可能是收入较低的人群，因为这些消费者都是被节省购买的巨大成本的想法所吸引（图5.4就是一个例子，它显示了一个旧金山社区里从低收入人群到高收入人群中租赁活动频率高低所占的比例分布）。另一边，高收入消费者则倾向于继续成为所有者可以方便直接使用，即使是那些不经常使用自己的车的人。

第三，租赁市场的供应者也都是远远低于平均收入的人群。这很容易理解。成为一个分享经济供应者也存在一些成本，所以潜在的收益预期也必须对你有足够的吸引力。高收入者因为麻烦而不愿意成为供应者，而低收入者则更看重能获得更多额外收益。我们对Getaround的供应者做了调查，我们也发现兼职供应者——一个月赚几百美元的人——倾向于把这些收入作为额外的可支配收入，而更积极的供应者已经开始使用这些钱用作房租、食品、汽车等基本开支了。[1]

图 5.4 在旧金山低收入社区的用户中点对点租车活动更活跃

---

1 我们还发现了第四个影响效应——那些曾经购买低端汽车的人现在会购买中、高档汽车用来出租。但截至2015年，分析中它的规模还是相当小的。

虽然我们的预测是对未来的，但2014年Getaround在旧金山地区的供应和租赁情况就已经反映出，在这些地区平均收入水平较低的城市里点对点租赁活动更频繁。图5.4表明这种模式与我们的长期预测是一致的。总体而言，我们的研究结果有力地表明，**分享经济具有巨大的潜力来解决一些在今天的经济中存在的贫富差距问题。用民主化的方式实现更高的生活水平，它是通过发展市场而不是压制市场来实现的。**

在这一章结束时，主要关注了分享经济的需求侧——资本影响力的不断增长对经济的影响、市场上产品和服务的多样化，以及这些产品和服务供应和获得的容易程度。第6章将继续这个主题，分析由新消费模式带来的重点管理问题，同时关注消费者保护问题。同时，尽管在这一章中讨论了影响力增长的潜力以及从雇用向创业的转变，但我们还没有真正全面地研究所有分享经济可能会对劳动力市场产生的不同的影响。这将是第7章和第8章的重点内容。

第6章
监管和消费者保护的情况变化

社会"陷入困境"表现在其信仰体系和社会组织无法应对和解决社会复杂性带来的新问题。

——道格拉斯·诺斯，美国经济学家

The Shifting Landscape of Regulation
and Consumer Protection

当Airbnb的合伙人发展他们的点对点住宿平台时，他们对酒店业的规章根本不屑一顾。切斯基、吉比亚和布莱卡斯亚克正在堵空气床垫上的洞、为陌生人准备早餐、编写代码，或者正在包装和售卖奥巴马奥氏（Obama O's）和船长麦凯恩氏（Cap'n McCain's）的谷物早餐以筹集资金。

但随着Airbnb的加速增长——2013年他们的用户就翻了一倍还多——纽约州司法部长埃里克·斯内德曼（Eric Schneiderman），刚刚成功清除了美国最大点评网站Yelp等在线平台上的虚假评论，现在兴致盎然地将注意力转向了Airbnb等平台上的供应者。2013年10月，事情到了紧要关头，斯内德曼传讯了Airbnb，要求公司交出平台上的超过22.5万纽约房主的信息。

到2013年，世界各地的城市都面临着监管Airbnb等分享经济平台的挑战。当年夏天，美国市长会议发布了一项决议以支持分享经济的发展，全国城市联盟（National League of Cities）的研究主管布鲁克斯·雷恩沃特（Brooks Rainwater）决定制定一个广泛的调查，去了解不同规模的城市政府该如何平衡抓住发展机会与实施正确监管之间的关系。Airbnb已经在与大量地方政府的谈判中提出了可行的方法，来确保其房主根据其收入支付当地税款。然而斯内德曼要求获得公司的房主信息，并不仅仅是为了税收问题。

争议的核心是州参议员利兹·克鲁格（Liz Krueger）和州议员理查德·戈特弗里德（Richard Gottfried）支持的关于"非法酒店"（illegal hotels）的规定，它禁止拥有多处住房的纽约人将其住房转租30天以下。这不是在旧时代，而是在2010年，在Airbnb发展的上升期颁布了这项法律。

这意味着房主只要出现在房子里，他们就仍有可能成为Airbnb的供房者，这是合法的——没有法律规定不允许出租一个空余的房间或者沙发。此外，独栋房屋的所有者并不受任何限制。然而，新法律打击了Airbnb吸引纽约游客的核心服务：租住民宿，体验当地的文化，而不是在商业和旅游中心或市中心地区住高级的酒店。

各种法律和人性的微妙因素影响着Airbnb与总检察长之间互动的演化。下面列举一些关键事件。Airbnb通过发表公开声明回应该要求，声明中重申了它持与地方政府合作而不是违逆的态度。虽然承认可能存在几个害群之马滥用他们的平台经营非法酒店，但Airbnb认为为了阻止少数非法酒店经营者和房东而对成千上万诚信经营的房主进行惩罚是不公平的，这些非法经营行为从来都不是Airbnb所希望的。2013年10月6日，在Airbnb网站公布的一份声明中，其全球公共政策主管戴维·哈特曼（David Hantman）向房主保证："在未来的日子里，我们将继续与总检察长办公室对话，看看我们是否能共同合作来支持Airbnb的房主，并从Airbnb平台中剔除不良经营者。我们有信心双方可以达成一个解决方案来保护你们的个人信息，并且打击滥用这个系统的人。"

但到了2013年，已经有成千上万的纽约人投资数千美元制备新的床上用品、毛巾和客房家具，成为了城市的准旅馆经营者。其他的成千上万人也开始依赖Airbnb作为一种并不昂贵的方式在自己的社区去安置外地来的客人。从许多意义上讲，在很短的时间里，Airbnb成为了纽约的一部分。

一个Airbnb的房主，只知道她名叫米歇尔（Mishelle），通过新成立的分享经济集体行动平台Peers.org起草了一份请愿书，她承诺会亲自将它送到奥尔巴尼市（位于美国佐治亚州）。在她的请愿书中，她写道：

> 这些事情发生的原因是因为一部没有好好起草的法律，这部法律最初是为了阻止在出租公寓中非法经营酒店的黑房东而设立的。作为一个纽约人我只是想支付我的账单，我不明白为什么他们认为我是个黑房东。请不要混淆了。我写了这个请愿书，想一次性地解决这个法律问题。我们不是黑房东。在军队生涯结束之后，我决定回到学校，完成我的公共政策学位。出租一个房间一直都助着我回到正常生活。通过它给我带来的收入帮助我实现梦想，有了它，我就可以集中精力为投身一个新行业做准备，这个行业里我可以通过更好的公共政策去帮助人们。[1]

米歇尔倡导的"拯救纽约的Airbnb：分享合法化"运动最终收到了超

---

1 2014年夏，Peers.org停止了集体行动模式，重新定位为一个营利性组织Peers.com，我将在第8章进行更详细的讨论。米歇尔的声明可以参阅http://action.peers.org/page/s/legalize-sharing-ny。

过20万个签名（远远超出了最初2万个签名的目标），并且这次运动的草根性和广泛宣传为Airbnb自己的回应增加了公信力。对许多人来说，这次运动使人们理解了Airbnb的房主并不是黑房东。随着请愿书的签名不断增加，Airbnb房主的形象变得越来越清晰。虽然确实有一些房主将复式公寓以酒店的形式进行出租，但是事实表明绝大多数Airbnb房主成为了纽约五大区以及鲜少发展旅游业社区的纽约人（包括从哈莱姆的祖母们到在威廉斯堡的潮人们，再到史坦顿岛的各个家庭）的一个非常好的侧面代表。其中大多数似乎都是试图赚点零用钱的普通人，在城市生活中，即使一个人有全职工作，要支付房租或还贷款通常仍不容易。

并不是所有针对总检察长行动的反应都在支持Airbnb。尽管许多纽约人看重作为Airbnb房主挣来的第二收入，同时还有人喜欢它提供的灵活的短期住宿选项。很多人反对它，是因为他们的邻居让陌生人进入他们的住宅楼中，他们担心这会让他们的居住环境不安全。另一些人则担心Airbnb上的租房行为可能会进一步限制已经很严峻的住宅租赁市场，如果房东或创业的纽约人都在Airbnb上出租房屋，他们就不会把房屋提供给长期租房者了。[1]

一个联合了政府立法者和房主的名为"更好分享"（Share Better）的协会在2014年成立，在基层人群中产生了对Airbnb的反对。

组织的网站宣称："（它）远非一个让纽约居民与客人分享住房的无害

1　目前尚不清楚Airbnb的活动对保障性租赁住房的供应是否有显著影响。在旧金山，市政府官员认为其影响很高，但Airbnb的经济分析则表明并没有。参阅http://www.scribd.com/doc/265376839/City-Budget-and-Legislative-Analysis-Report-on-Short-term-Rentals和https://timedotcom.files.wordpress.com/2015/06/the-airbnb-community-in-sf-june-8-2015.pdf。不管怎样，其影响的大小，与人口增长或租赁控制等有更大影响的问题相比是小巫见大巫。参阅http://www.nytimes.com/roomfordebate/2015/06/16/san-francisco-and-new-york-weigh-airbnbs-effect-on-rent/airbnb-is-an-ally-to-cities-not-an-adversary。

服务，Airbnb纵容纽约租户违反法律，并可能违反租约，它加剧了在我们社区中难以负担的住房危机，它给Airbnb的房客、房主以及他们的邻居都带来了严重的公共安全问题。"

2014年5月，Airbnb同意交出其纽约用户的匿名数据，但不久后有一名法官就裁定斯内德曼请求访问房主信息的最初传唤涉及范围太大。此后不久，斯内德曼和他的办公室就发表了一份报告《城市中的Airbnb》（Airbnb in the City）。这份报告表明，2010年1月至2014年6月之间，Airbnb在纽约的市场占有和收益中拥有三处以上房产的房主占据了很大一部分比例。然而，Airbnb在纽约的经理弗雷德·彼得米尔（Wrede Petersmeyer）在2015年12月向我分享的额外数据表明，来自拥有三处以上房产的房主的市场占有率和收益在2014年11月至2015年11月都显著降低了。这些数据都已与市议会成员和媒体进行了分享。

报告发布后，Airbnb应司法部长的要求，向纽约的房主们发放了房产法律的摘要。例如，他们让房主知道"房客租房低于30天是非法的，除非公寓中有其他永久性居民（如房主本人或房主的室友）与客人同时住在公寓里"。摘要还建议纽约的房主们去咨询自己的律师来确定其具体租赁方式的合法性。

Airbnb和纽约州形势的不断发展，为本章讨论许多监管问题提供了一个有趣的缩影。州和市政府阻止Airbnb在美国发展，不管是在纽约还是其他地方，在我写这本书时这样的势头仍然持续着。2015年中期，旧金山市政府公布的一项研究表明，Airbnb正在显著减少保障性租赁住房。Airbnb用自己研究员安妮塔·罗斯（Anita Roth）的研究成果进行回应，表明这样的影响是微不足道的（在我看来，正如我在《纽约时报》上发表的讨论文章，截至2015年，租金控制和人口增长等因素才是旧金山地区保障性租赁住房短缺的主要原因）。来自酒店业对Airbnb的激烈攻击可以从凡妮莎·辛德斯（Vanessa Sinders）的话中看出来。凡妮莎·辛德斯是美国酒店和住宿协会（American Hotel and Lodging Association，AHLA）的政府事务高级副总裁，在2015年联邦贸易委员会讨论分享经济的会议上，她指出："现在，有一个'不入流的'（原文如此）竞争领域正在损害广大消费者的安全，危及全国各个住宅区的性质和安全，使房地产市场向一些消极的方向发展。"在总结反对Airbnb的意见时，她接着说："Airbnb正在从非法酒店或类似这样的非法经营行为中获得大量收益。这些都不是家庭经营……都不是打工挣生活费的学生。这是无耻攫取的商业利益。"

这些持续不断的冲突告诉我们，当数字技术的影响从虚拟空间进入真实世界时，事情将会变得多么复杂。总检察长和AHLA对Airbnb的反对，突出了原有管理规定对分享经济复杂性的不适应程度——在这个例子中，就是指酒店行业管理以及纽约住宅管理的相关规定条例。的确，会有那么几个不良经营者通过平台将公寓变成专业酒店。而且，就像eBay的实力卖家，他们可能在早期促进了平台的增长，尽管Airbnb一贯公开反对这种做法。Airbnb的全球公共政策主管戴维·哈特曼，在同一次联邦贸易委员会会议上讲话并明确公司的定位："我们并不是为流氓酒店讲话或捍卫流氓酒店，也不是希望通过一部不会惩罚流氓酒店的法律。我们谈论的是，试图让一项法律允许人们能以分享经济方式进行经营，但我们还没有做到。"

当然，Airbnb只是众多引起新的监管挑战的P2P平台之一。Uber和Lyft在各种各样的城市都面临着监管阻力，这些城市都希望加强出租车许可管理。特别是，鉴于其发展遍及全球，Uber与监管的斗争及其结果都非常激烈和多样化。2015年其低成本的UberPop服务已经在巴黎和柏林被禁止，2014年年底在西班牙整个服务平台被关闭，2015年3月其在首尔的UberX服务被关闭，2015年6月在纽约东汉普顿地区的整个服务被关闭。2015年4月，荷兰政府调查人员以提供"非法出租车服务"违反法庭秩序为由对Uber展开了刑事调查。然而，2016年布鲁塞尔交通部长在制订一份在比利时使Uber合法化的计划时，在美国加利福尼亚州和弗吉尼亚州颁布了新的法律使Uber合法化。

Etsy也面临与之不同，但同样重要的挑战。一些商业已经发展成熟的制造商进入了Etsy平台。但是，与大多数Airbnb房主的情况类似，大部分Etsy卖家将在网站上开店作为一个爱好，仅仅投入一些业余时间和精力，也只希望挣些零用钱。当然，这些小型企业并不具备应对各种联邦和州的行业法规的条件，甚至可能都没有意识到这些规定的存在。可能如果大多数活跃于平台Airbnb和Etsy等点对点平台的小创业者意识到这些行业规定，他们可能一开始就不会有开始自己小本经营的念头。因此这些规定可能会建立一系列标准，这些标准在宏观层面上是有意义的，但在微观层面上却是一道不可逾越的障碍。

使用点对点平台的小创业者——例如，在Etsy卖手工制作的玩具的人或在Airbnb上出租客房的人——应该和大型玩具制造商美泰公司（Mattel）或大型连锁酒店希尔顿酒店（Hilton）使用同样的标准吗？如果是这样，谁应该负责去达到这些规定的要求，是平台的拥有者、使用平台的创业者，还是两者都有责任呢？是否有办法一方面能建立信任并能保护消费者，同时还不用设置创业者无法逾越的限制呢？

与类似谷歌和Facebook这样的前一代公司相比，新一代的平台企业为了生存，在与政府关系上迅速学得聪明老成了。我们看到它们使用的一些方法很新颖，在某种意义上，在它们自身内部仍然保持着以大众为基础的特性。例如，2015年7月，Uber在纽约精心设计了一场抗议运动，这场运动是为了反对一项受到市长比尔·布拉西奥（Bill de Blasio）支持的设置Uber司机数量上限的提案。该运动的一个关键环节是在其应用程序中添加了"de Blasio"（市长的名字）按钮，这直观说明了（也许并不是太严谨）设置司机数量上限会如何影响客户的等车时间（见图6.1）。最后Uber赢得了运动的胜利。

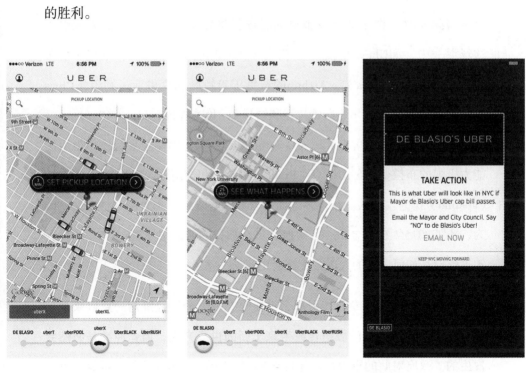

图 6.1 "de Blasio"按钮，反对设置司机数量上限运动的一部分

同样，2015年11月，Airbnb公司宣布，它将通过开展一个在100个城市里创造100个家庭分享俱乐部以更好连接超过400万用户的政治权力的活动，推动一种新型"公会"产生。这种能在关于监管的辩论中迅速聚集和利用消费者的声音来做出有力反击的方式的出现——杰里米·海曼斯和亨利·蒂姆斯在2014年12月发表于《哈佛商业评论》上的文章中解释为一种"新势力"的展现——似乎是一个了不起的进步。因为从某种意义上说，它在由企业发言人、政府官员及劳动力管理组织组成的监管者行列里给了消费者一个位置。

　　与此同时，许多平台在很早的时候就将专家和经验丰富的人才引入这场混战中，如Uber的戴维·普洛夫（David Plouffe）和阿什维尼·恰布拉（Ashwini Chhabra），Airbnb的戴维·哈特曼和克里斯·勒翰（Chris Lehane），Lyft的大卫·埃斯特拉达和约瑟夫·欧克帕库（Joseph Okpaku），Etsy的阿尔泰亚·埃里克森以及Getaround的帕登·墨菲。平台还积极启用能力极强的布拉德利·图斯克（Bradley Tusk）和詹姆斯·卡帕尼诺（James Capalino）作为发言人。在许多方面，政府利益支持者都赞同这种方法，因为，正如2015年在旧金山一名政府官员在和我的谈话中说道："与一个真正知道政府是如何运作的人进行交流会更容易一些。"

　　但是为什么这些专业知识那么重要呢？因为**分享经济对一直以来受到高度监管的熟悉领域的服务传统带来了新的供应方式，监管冲突是必然会发生的**。政府对此的重视程度体现在2015年5月，两名众议员埃里克·史瓦维尔（Eric Swalwell）（民主党）和达瑞尔·艾莎（Darrell Issa）（共和党）建立了一个跨越两党的分享经济核心会议来讨论推动国会采取行动，到2015年年底，该核心会议吸引了很多国会议员的兴趣并参与其中。

面对这样一个商业世界，个人和专业之间的界限变得模糊，在供应商规模上差别巨大，从市值数十亿美元的连锁酒店到兼职的Airbnb房主，我们该怎么建立一个有力的监管体系来维护个人自由和消费者安全，而不让6%的不良经营者伤害94%的守法经营者，而且不给城市和州政府带来严重负担？要回答这个复杂的问题，本章将提出一个观点：**通常与信用来源联系在一起的监管并不一定要来自政府**。换句话说，历史表明，监管可以采取多种形式，除了政府，还可以来自其他地方。我会让你有一个感性体验，可以感受到经济交易中的信用如何随着时间变化、为什么这些规定很重要，以及分享经济如何向现有的监管模式提出了挑战。我还将解释三个新兴模型——对等监管、自律组织、通过数据进行委托监管。我相信这些模型代表了最符合社会利益的最有希望的未来监管模式。

最后，点对点平台能够建立一个基础。在这个基础之上，社会可以发展出更多的理性、道德，和参与性的监管——在该模式下，使用者和供应者都平等参与，并且共同负责制定相关法规。尽管有一些监管机构的担忧，分享经济或许不会导致监管的衰落，而是相反，使监管得到加强并实现多样化。但监管的模样也必将改变。

为什么监管依然重要

我们多次听到"监管"这个词（在这一章你应该已经见过十几遍了），它通常让人联想到的是政府机构的办事效率低下。但重要的是要从整体上去理解，因为有了法律法规，世界才是一个更安全、更可靠的地方。

一般来说，法律法规是实现社会和经济的政策目标的工具。换句话说，它们是旨在鼓励经济活动的一种法律和行政机制。我们为什么需要这些机制？因为在通常情况下，市场实践中存在低效、不公或者不足的情况，经济学家称之为"市场失灵"。这些法律法规就被用来纠正市场失灵，例如，如果一个公司对市场实现垄断从而以提高价格的方式伤害消费者的利益，监管措施可以通过支持新的竞争和市场多元化来纠正这种情况。其他更常见的法律法规的动机包括保护消费者避免受到有害的公司行为的损害，以及确保公共安全。

作为一名经济学家，我将从一个特定的角度来观察监管的目的，其他人看来可能会觉得视野太窄了。因此本章将不讨论丰富的竞争监管理论，这些理论包括实质性和政策性的程序方法、私人利益替代理论和各种制度主义视角。[1]而我将重点关注监管作为纠正市场失灵的干预手段，同时从这个角度观察分享经济带来的挑战。

当植根于"企业到消费者"的交互和个人所有权的Airbnb、Lyft、Getaround、Etsy等平台不断破坏旧的经济体制时，无数监管问题正在涌现出来。这些问题都在我与莫莉·科恩（Molly Cohen）发表于2015年《芝加哥大学法律评论》（*University of Chicago Law Review*）上的论文中进行了讨论，包括旧模式下信息不对称的新解决办法、外部效应的新老对比，以及交易模式中专业行为和个人行为之间越来越模糊的边界。

1　关于另一个监管理论的非常好的介绍，可以参阅布朗温·摩根和凯伦杨（Bronwen Morgan and Karen Yeung, 2007）。

信息不对称：当一方比另一方知道得多

点对点交易大多数形式的特点是信息不对称——与意向交易相关的知识只被一个交易方所掌握。例如，乘客进入出租车可能不知道司机的资质或意图；再比如，酒店对自己短期住宿房间的质量比想要租房的客人知道得更多；同样，贷款人比出借人更了解自己的信用信息。以上所列及其他形式的信息不对称会导致比社会预期得更低的经济活动水平。这部分可能由于对质量的不确定，如我不会进入出租车，除非我确定司机是可靠的，也不会多收我钱；或者导致逆向选择的情况——如果没有好方法区分低质量和高质量的供应商，那么普遍来看，顾客可能愿意支付与平均服务质量水平相称的价格。基于这一点，高质量的供应商将不愿意经营，因为他们提供更高价值的服务没有得到一个公平的价格。这降低了市场的平均质量，进一步降低客户支付的意愿，进一步导致交易滞缓等，直到只剩下质量最低的供应商，那么市场要么分裂，要么像线分类网站克雷格列表（Craigslist）那样处于经济的边缘地带。

此外，信息不对称也能导致道德风险——因为当事人提供的不完全信息限制了他们履行合同的能力，一个交易方可能表现为不认真仔细（如鲁莽驾驶）、不努力（如清洁得不够干净），或风险性更高，超过了另一方愿意承受的底线。

在网络市场出现之前，点对点商业交易保证安全的唯一途径是将交易嵌入一个当地信任社群中（如一个村庄、一个家庭或一个邻里社群），或寻求政府或其他第三方认证机构来解决各种形式的信息不对称。例如，对司机安全以及对距离或成本信息不对称的担忧在一定程度上通过出租车司机筛查和计量票价监管机构得到部分缓解。

然而现在，分享经济平台仅仅作为调解交易的第三方而存在，意味着我们可能对不同形式的市场失灵有一系列新的解决方案。分享经济平台最终商业上的成功受到参与者进行交流的能力的影响。因此，平台有一种天然动机去试图减少或阻止人们使用他们服务的信息失灵。例如，正如第2章所讨论的，Airbnb的许多在线信用基础设施让客人通过以往客人的评价来了解房主的品质，通过链接到Facebook和LinkedIn等平台的用户配置文件以及查看房主的政府数字身份验证信息，从而获得房主大量的"社会资本"信息。最后这种干预手段不仅仅止步于使用数字信用系统。Lyft在没有任何监管要求的情况下，还对司机进行面对面的检查，还包括刑事背景调查和驾驶记录评估。同样，截至2013年7月，Airbnb在其客服部门雇用了300人，其中50人致力于促进信任和安全。

外部影响：当自己的行为对其他人造成了后果

点对点交易中买方或卖方的选择可能会增加别人的成本（也可能提高别人的收益）。而当一个人做出自己的选择时，却很难考虑到个人选择对其他人的交易成本和交易后果所造成的"外部影响"。有时，这些影响是一种正向溢出效应，类似于我在第5章讨论的网络效应。例如，我加入Facebook就会使这个软件对我的朋友来说更有价值，某居民区的Airbnb房客也会对当地餐馆的生意有所帮助。但有时这些溢出效应是负的。比如工厂烧煤可能会降低其成本，但会导致环境破坏。多余的出租车在路上会造成拥堵，同时也会增加其他司机的出行时间。嘈杂的Airbnb房客可能会给一个公寓大楼的其他居民带来损害。

追踪这些外部影响是很困难的。Airbnb租金的变化比酒店客房的价格变化更难追踪（比如，某社区可能突然成为一个集中的Airbnb租赁区，但它实际的租金可能在一年内的不同时间里一直在波动），因此政府监管机构很难掌握问题的原因和后果，无论它是正面的还是负面的。

此外，有时受某人行为影响的人群范围是本地化的（比如在另一幢建筑里的人不会受到嘈杂的Airbnb房客的影响），而在其他情况下，影响可能会更全球化，如污染。这是一个重要的讨论点，在本章后面部分我们将回到这个话题。

个人和专业之间的界限模糊

我们一直都免费地干着下面这些事：将自己的公寓借给朋友和家人、去机场接熟人、借钱给朋友创业、做饭给朋友吃。这些都被认为是"个人"私事，与经营酒店、开出租车、当专业投资者或者经营餐馆不同，我们不用承担额外的监督、许可、筛选、税收，以及全职从业者应该接受的培训。在点对点交易仍停留在个人行为范畴时，或即使它处在商业边缘（比如以Craigslist这样的个人网络平台和网站为中介），个人行为与专业行为之间的这种平衡似乎都是合理的。然而，今天的分享平台把这些非正式的交易引入了主流经济，创造出了介于个人和专业之间的服务提供者——比如外出旅行时将自己房屋出租出去的Airbnb房主，或是把车租给一周只有几个小时从事商业运输工作的Lyft司机。

这日渐模糊的界限引发了许多新的社会挑战。首先，用合理设计的保障措施来平衡兼职从业者给消费者带来的较低的"总"风险，看起来是很合理的。毕竟，大多数Airbnb房主并不是专业的酒店经营者，大多数Lyft和Uber司机在平台上每周活跃时间都少于15小时，只有五分之一的Etsy卖家将Etsy上的工作作为全职工作。将适用于全职或大型的专业经营者的监管体制应用于小规模、半职业性的经营者可能会扼杀草根的创新。但是如果缺乏任何形式的保障，由于供应的非专业性，可能会产生新的市场失灵。

此外，这种界限的模糊可能缓解或加剧种族歧视等问题。Airbnb的房主可能以"这是我的空间，我可以自由地做我想做的事"的逻辑作为理由，觉得拒绝某个种族的客人是可以的。当然，这种行为是违法的，而且酒店业都知道这一点。但因为点对点交易活动以网络平台为中介，除了在更多匿名的"真实世界"里，我们也有新机会犯老错误。举个例子，如果某个黄色出租车在纽约故意不接送某个特定种族的旅客，可能不会被注意到；但如果一个Lyft司机做了同样的事情，随后的数据跟踪可能使它相对容易被发现和纠正。

监管的演变：信任、机构和品牌

尽管似乎某些形式的市场失灵是分享经济独有的，简单来看大部分都是点对点平台服务的特征，而且在工业时代都以政府监管的方式得到了部分解决。例如，区域划分确保了酒店嘈杂的客人或工厂不会破坏住宅区的安静；出租车计价阻止出租车司机宰客。

但政府法律法规会不会可能并不是管理点对点平台最好的方法呢？相反，我们能否想象一种有效的监管体系能与P2P平台相融合而不是相对立？在这个问题上，重要的是要记住，不管产业法律法规在今天表现得如何根深蒂固，它都是不断进化的系统的一部分——该系统拥有一个折中的历史。

旨在解决市场失灵的法律法规往往寻求促进某种形式的信任。通过利用数字基础设施来减少政府干预必要性的方式，一些旧的信用形式正在被复活，甚至有些方法要我们回到政府干预之前的状态。现在，有必要回头看看几个历史上的关键例子了。

一个历史的例子：马格里比商人

我们从在11世纪的世界贸易中扮演主要角色的马格里比商人的故事开始。正如阿夫纳·格雷夫（Avner Greif）在他关于中世纪地中海贸易行为的有趣研究中写道，当时的贸易竞争优势取决于商人委托运输货物的额外能力。如果你能只发货但不用自己运送，你的利润会更高。然而，有一个主要障碍。为了让这个模型能得以实现，你需要与海外代理商建立起关系——这个代理必须是你足够信任的人，能够在货物达到目的地时接收和分发货物，而不会在其中宰你一刀。

你要知道，在11世纪腐败的可能性是很高的。如果你的货物在海上丢失或损坏，可能需要花几个月的时间才能知道发生了什么，而且在某些情况下，你可能永远不会知道你的货物到底去了哪里。同时，金钱交易是面对面的——这样的形式也增加了遭到损失的可能，因为这样更容易让海外代理商接收货物、卖掉货物，然后只是声称货物从未到达，而将所有收益据为己有。

正如格雷夫指出："在11世纪，法律体系还未能提供一个可以组织各个机构关系的框架。法院通常无法验证代理商的声明和行为，或者继续追踪一个海外的代理商。"

在一个通信手段有限、法律体系薄弱，也没有正式的银行的时代，相隔很远的地方的人们之间怎样建立信任呢？这些早期的商人建立了怎样的信用规定来确保在不会滋生大量腐败的情况下扩大贸易呢？格雷夫认为，声誉和自利社群相结合构成了约束海外代理行为的信用规定。

信用系统的第一部分在于给予代理商高于其他任何地方的工资（例如，"溢价"）。这个溢价具有明显优点。虽然代理商如果偷取发货商的货物可能在短期内赚到钱，但如果他们的不诚信行为导致未来赚钱机会的丧失，从长远来看就是亏的。

马格里比信任系统的第二个关键部分是商人和代理之间形成的联盟。商人联盟内各成员达成一致，不使用被发现偷过其他联盟成员的代理商。联盟的出现让奖励多了一些主动攻击性。正如格雷夫指出："鉴于溢价和隐性合约，一个不诚实的代理商可以通过欺骗获得短期收益，而诚实的代理商将通过获得奖金而获得长期收益。如果人们都知道长期收益不会少于短期收益，代理人就会去争取一个诚实代理商的声誉。代理商不能通过欺骗来增加其终身效力。商人将提供给代理商一个最佳的溢价价值所在——最低成本费用的长期收益不小于短期收益。"

换句话说，**给成功商人带来优势的关系是建立在社区信任之上，而不**

是政府参与的信任。没有政府或法律支持，远在eBay可以用数字机制创建类似解决方案的今天之前，地中海商人针对一个跨越地理界线和文化界限（包括地区强制执行）的重要的信用问题找到了一个可行的解决方案。的确，正如格雷夫所观察到的，那时贸易的历史记录了一些腐败案件。

在很多方面，该中世纪交易社区的故事对21世纪的分享经济来说是一个重要的教训。在这两种情况下，我们面临的共同挑战是在跨越地理和文化界限的市场中建立起信用规定。在中世纪，商人们利用两个因素建立信任：

（1）信任是通过建立一个声誉很重要的环境，有腐败之名的海外代理商会随着时间的推移而无法获益。

（2）通过创建将声誉与经济利益相连的有共同利益的社区来建立信任。采用共同的用人和处罚规定的商家联盟的形成，意味着腐败的海外代理商会面临更多的损失。

经济体制和品牌信任

在大致知道马格里比商人的故事后，自然会有一些问题：自中世纪以来我们进化出其他交易的调节方式了吗，以及，这些调节方式在分享经济中扮演了什么角色？下面我将主要叙述一些我认为与之相关且关键的观察结果。

人们之间很大部分互动行为的组织构成是受制于我们自己的制度设计，我们将这些约束称为"体制"。正如诺贝尔经济学奖获得者道格拉斯·诺斯（Douglass C.North）指出，一部分是正式的约束，比如规则、法律以及宪法；而另一部分是非正式的约束，比如行为规范。总的来说，就是它们构成了诺斯所说的社会的"游戏规则"。在今天大多数现代经济体中，我们认为理所当然的产权（源于英国普通法）就是这种"体制"的一个例子。

"体制"似乎理所当然地在促进经济发展中发挥着重要的作用。（关于其中的联系，如果你要对比最近的观点，我建议你可以关注麻省理工学院经济学家达龙·阿西莫格鲁[Daron Acemoglu]和詹姆斯·罗宾逊[James Robinson]的书，以及纽约大学商学院经济学家彼得·布莱尔·亨利[Peter Blair Henry]的书。）一般来说，这些"游戏规则"的权力非常大，因为它们可以显著地扩大贸易规模。在产权的某些特定情况下，诺斯和他的同事巴里·温格斯特（Barry Weingast）注意到："主权越有能力为自己的利益而去改变产权，预期投资回报和投资激励就会越低。"同样，银行的出现释放了陌生人之间的经济交易市场，而现在陌生人之间进行交易已经不需要分享任何促进信任的社会关系了。

如果体制继续将社群和声誉作为信用的基础，为什么我们要返回到已经被这些新组织结构所取代的旧体系里呢？是的，如果要依靠合同和产权，则需要每笔交易都要达到一定的合理规模水平。因为签订合同的成本是很高的，聘请一名律师也很昂贵。当你的合同是购买价值数百万美元的零件时，这是值得的；而如果仅仅是对巴黎的两晚住宿费用而言，这笔支出就似乎太多了。

那么我们如何解决每天无数日常交易中的信任问题呢？想想你在这些交易中的个人经验。很有可能它们与"机制"中两种因素的其中一个有关——政府监管机构或企业品牌，而且你会依赖其中一个或两个都依赖来建立信任。

比如食品安全，一个系统化的政府干预的最早实例（可以追溯到古代）。在美国，你相信你买的肉是安全的，是因为有美国食品药品管理局的存在。[1]但你也可能信任某一个你认识的品牌的食品安全，而不相信另一个你不认识的。在一个你不清楚其食品安全法律的国家，你会觉得喝可乐更安全，因为它是你信任的品牌。

同样地，让你的孩子在六旗游乐园（Six Flags，世界上最大的主题公园连锁品牌，总部设于纽约市）坐过山车你可能觉得放心，但让他们在公路边一个无品牌的主题公园里乘坐同样的过山车你可能就会犹豫，即使在这两种情况下政府都是同样监管的。

政府监管机构与品牌效应相结合，即以追求长期利益为目标、遵守监管规定，以及致力于提供持续的高质量、安全的体验，这些构成了今天多数西方经济体的信任基础。 在今天的分享经济中，品牌的重要性同样不可低估。我们仍然是一群将信心寄托在品牌名字上的人：Airbnb、Lyft、Uber等平台清楚这一点；当eBay设立了"实力卖家"时也是因为理解了这一点；当BlaBlaCar通过司机在平台上的行为表现来对其信用进行认证时也明白了这一点。这是一种认知上的挑战，要在交易前处理大量的信息。一个知名的品牌就大大减轻了这种负担。那么为什么在分享经济中我们需要另一个不同的信任基础设施呢？因为将西方市场经济的政治经济规则运用到发展中国家的市场经济中，被证实既不可行也不可取。同样地，将工业经济的政治经济规则运用到分享经济中的努力也应当慎重。总之，历史表明，不同类型的经济需要不同的调节方法。正如诺斯所观察到的，历史也告诉我

1　参阅赫特和赫特二世（Peter Barton Hutt and Peter Barton Hutt II, 1984）。赫特和赫特二世讨论了政府在过去防止掺假食品中的角色，追述了在古代就有的指导原则，以及在公元438年《狄奥多西法典》（Theodosian Code）里面的具体规则和惩罚条款。

们至少两个重要教训：

（1）尽管法律法规可能在一夜之间改变，但非正式的行为规范通常只会逐渐改变。因为正是这些非正式的行为规范为法律法规提供了"合法性"，革命带来的变化并不像其支持者所期望那样有革命性，真实的表现跟预期相比会有所不同。

（2）采用其他经济法律法规的经济体，相比原有经济会出现非常不同的性质特征，因为它拥有不同的非正式行为规范和执行方式。

换句话说，历史表明，简单地采用现有规则运用到新经济中既不可能，也不可行。下面的挑战是确定接下来会发生什么。毕竟，如果不同的国家需要不同的监管模式，我们应该按照什么模型来发展新兴分享经济呢？解决方案已经在点对点平台内开始萌芽了吗？

分享经济如何进行监管

乔治梅森大学的亚当·蒂埃尔（Adam Thierer）认为分享经济的正确管理思路是，反对新技术创造者在其服务投放市场前必须得到政府的许可。蒂埃尔写道："这可以称为'无许可创新'，它是指新技术的实验及其商业模式通常应该被默许。除非有令人信服的证据表明新发明会给社会带来严重危害，创新应该一直被允许，而它带来的问题，就算有，也可以以后解决。"

同样，注意到"分享经济在实践中挑战着日常监管"后，耶鲁大学法律学者索菲亚·兰科达斯（Sofia Ranchordàs）认为，每个人都应该以"创新法律视角"来管理分享经济，只要正在进行的活动的确可以定义为创新。兰科达斯强调，创新的"实验"性是特别重要的："**创新是一个不断发展和试错的过程，但监管的特征往往是稳定性和连续性。**因此，监管者通常需要将创新性服务与现有法律体系相适应，而他们无法在最近科技发展下更新现存的法律框架时就会阻碍创新。"正如兰科达斯所说："你能按照这本书的内容进行分享和创新吗？可以，但是首先有人写出这本书。"

在本节中，我将讨论一些关于这本新规则的"书"的核心问题。当新的商业模式与适用于旧商业形式的规则发生冲突时，事实上我们已经回到了一个将信任建立在社会共识和信誉上的模式里。正如艾普莉·林内（April Rinne，2012）在她的早期分析文章中提到的，她在分享经济和小型贷款之间画了一个等号，"在小型贷款中，你的信誉替代了信用记录（因为后者根本就不存在）"。她进一步指出："在社会中你往往将一个人的可信度而不是他的实物资产作为他是否能够偿还贷款的最佳指标。因此，人群中的社会地位——特别是在关系紧密的社区中——随着时间逐渐形成并占据了统治地位。同样，在分享经济中，这种社会结构和'信用晴雨表'可以由新技术来建立。"

它依赖于数字创建的社群信任——特别是用户评论——它不是Airbnb或eBay等点对点平台上简单的一个功能，而已经在更大的范围内渗透入经济的方方面面了。我在纽约大学斯特恩商学院的同事阿宁德亚·高斯和帕纳约蒂斯·伊佩罗蒂斯（Panagiotis Ipeirotis）通过一系列的研究证明了亚马逊的用户评论在经济塑造中发挥的重要作用。

这样的在线用户评论也能影响实体企业。在过去，人们可能会根据其Zagat评级（创立于1979年，用来收集全世界食客对所去餐厅的评价）选择餐厅，但在21世纪，Yelp就让Zagat评级黯然失色了。客户并不是唯一使用这些评论的人。在2013年的美国市长会议上，路易斯维尔市市长格雷格·费舍尔（Greg Fisher）向我展示了城市卫生部门如何利用Yelp作为重要指标来跟踪食源性疾病，他们调查Yelp的用户容易在哪家餐馆生病，就把卫生检查员派去检查。这种以大众为基础的监测方式可以补充传统的监管，特别是信誉和公众舆论是可以检验已有法律法规的缺陷，并辅助其执行的有效催化剂。[1]

除此之外，在点对点平台上，用户评论不过是在向潜在的买家反映某卖家的相关信息。而且，它们由一个第三方机构平台紧密集合起来，而这个平台也为最终交易提供中介服务。这带来另一个可能性，即一个非政府机构也可以来定义规则以及执行规则。

依赖用户评论和其他数字信号就意味着信任在这些交易中获利的交易平台。但这不会形成一个利益冲突吗？答案是不总是。因为一个平台的声誉直接关系到以它为中介的交易质量——就像我们所信任的品牌的声誉和盈利能力是与它们对高质量和安全性的承诺紧密联系在一起的——平台的

1　非政府的信息来源不一定要成为数字用户生成系统的一部分。2015年春，关于美甲沙龙行业的专题文章在《纽约时报》刊出，参阅http://www.nytimes.com/2015/05/10/ nyregion/ at-nail-salons-in-nyc-manicurists-are-underpaid-and-unprotected.html。文章透露，许多女性在业内收入严重被压低，并在危险条件下工作。本文还暴露了虽然沙龙明显违法，但实际上并没有被监管。接受采访的工人没有见过一个执法人员出现在他们的工作场所中，而且大多数的工人完全没有意识到自己的权利和该行业明确的安全标准。

在《纽约时报》刊出这篇文章的几天内，纽约州州长安德鲁·库莫（Andrew Cuomo）已经宣布，为了给监管机构更大的权力以惩罚虐待员工的美甲沙龙，他将使用"法规紧急修改"，同时也使从业者能更容易地获得许可去合法工作。为什么州长会突然醒悟，来处理这场监管危机？这场运动由一篇报纸文章引发，随后在沙龙从业者和客户的愤怒中爆发。从这个广受关注的运动中，我们确切知道的是其催化的是变革，而不是针对任何现有的监管机制。

利益往往与社会利益牢不可分，因此经常需要保证平台上的交易是能克服市场失灵的。

其中的诀窍是识别平台的出发点和社会的出发点（即保护消费者的利益）发生分歧的多种风险，以及这些分歧的风险存在的地方。例如，房主宣传其房屋的质量似乎就与Airbnb的利润动机一致，但要确保客人居住时不能制造太多噪音就可能和Airbnb的利润动机不一致了。

另外，点对点平台通常能比传统的工业经济提供更多种类的交易。这源于个人和专业界限的模糊，我会在第7章中讨论未来的工作及新的多面手的崛起。例如，Airbnb平台诞生之前，旅行者的选择有限。Airbnb及其类似的平台出现后，短期租赁的整个景象就改变了。从监管的角度来看，这带来了新的困难和挑战。但是，人应该能够被允许出租吊床吧？出租树屋又会造成什么风险呢？对这些建筑，国家有认可的安全标准管理吗？如果有，那该如何执行呢？换句话说，即使有可能，点对点平台也使得只依靠政府管理来产生放之四海而皆准的解决方案变得更难。

最后，还有一个关联点，因为绝大多数点对点劳动者要么是兼职（如一个律师在Airbnb上出租别墅或一个演员在Lyft上兼职当司机），或者至少是个体经营者，所以往往规模很小，详见第5章的内容。例如，超过90%的Airbnb房主只是偶尔出租房屋，三分之二的Lyft司机每周驾驶不到15小时，EatWith或Feastly比一般餐馆提供更少的餐次服务，还有大多数Etsy卖家的规模永远赶不上生产同类产品的大型制造商的规模。

将这些兼职经营者的标准提高到和商业经营者一样合理吗？你可能会说，当然合理，安全是安全，我们不能妥协。但事实是，我们已经妥协了，我们总是在妥协。规章制度很重要，因为它们提供了必要的保护——它们是为了共同的利益——但我们知道监管也会带来社会成本。例如，餐厅检查和厨房卫生标准增加了政府和经营者的支出。完美的食品安全需要派驻检查人员每时每刻在每个餐厅检查每件食物。但这样的系统成本太高了。要支持这种系统所需的税收将会很高。餐厅的食品可能会非常贵（听起来也许有点吓人），在这样极端的假设下，该行业可能会崩溃。

这就是为什么我们要做出权衡——例如纽约市为了平衡避免食物中毒发生和日常检查的成本，只能时不时派检查员进入餐馆进行检查。也许将政府资源投入交易量较大的餐厅比较划算，因为这些地方食物中毒发生的概率及其后果的严重程度会更高。

以上论点的结论就是：如果你现在不是监管一个每月为几千人供餐的餐厅，而是监管一个每月只为十几个人供餐的晚餐俱乐部，也许两者的检查强度就应该区别对之。要求任何在VizEat、EatWith、Feastly里举办晚宴的人都拥有符合卫生法规的厨房不只是不切实际，而且将扼杀分享家庭式餐厅这种新兴产业；这与我们过去在出错和阻止错误发生之间的成本权衡方式完全不同。我们可能需要向分享经济提供SideCar首席执行官苏尼尔·保罗（Sunil Paul）所说的"安全港"。而卫生监管机构的继续存在为万一出现问题提供了最后一个解决方式。正如我2012年在TechCrunch网站采访中提到的，政府始终是一个重要的角色。[1]

所以我们处在什么位置？我们显然不想完全放弃法律法规。然而，在过去及今天仍然有各种各样的"实体"管理着信用、安全，并防止市场失

---

[1] 参阅http://techcrunch.com/2012/12/09/balancing-innovation-and-regulation-in-the-sharing-economy。

灵。政府监管实体只是促进信用的力量之一（如图6.2）。对于分享经济，我们的监管系统需要适应在其之上进行的交易的特点。其规模、种类和技术是不同的。**试图改造旧的监管制度来适应新模式几乎没有价值。**

图 6.2 分享经济中信用存在的不同形式

未来的监管模式

正如我在这章中强调的，随着时间的推移，不可避免地将会出现新法规，甚至新的监管模式——而且不可避免地，当我们徒然尝试改造现有的适用工业经济的政府法规来适应分享经济时，我们将有许多正式的和非正式的监管体系同时在运行。随着时间的推移，认为点对点平台正在侵蚀法规的想法可能会被发现完全没有根据。

但随着在许多行业独立商业经营者的数量达到数百万的量级，坚持现有的政府监管形式将形成巨大的负担。相比之下，一些监管的新形式特别有希望将许多这样的负担转移到其他利益相关者。这三种模型包括对等监管、自我监管组织，以及利用数据进行委托监管。

对等监管

对等监管的想法可以让人联想到反乌托邦的世界，在这个世界中每个人的邻居都是一个潜在的间谍。但是如果仔细想想，对等监管可以代表一个从内部进行调节的公平方式，对社会来说它非常节约成本，同时它"干中学"的方式特别适合点对点市场的巨大规模。管理的公平性部分在于它到底是将监管人员假扮成交易参与者（这可能被认为是对等监控），还是（真实的）参与者之间互相给对方设定标准。通过下面的两个例子来看看其中的区别。

在柏林，为了监督人们买票，该交通系统雇用了各个年龄段的便衣监管人员。这意味着在柏林的巴士和地铁系统，从坐在你对面的老妇人到某个貌似朋克乐队乐手的每一个人，都可能是一个潜在的监管人员。尽管游客经常冒险在柏林免费乘坐地铁，但大多数柏林人绝不敢免费搭车。因为除了有40欧元罚款的风险外，更糟糕的是，这个丢脸的事情会被类似慈祥的老奶奶或咖啡店的咖啡师这样的人从地铁上宣传出去。选择做监管人员的公民会获得基本工资，还能从罚款中获得奖励。不是监管人员的公民更愿意保留付费的证据，因为他们知道每个人都是潜在的监管人员。

然而，虽然这个系统有用，但它并不是对等监管。因为城市的交通委员会并不是交易参与者，它设定规则和罚款，而且仅仅利用一些看起来像参与者的人开展监管工作。

相比之下，想想像Airbnb平台上形成的那种自我监管。尽管在平台内没有官方的监管人员，但平台的审查制度——目前包括两层评论（旅客可见的公共评论和只有房主可见的私人评论）——的确起到了监管作用。如果某房间的租赁情况一直欠佳，评论中就会有所反映。而且，目前平台上广受欢迎的私人评论却比大多数评级系统都有效力。游客可以选择通过给其高评分来支持房主，同时仍然可以通过私人评论向其提意见和建议。从理论上讲，这意味着新房主可以一边继续发展他们的小型商业，一边还能获得反馈，这些反馈随着时间的累积将帮助他们改善服务。整个系统是由参与者驱动的，维护了参与者的最高利益。简言之，在Airbnb出现后缺乏适当的政府法律法规时，参与者们共同制定了标准，并监督彼此是否按照此标准工作。

该模型的一个优势是不需要一个适用于所有租赁房的标准。如果艺术工作室的一个沙发以每晚50美元的价格出租，它的租客与每晚400美元的高级公寓的租客可能不会一样。我们不需要艺术工作室的沙发的标准与豪华公寓的标准相同。相应地，对应的"监管者"——分布在这些不同类型的市场空间的参与者也不同。从本质上说，**平台可以在一个监管框架内支持无数个以不同内容区分或以不同消费对象区分的标准。**

有人可能会更进一步想将对等监管升级为我们刚刚讨论的两个系统的混合形式——即将专业经营者的角色模式化，从而确保经营者中的新手或生手也能达到标准。可以将"对等监管"模式看作另一个更为普及的监管系统的例子，即自我监管组织。

自我监管组织

想想对等监管的另一种形式——例如某城市的卫生监管机构和一个社区餐饮平台联盟的关系。这个假设的联盟可能会创建一个监管系统，在此系统下这些平台上，活跃的经营者为了换取平台提供的奖励而自愿做"培训员"和"监督员"的工作。在工作之前会在政府接受卫生监督员的培训，学习政府的监管标准。这些专业经营者可能会比政府卫生监督员有更接地气的信息和知识，平台可以继续扩大业务追求更多利润，而不需要受到监管活动的影响；而整个系统的安全和质量将会提升，同时清除那些一开始就不应该出现在平台上的不良经营者。这就是我所说的自我监管组织（self-regulatory organization，SRO）的一个例子。

鉴于它的历史和多样性，不难理解"自我监管"这个词很难简单定义或分类。但这里必须要对一个关键点进行澄清：这个自我监管组织与单纯的缺乏监管或一个自我管理的实体不同。相反，**它是由政府以外的其他力量设定监管标准或者直接实施监管，或者两者均有。**自我监管系统根据其自愿水平、问责制度、实施情况和政府干预情况不同而差别很大。但一般来说，自我监管组织都是独自运营而很少有政府的参与。与贸易组织作为一个促进福祉的行业不同，自我监管组织是通过集体制定制度来管理一个行业，由其中的各个实体一起发展和监管，有时还用标准来规范各个成员的行为。

就像在格雷夫的记录中对马格里比商人社区的描述，在中世纪时期还出现了另一些商人和手工艺的正式商会，它们都对其成员的工资、工具、技术、质量和价格实施了严格规定。这些早期的商会对公共商品的自我监管的例子是令人鼓舞的，因为它们说明了自我监管是经济发展天然的一部分。今天，自我监管组织仍然存在，但相比商业贸易，它更经常出现在各个专业领域。比如，美国医学协会（American Medical Association）、美国房地产经纪人协会（National Association of Realtors）以及律师协会（Bar Associations）分别对医生、房地产经纪人和律师等行业进行规范。这些现代自我监管组织具有很强的强制和规范的能力，甚至有着准司法的权威，因为它们拥有审计和惩处其成员的能力。21世纪的自我监管组织跨越了众多行业，从金融服务、核能工业、化工行业到制棉业都有出现。[1]

自我监管组织并不都是成功的。正如我和科恩在2015年的论文中讨论的，它已经取得一些显著的成功，比如核电运行研究院（Institute of Nuclear Power Operations，INPO），也有一些被认为是失败的，比如金融行业监督管理局（Financial Industry Regulator Authority，FINRA）。尽管在讨论FINRA是否成功时，或许有人会说经过80多年的自律管理，美国资本市场仍然是世界上最有效的。

通过一系列例子，我和科恩确定了在分享经济中建立可行的自我监管组织的四个基本因素：第一，一个自我监管组织必须在早期通过其表现建立起信誉；第二，自我监管的实施者必须展现其强大的执行能力；第三，自我监管组织必须被视为合法和独立的；第四，一个自我监管组织必须利

---

1 针对自我监管机构和自我监管有许多优秀的概述。其中我认为最好的是布莱克·茱莉亚（Black Julia，2001）；还有索非亚·兰科达斯和莫莉·科恩就自我监管的讨论，以及与萨拉·霍洛维茨关于"新互利共生性"（new mutualism）进行的讨论。其他优秀的读物还包括奥利·洛贝尔（Orly Lobel，2004），书中主张将政府视为监管的行动者；以及伊恩·巴图和彼得·瓦什（Ian Bartle and Peter Vass）的研究和莫莉·科恩和阿鲁·萨丹拉彻（Molly Cohen and Arun Sundararajan，2015）。

用好参与者对声誉和社会资本的关注。[1]

加州通过在2013年建立的交通网络公司（Transportation Network Companies，TNCs）首先在分享经济的交通行业中开创了自我监管的先河。正如加州公共事业委员会（California Public Utilities Commission，CPUC）的委员凯瑟琳·桑多瓦尔（Catherine Sandoval）在2015年联邦贸易委员会（Federal Trade Commission）对分享经济的研讨会上所详细描述的，它代表了政府和分享经济平台之间的一个有趣的合作关系。下面讲讲它是如何工作的。加州公共事业委员会制定了利用智能手机进行点对点城市运输的汽车（出租车）司机需要遵循的一系列标准。但它没有承担全国范围内Lyft、Uber和Sidecar的成千上万的司机的监管责任，而是将执法权委托给了各个平台。平台需要注册成为交通网络公司的成员，然后负责确保所有通过其平台开展业务的司机都是守法的。对于纳税人而言它有明显的优点，因为政府开销是最小的。此外，平台有很好的强制力（如果一个司机违反规定，他们只需要在应用程序上断开他的连接使其得不到任何业务就可以了）。

回到Airbnb的例子。虽然在美国还没有出现类似的由政府批准的适用于全国的解决方案，但各种自我监管系统在市场调整上已经发挥了很大的作用，而且在信用和声誉方面平台发挥得很好。此类系统的重要性得到了买方和卖方的认可，而且它的确起到了作用。此外，有若干国家，特别是法国，

1　许多这些因素暗指其对自我监管组织有依赖性的弱点：也就是说他们可能很难成为所有利益相关者的一个可靠代表，他们可能缺乏执行的能力，可能也不会被认为具备独立性。对于最后一点，也是一个自我监管经常被关注的内容，可以追溯到中世纪行会——一个自我监管组织总是会被大量从业者"所绑架"。希拉·奥格尔维（Sheilagh Ogilvie，2014）认为，对行会活动最好的理解是，旨在确保行会成员的租金和行会的法律特权。然而，正如诺贝尔经济学奖获得者乔治·施蒂格勒（George J.Stigler，1971）曾针对监管提出的"绑架理论"：随着时间的推移，政府监管可能会为所监管的行业利益服务。

通过立法将人们把自住或闲置房屋进行短期转租的行为明确合法化了。其中最引人注目的是"ALUR提案"（Bill ALUR），它是2014年3月通过的一项法律，明确了无论你生活在法国的任何地方，你都可以在不用得到当地市政厅许可的情况下出租你的房屋[1]（特别需要注意的是：巴黎作为世界上访问量最大的城市，拥有最多的Airbnb房主，截至2015年5月超过了4万人）。

当提到如何改变才能使外部影响最小化时，我们可能也会想到越来越多的合作社协会、公寓董事会和房主协会（Homeowners Associations，HOAs）。房主和租房者与HOAs之间拥有持续、高效的沟通；这些组织是值得信任的，它们可以对违法行为进行监管并拥有强大的执法能力。也许，随着时间的推移，这将导致一些大楼和社区拒绝Airbnb，而另一些地区却宣称自己欢迎Airbnb。这是一种划分经济范围的草根方式，在这样的经济下，个人和商业之间的界限将越来越模糊。

利用数据进行委托监管

想想另一个问题——要从成千上万Airbnb的房主而不是从数量不多的连锁酒店企业收取酒店营业税。由Airbnb代理征税——越来越多的城市正在尝试——具有许多优点。相比房主们需要直接在政府登记注册（房主们似乎并不愿意这样做）的旧体系，这样可能会产生更高的税收，同时市场还更规范。这样也回避了在政府命令下Airbnb等平台需要把详细的用户数据移交给政府而产生的隐私问题。对平台而言，这也是一个建立信用的重大机会，因为它要开始承担这样的准政府角色了。

1　比ALUR提案更早的类似法律，在2014年1月被阿姆斯特丹市议会批准通过，它允许一年中短期出租天数可达60天，对其收入征收5.5%的旅游税。

它还有另一个优势，我相信从长期来看它将会变成最重要的一点。在将监管责任委托给平台后，会要求平台利用其数据以确保其经营者遵守相应的法律法规。你可能会说这里提到的事情——比如税金的计算、收取和汇款——从技术上说很简单。的确是这样。但是我喜欢这种体系是因为它所代表的潜力，它可能预示着更多令人兴奋的委托的可能性。

几十年来直到今天，不同的公司都在不断挖掘客户的数字交互活动所形成的"数据轨迹"的价值。由此我们产生了对商业和社交重要性的新见解。有一个我们熟悉的例子可以代表这些新见解带来的影响效果，即信用卡欺诈调查。当一个异常的活动模式被发现时，你就会接到一个从你银行的安全团队打来的电话，有时你的卡还会被暂时锁定。虽然这些数字安全系统的热情有时令人讨厌，但它来源于信用卡公司使用的先进的机器学习技术，该技术可以从经验中学习识别某些与信用卡盗用相关的模式。它可以通过迅速检测和阻止欺诈活动，从而保护广大纳税人和企业数十亿美元的资金。

最近一个著名的挖掘客户交互大数据价值的例子是在2008年。当时谷歌的工程师宣布他们可以利用谷歌搜索收集的数据预测流感的爆发，并实时追踪流感疫情的传播，他们提供的信息远远超过了疾病控制中心使用自己的跟踪系统获得的可用信息。虽然几年后谷歌系统的性能出现下降，但是它在使用大数据方面对公众的影响是巨大的。如果谷歌被要求向疾控中心交出匿名搜索数据，似乎就不太可能出现这样的一个系统。事实上，它有可能会因为隐私问题而受到公众广泛的反对。此外，谷歌内部能有机地产生这样的能力，部分是因为谷歌中聚集了众多计算机科学和机器学习的人才。

作为分享经济平台的一种监管手段，类似这样的方法蕴含着巨大的希望。想想关于歧视的问题。一直有传闻说纽约的某些黄色出租车歧视非白人乘客，这个传言与本·斯坦西尔（Benn Stancil）在纽约的士与轿车委员会（New York Taxi and Limousine Commission）公布的匿名访问数据分析不谋而合（如图6.3）。

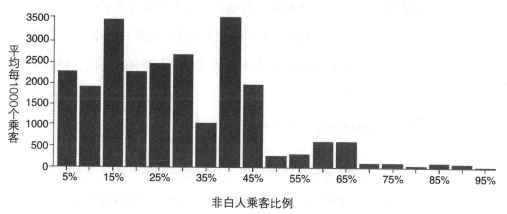

资料来源：Mode Analytics网站。

图 6.3 在纽约市的社区中，种族组成不同与出租车使用的变化情况

已经有类似的担忧表示这样的歧视行为可能会在汽车分享平台、住宿和劳务等点对点市场中出现。例如，2014年由哈佛大学的本杰明·埃德尔曼（Benjamin Edelman）和迈克尔·卢卡（Michael Luca）进行的一项研究认为，Airbnb平台里的美国非裔房主可能比白人房主拥有较低的定价权。虽然这项研究并没有得出确定结论说这个不同是由于客人歧视美国非裔房主，但它却竖起了一面警示旗告诉我们需要警惕的是私人情绪对商业经营边界的侵入。

机器学习技术可以识别与歧视有关的行为模式。毫无疑问，许多平台

已经开始使用这种系统了。2014年9月，底特律科技经济大会（Techonomy Detroit conference）的一个小组讨论会上，主持人阿斯彭人文研究所（Aspen Institute）的詹妮弗·布拉德利（Jennifer Bradley）向TaskRabbit的董事长斯泰西·布朗-菲尔波特（Stacy Brown-Philpot）提问道："平台是否有警示标志、保护措施或其他方式提醒你在平台系统中或不良经营者中有歧视行为呢？""我们有。我们有一个数据科技团队，这个团队持续工作以确保我们一直能够标志出或提醒人们去真正了解和关注这个问题，"布朗-菲尔波特回答说，"我们通过数据追踪影响人们选择任务人的各项指标，同时你也可以看到任务人的所有照片，所以你可以知道他们是什么样子，最重要的是他们都有一张微笑的脸。就是这样。"[1]

数据科技作为一种检测系统性歧视行为的方法拥有巨大的潜力。通过面对面的互动进行个案研究往往很难确定歧视行为，但通过数据分析，这个问题却可能有得到解决的一线曙光。例如，Lyft和Uber能够很容易通过乘客受到接受和拒绝的数据来实时检测和标记司机对应的歧视行为。

但是如果平台都主动选择这样做了，为什么还要把监管这件事留给平台自愿来做呢？而且相反，这些平台在代理一系列不同法律的执法工作后，作为交换也许还需要提交各种进行监管的记录。

联合广场投资公司的尼克·格罗斯曼（Nick Grossman）（他在一篇博文《缓慢的预感》[Slow Hunch]中描绘了对数字经济中的监管工作的美好想象）和极具影响力的科技博客作者亚历克斯·霍华德（Alex Howard）共同提出了一个更为激进的选择，它要求平台将实时操作数据移交给城市和州

1　参阅 http://techonomy.com/conf/14-detroit/techonomic-tools/economics-sharing。

政府，从而政府可以使用这些数据进行监管。相比这种"强制透明性"，我更喜欢我提出的利用数据进行委托管理的办法，因为它减少了经常出现的隐私问题，同时还降低了泄露竞争性有害信息的风险。这种方法是有先例的——公开上市募股的公司，在某种意义上，也属于委托监管。他们仅仅提供审计后的摘要证明（通过上交证券交易委员会的文件），而不是向监管机构提供原始业务数据以确认其合法经营。由此，将系统内部的数据留在平台并保证合法经营，这个方法似乎更有效。

作为分享经济自我监管组织——无论是平台自己，还是第三方协会——创建了信用和监管记录，并作为政府合作伙伴获得了监管合法性，他们也许还可以对集中式的政府干预难以解决的社会问题提供自我监管的解决方案。我们可以想象各种各样的社会目标由于平台将机器学习技术应用到数据检测模式，或将一些社会责任的概念整合到他们软件系统的设计中而部分得到实现。这种利用数据进行委托监管的方法比实行完全透明化可以产生更广泛的调节，它为自我监管提供了发展机会——它准确反映了以分享经济平台为代表的分散市场和集中管理机构的有趣融合。换句话说，**分享经济能提供的创新方法不只是能应对自己的监管挑战，还能应对之前出现还未解决的其他监管挑战。**

有许多分享经济相关的监管问题我还没有讨论到，但它们也许会成为我未来写作的主题。随着数字平台掌握了我们在现实世界中交互的越来越详细的信息，新的隐私问题不断出现。当然，移动运营商掌握我们真实世界中的详细信息已经很多年了，同样地，信用卡公司对我们现实世界的事务也了若指掌。此外，我也还没有解决责任和保险的问题。我相信点对点保险业代表了一个极其快速发展的领域。我也没有谈到以区块链为基础的交易催生的"智能合同"将会如何将传统的以及新的机构扩展深入到数字领域。

　　至此，我还没有讨论到监管的另一个关键领域，同时也是2015年的重点：分享经济中的劳动力监管。我将在第7章和第8章中谈论这个话题。

第7章
未来的工作：挑战和争议

许多人轻率地认为，劳动力市场最重要的区别，不管是现在还是将来，都分为受过高等教育（或具备高级技能）的人和教育文化（或技能）水平较低的人。但是，这种观点可能是错误的。

——艾伦·布林德，美国经济学家

The Future of Work:
Challenges and Controversies

在过去的十年中，劳工律师莎伦·丽丝-赖尔登（Shannon Liss-Riordan）已成功地为各式各样的从业者（包括咖啡师、门卫、异域舞者）争取到了权利。2014年，她接了一个新官司——这次她代表Uber司机。她提出这些司机被错误地归类为经营者，他们应该归类为雇员。[1]

起诉Uber的劳动者认为，平台既想获得外包的成本优势，同时又以雇员的方式对工作进行控制。根据丽丝-赖尔登所说，Uber司机的表现是基于用户评分来进行"管理"，他们每天都收到平台城市管理者的指令，指引他们去高需求的地区，因此有人可能会认为他们跟雇员是一样的。但是正如我在第3章所讨论的，Uber司机也是微型创业者，他们运营着自己的微型运输企业，拥有自己的汽车，支付自己的油费和维修费用。的确，在美国，出租车司机作为独立承包商进行运营已经有悠久历史了。

Uber认为它仅仅是一个技术公司，为司机提供了一个与客户联系的平

1　查看与诉讼相关的这个网站，http://uberlawsuit. com/，它是为了Uber司机而创建的（在下拉菜单中可以选择超过75种语言的翻译以及许多其他相关的网站链接）。

台，和Airbnb一样，帮助房主与需要住宿的游客相联系。Uber司机人群似乎也没有将全职工作看得如"圣杯"一样。在2015年6月，为分享经济经营者提供金融服务的公司SherpaShare进行的一项调查显示，三分之二的Uber司机表示，他们认为自己是平台的独立承包商，而不是雇员。

这本书付梓之际，16万名Uber司机的情况仍然是这样。2015年3月，加州法官爱德华·陈（Edward M. Chen）拒绝了Uber的即决判决（一种简易判决）的请求，这将迫使针对Uber的案件缺乏完整的审判程序。陈法官在总结陈词中写道：

> 对雇用的传统审查模式——这些审查模式是在与新的"分享经济"非常不同的经济模式下发展出来的——在Uber商业模式中的应用面临巨大挑战。可以说，该审查中的许多因素在这种情况下已经过时了……在新经济的背景下，立法机关或上诉法院最终可能改进或修改审查内容。可以想象，立法机构将针对新的"分享经济"制定特别的规则。在此之前，法院应该继续进行传统的多因素审查。[1]

2015年12月，法院认定该案件为集体诉讼。在一个类似的针对Lyft的集体诉讼中，法官文斯·恰布拉（Vince Chhabra）也提出了一个类似的观点，但他的观点可能更鲜明。他写道："在类似的情况中将使用加州过时的劳动

1　参阅https://dockets.justia.com/docket/california/ candce/4:2013cv03826/269290，查看奥康纳（O'Connor）等诉Uber等公司的案件完整申请文件。法官爱德华·陈的总结陈词（#251文件），参阅https://docs.justia.com/cases/federal/district-courts/california/ candce/3:2013 cv03826/269290/251。

力分类办法。然而因为该办法不能提供一个明确的答案，往往需要陪审团来决定。"无独有偶，加州人力专员在2015年6月也做出了一个针对Uber的决定，裁定其专用司机为雇员性质，有权享受业务费用补偿，目前Uber正在对此提出上诉。

法官的回应表明，现存的雇用结构的分类方法在分享经济可能已不再有效力。在分享经济的世界中，需要一个对劳动力的新定义。然而这个针对Uber的案件显示，在所需的政策支持出现之前这一切已经提前来临。在与Intuit（位于硅谷山景城的以财务软件为主的高科技公司）合作完成的一项研究显示，仅在美国就已经有300万名提供按需服务的劳动者。他预测该数据到2020年将超过700万。提供按需服务的百货购物平台Instacart也面临着其员工的诉讼；2015年7月，它选择将部分员工转为兼职工作者。当月，劳动力服务平台HomeJoy停止运营，以其悬而未决的劳动诉讼案为由称其商业模式不再可行，同时Luxe和Shyp也宣布今后他们的员工中会有兼职和全职。而TaskRabbit和Handy与其供应者继续保持承包人的关系，但其他平台，如ManagedByQ和Alfred却将其供应者视为全职员工，其首席执行官丹·特朗（Dan Teran）和马塞拉·萨朋经常说全职雇员关系比独立承包人关系更具优势。[1]

政策制定者已开始注意到这些情况。2015年6月弗吉尼亚州的参议员马克·华纳（Mark Warner）发表讲话，呼吁联邦决策者采取行动，之后又在《华盛顿邮报》的专栏中罗列了该计划的组成要素。在2015年7月活动的演讲中，希拉里·克林顿（Hillary Clinton）既提到了机遇也谈到了挑战：

[1] 在2015年下半年，我在两个独立的场合分别听特朗讨论过这件事：10月1日在纽约的TAP会议上，以及10月7日在关于为雇员发声的白宫峰会上。关于萨朋的专栏，参阅http://qz.com/448846/the-on-demand-economy- doesnt-have-to-imitate-uber-to-win/。

许多美国人通过各种方式赚取外快，比如通过出租闲置的房间、帮人设计网站……甚至通过运营自己的汽车。这样的"按需服务"或所谓的"兼职经济"正创造着激动人心的机会，激发着创新，但它也在劳动保护以及未来工作的变化等方面带来很多严重的问题。

当我写这本书时，华纳及其副幕僚长克里斯汀·夏普（Kristin Sharp）以及他的团队继续就正在发生的美国劳动力转型开展着立法议程的讨论。此外，2015年10月在白宫举行的劳动力会议上，时任美国总统巴拉克·奥巴马（Barack Obama）在由他与米歇尔·米勒（Michelle Miller, coworker.org的创始人）主持的持续一个小时的市政厅讨论上，在前导发言中强调了由Uber、Lyft及TaskRabbit等平台引导的工作新潮流带来的巨大发展机会之后，还提到了保护新型劳动力的各种方法。

但这些机会到底是什么呢？一个观点认为，世界上有很多像丽丝-赖尔登的人将未来工作——至少目前在分享经济中正在不断出现——几乎确定地看作是"向下竞争"。这种观点最坚定的支持者是前劳工部长、加州大学教授罗伯特·赖克（Robert Reich）。他认为相比分享经济，更好的名字应该是"分享碎片经济"（share-the-scraps economy）。赖克认为："客户和员工在网上进行匹配。劳动者根据其工作质量和可靠性评价进行排名。拥有平台软件的公司挣到大钱。按需劳动者只得到零碎的收入。"在这个对未来的反乌托邦的观点中，工作将被定义为低收入、无福利和极大的不安全感。人们工作时间更长却得到更少的钱、收入碎片化、劳动保障体系将成为遥远的记忆，以及不理想的工作环境和不细致的监控设施。

另一个观点认为，分享经济的热衷者将未来世界的工作定义为灵活性、流动性、创新性和创造力的增强。在这种乌托邦式的未来里，个人将成为极具力量的企业家，前所未有地可以掌控自己的命运。平台作为一个重要关口将源源不断地将有创造力的新产品和新服务流向创新者，或者如丽莎·甘斯基在2013年一次与我的谈话中将它们动人地描述为"企业家的精修学校"。普通劳动者将工作更少时间，拥有更灵活自如的时间表，自由选择工作赚到更多的钱。劳动力服务平台Upwork的首席执行官史蒂芬·卡斯瑞尔（Stephane Kasriel），在2015年9月世界经济论坛小组讨论发言中解释了从事按需服务工作的优势："年青一代真正渴望这种职业。他们不想朝九晚五的工作，为同一个老板工作，还要迎合企业文化。他们喜欢灵活，他们喜欢独立和控制权。"[1]

　　当然，两个阵营都会在某种程度上是正确的，但世界末日的预言和乌托邦式的预测都不会完全实现。分享经济对劳动者长期来看到底是削弱还是增强、我们将看到"强大的企业家"还是"被剥削的机器"，将取决于许多因素——这些因素将不同程度地由企业、员工和消费者来决定，也将在未来十年中受到政策的影响，我们将在本章和下一章继续探讨这个内容。

自由职业化、外包及自动化

　　看起来分享经济似乎要将部分企业和政府现有的工作都变成不同形式的灵活的自由职业。为了知道在这一场数字技术的影响下，哪些行业可能

1　2015年新领军者年会的音频记录，参阅http://www.weforum.org/ sessions/summary/ rise-demand-economy。

面临更大规模的劳动力转化以及为什么，我们首先需要将这场向按需工作转变的过程与其他两个方面因素联系起来，这两个方面因素在过去的几十年里在劳动和技术等领域引发了主导性的讨论。自20世纪90年代以来，外包的普及率显著增长。近来，数字科技带动的自动化吸引了持续不断的关注——在某些情况下还引起了恐慌。

外包

外包是指某公司使用的内部劳动力（包括雇员和其他签约工作的人）和该公司属于不同的国家。在过去的几十年里，越来越多的工作岗位都转移到境外去了。通常，外包的动机是降低成本，有时也是为了利用一个新的人才库。此外，外包有时也有税收优势。黄书仪（Shu-Yi Oei，音译）和黛安·林（Diane Ring）最近的一项研究强调，把分享经济硬插入到现有的经济类型时，除了会产生监管乏力，在分享经济平台上同样会导致类似的税收合法性和监管空白问题。[1]

由于很多原因，要想知道能反映出外包规模的准确数字非常困难。其中一些原因解释了随着分享经济不断增长我们可能会遇到评估的挑战。虽然有些工作可以被追踪（例如，信用卡呼叫中心的全职工作从美国转移到了印度），而另一些工作却不容易被追踪，不是因为工作本身的问题，而是特定的组件被外包了出去。比如，工作本身发生了变化，在Upwork、Fiverr等平台上逐渐分解成数以百计的任务，要想计算出其中外包工作占了多大比例，几乎是不可能的。

---

1 在《华盛顿法律评论》（*Washington Law Review*）上刊出的关于"分享是否可以征税"（Can Sharing be Taxed）的抽象研究，可以参阅http://ssrn.com/abstract= 2570584。

即便如此，还有两件事我们可以相信。首先，只有一部分工作可以被外包。第二，高度外包化的工作只占美国就业市场的一小部分。这两点是由普林斯顿大学的经济学家艾伦·布林德（Alan Blinder）通过高度准确和深刻的思考总结出来的。

布林德认为，外包工作代表了一个尚未达到顶峰的新时代。就像我们的祖辈见证了从农业转移到制造业，后来又从制造业转到了服务业的过程，我们现在正处在一个新时代，其中至少某些类型的工作不再受其所处位置的限制。虽然从几十年前开始制造业的外包工作一直都存在着，但我们正在见证在一个全新工作领域中的外包工作——服务行业的工作。布林德认为，该变化由三个因素引起：数字平台的发展使企业可以在世界各地招聘和监控其员工；技术变革使劳动者在任何地方都可以向客户提供服务；人口大国（包括印度和中国）开始融入全球经济。

外包对美国劳动力市场的影响是显著的，但重要的是，只有部分形式的服务工作可以提供外包。正如布林德所观察到的："这是两种不同类型的服务的重要区别……个人交付（简单称为'个人'）和非个人交付（简单称为'非个人'）。第一类包括各种各样令人眼花缭乱的工作，从低工资的清洁工和保姆到高工资的外科医生和首席执行官。同样地，第二类包括低端工作如呼叫中心接线员，和高端工作如科学家。"布林德认为，关键的是不要仅仅看重工作技能或工作所需的文凭，而是要关注所需要的服务是否可以实现远距离电子化传输而不会影响其质量。

事实证明，虽然有些工作属于这一类，但大多数并没有。的确，在一项使用四种不同的方法评估普通职业脆弱性的研究中，布林德和他的同事阿兰·克鲁格（Alan Krueger）得出结论：部分外包工作在全行业内广泛存在，其中金融业和保险业的比例一直都较高，而在住宿和食品服务等行业内比例较低。综上，布林德和克鲁格写道："每一种评价都代表所有行业中一个重要的少数族群，基本相当于从1960年至今从制造业向服务业的转变。换句话说，转向服务外包是一个潜在的、巨大的劳动力市场的转型。"

值得注意的是，正如布林德的研究结果也显示："**与传统观念相反，外包工作并不是低端的工作。不管是从工资还是从教育水平来说，技能和可外包化之间几乎毫无关系。**"许多高技术和高福利工作，与低技术和低报酬的工作一样容易受到外包影响。技能或教育不会因为达到某个水平就可以确保不受外包的影响。

换句话说，如同布林德所说，外包可能比通常想象的都更广泛和更普遍。对于"自由职业"工作同样适用。我们已经看到了"按需服务"自由市场出现了一系列的职业，Postmates提供简单的按需送达服务，TaskRabbit和Thumbtack提供水管工、策划人和电工，Pager和Heal等平台根据需求提供医生服务，Universal Avenue根据需求提供销售人员，HourlyNerd提供拥有工商管理硕士学位的顾问。如同埃里克·布莱恩约弗森和安德鲁·麦卡菲（Andrew McAfee）所提出的，如果外包仅仅是自动化道路上的一个中继站的话，情况又会怎样呢？

第二个机器时代

和外包一样，自动化也不是什么新事物。为了实现简单人力工作的自动化，众多科学家和工程师已经奋斗了几个世纪。

直到19世纪晚期，在美国全国人口普查中都一直使用机器来实现统计制表工作的自动化；直到20世纪20年代，贝尔电信公司一直使用自动化交换机控制着打入和打出的电话。

20世纪60年代，美国管理学家赫伯特·西蒙（Herbert Simon）实现决策连续过程的程序化，同时预测计算机将取代可程序化的管理功能，人类只需要处理不可编程的任务，特别是那些涉及人际沟通和判断的工作。西蒙的预测在今天部分已经实现，日益复杂的信息处理基础设施变得程序化和可模块化，从而可以处理从接受订单到满足订单，到库存管理，再到客户支持的整个过程。而之前所有这些功能都需要更积极的人类干预。

到目前为止，随着机器淘汰了一些工作，但它们又创造了另一些工作。然而，也许我们现在正进入一个自动化的新时代，这个时代中人力工作被机器替代的速度可能超过了机器为人创造新工作的速度。2015年11月麦肯锡公司的一项研究表明："多达45%的以前需要招聘人力来承担的活动可以通过引入现有技术来实现自动化。"[1]

深入探讨了未来工作之后，埃里克·布莱恩约弗森和安德鲁·麦卡菲在《第二次机器革命》（*The Second Machine Age*）中认为，虽然几十年里计算机持续改变着就业、经济和日常生活，我们终于到了一个关键时间点——我们面临着数字技术"全面发力"的时刻。

《第二次机器革命》这本书建立在一本由经济学家弗兰克·利维（Frank Levy）和理查德·默南（Richard Murnane）所著的关于劳动力市场的人机平衡的著作的基础上。利维和默南详细分析了哪些工作计算机比人

1 麦肯锡公司的研究，参阅http://www.mckinsey.com/insights/business_technology/four_fundamentals_of_workplace_automation。

类做得好，以及哪些工作人类比计算机做得好。他们得出了一个宽泛的结论——计算机在基于规则的决策等任务和简单的模式识别方面有固有的优势，但数字化使两种工作变得更有价值（复杂的交流和专业性思考）——即要求人类获得相应技能后才能承担涉及这些内容的工作。

然而，麦卡菲和布莱恩约弗森认为，事实上计算机在利维和默南认为人类将继续占主导地位的工作上也即将超过人类。他们引用了2011年IBM的沃森计算机在美国最受欢迎的智力竞赛节目Jeopardy中取得的胜利、自动驾驶汽车时代的到来，以及iPhone的Siri作为此趋势的早期标志。正如麦卡菲和布莱恩约弗森解释说："我们的意思简单地说就是使数字技术对于社会来说像蒸汽机一样有重要性和革命性的关键构件已经齐备。简言之，我们正处于一个拐点——曲线开始弯曲的点——因为有了计算机。我们正在进入一个机器时代。"

写《第二次机器革命》之前，麦卡菲和布莱恩约弗森就相同的主题写了一本更短的书，《与机器的赛跑》（*Race Against the Machine*）。当他们的思维从第一本书进化到第二本书，作者对第二次机器革命变得更加乐观。"我们正在进入一个时代，"他们说，"它并没有什么不同；它会变得更好，因为我们消费的种类和总量都得到了增加。"他们的意思不仅仅是我们将消费得更多且不同，"我们也消费来自书籍和朋友的信息，从明星和业余表演者那里得到快乐，从教师和医生那里得到专业知识，还有无数其他的不是由原子组成的东西（即不是实体的东西）。技术可以给我们带来更多的选择，甚至自由。"

然而，麦卡菲和布莱恩约弗森对《第二次机器革命》中的乐观态度在结尾处谨慎地进行了冷处理。他们指出，随着数字化计算会带来自动化的增加，但仍然还会有一些不足：

> 随着技术进步的不断加速，它会抛下一些人，甚至很多人。正如我们将演示的，对于一个有特殊技能或良好教育的劳动者来说，这是一个从未有过的好时代，因为这样的人可以用技术创造和获取价值。然而，对于一个只有"普通"技能和能力的劳动者来说，这是一个从未有过的糟糕时代，因为电脑、机器人和其他数字技术将以非凡的速度获得这些技能和能力。

如果从表面上理解麦卡菲和布莱恩约弗森的预测，在这样的未来里，自动化似乎将前所未有的速度快速增长，消费者将面对不断增加的选择性，但许多劳动者（除了那些在数字时代觅得特殊发展机遇的人）将面临被淘汰的风险。他们进一步认为，"更好的机器可以代替人类劳动者，更有可能的是，他们会压低具有类似技能的人的工资。经济和商业的一个战略是，你不要与类似的替代品进行竞争，特别是如果他们有成本优势。"

对"特殊技能"的强调是值得关注的，因为许多经济学家假设利用数字技术优势的能力对于拥有高级技能的劳动者具有先天优势。这一点与戴维·卡德（David Card）和约翰·狄纳多（John E.DiNardo）提出的技能偏向型技术进步（skill-biased technical change，SBTC）猜想中对技术和工资的研究结论不谋而合："新技术的爆发将导致对高技术工人需求的上升，反过来会导致收入不平等性的增加。"有了这个研究成果后，大量的测量技术已经进化了，主要集中在研究熟练劳动力和非熟练劳动力之间的替换率的不同，以及在不同行业中的不同技能水平组中，对其相对生产率产生的影响。

相比之下，正如我在本书中所说，分享经济平台在全行业对人的工作前景都有巨大影响，从计算机科学家和顾问到家庭清洁员和出租车司机。在这方面，正如布林德所提出的，就像外包可能盲目发展，分享经济对就业的影响，不管是积极的还是消极的，也可能一样。

数字化催生的新劳动力

在外包和第二次机器革命的崛起影响深远地不断重新构建我们的经济的同时，任何现象都没有完全捕捉到21世纪工作的本质变化。事实上企业不再局限于地域招聘人才，并在越来越多的情况下可以选择计算机程序来完成原本需要人类的工作，目前劳动力的总览图也显示出其他显著的变化：市场的扩展、新多面手的出现、劳动力即时供给性的增加、任务经济的出现以及虚拟工作的出现。

新市场

正如我们前面在书中已经讨论的，越来越多的经济活动是通过类似市场的平台进行组织的。关于该新市场最常见的担心是随着更多有资格的劳动力涌入有限的市场，以及随着透明度和竞争性不断压低劳动力价格达到教科书中理想的"完全竞争市场"状态，工人的工资会被压低。

在图7.1中，我将美国一家劳动力平台上各行业的工资水平和由美国劳工统计局（Bureau of Labor Statistics，BLS）统计的行业工资水平进行了比较。图中展示了2015年夏旧金山市的对比情况；在我的前纽约大学同事、现波士顿学院教授马里奥斯·可可迪斯（Marios Kokkodis）的帮助下，我一直定期在美国的不同城市进行这种对比工作（例如，将纽约市的网约水管工的工资水平和纽约劳工统计局统计的水管工工资平均值进行比较）。

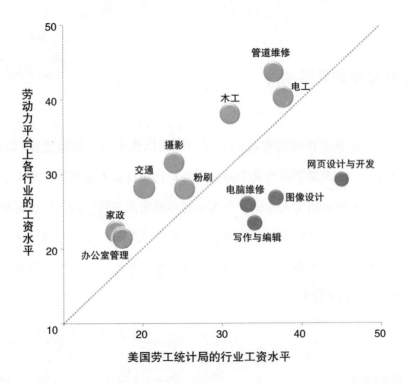

图 7.1 2015年夏旧金山市的工资比较情况（单位：美元）

我们的研究一直表明，即使在他们支付平台的佣金后，劳动者可以放心地相信通过数字劳动力市场进行自由作业可以比通过传统渠道找工作获得更高的时薪。乔纳森·霍尔和阿兰·克鲁格（Jonathan Hall and Alan Krueger，2015）记录了Uber司机与出租车司机的平均时薪之间也有这样的差距。

这些研究结果形成了一个有益的出发点，来探索为什么新市场的出现对通过平台提供服务的劳动者来说不一定是一个坏消息。然而仔细看看数据，可以看出这些按需服务的工资在各个行业中的溢价并不统一。正如图中举例展示的几种最常见的职业，虽然其中很多有更高的工资，其他行业劳动者的时薪却低于全国平均水平。

如何解释这些差异呢？首先，在Handy或者TaskRabbit等市场上提供的大多数服务需要劳动者与客户在地域上比较集中。在麦卡菲和布莱恩约弗森的机器人技术成熟之前，很可能水管工还是必须在自己所在的同一个城镇或城市里做疏通管道的工作。因此，虽然劳务平台的发展在城市可能会开始带来少量清洁人员和维修人员行业的增长，但随着越来越多的全职人员也决定做一些家庭清洁或管道疏通等工作，这些平台还没有准备好进入新员工培训或认证的业务领域。例如TaskRabbit的业务开展到了一个城市也不会导致有资质的电工或新水管工在那个城市里突然大量出现。相反，它使城市现有的电工和水管工更容易找到需要帮助服务的人，让这些客户超出他们社区水管工的范围，有更多的选择。

许多独立的原因可以解释为什么某些按需服务劳动者的工资比其他人多，包括经验水平、地理位置、平台对其的高级认证。然而，对于行业整体来说，似乎最重要的是劳动者必须出现在工作场所所在地点。例如，有人可以从任何地方从事网页设计师或文字编辑工作，但其所在位置对于水管工或木工就非常重要。

虽然专业劳动者的"供给–需求"匹配不受在线市场存在的影响，一种对需求可能存在的影响是，现在越来越多的人在需要这些服务时才会搜索它们（而不是，比如因为街上水管工300美元的报价太高了，就不管浴室堵塞的下水道了）。因此，**扩展的是市场，而不是这些领域可用的劳动者数量。**

换句话说，新市场使获得这些服务更容易了。在今天按需服务的市场中，对许多流行行业的部分需求是可自由支配。当找一个可靠的家庭清洁员或高质量的摄影师变得更简单时，人更多的需求转化为对实际劳动力的需求，因为人们可以更容易地找到他们正在寻找的服务提供者。在他们想要的和他们最终得到的服务或劳动力之间有了更高的匹配性。

因此，当一个新的电子市场覆盖到了小镇，没有理由总是预测因为突然增加了供给或劳动力，工资就会降低。但是怎么解释工资的上涨呢？是的，新市场将导致完全竞争和抑制收入水平的断言主要集中在经济理论的一个过去重视的方面，而忽略在过去40年里吸引了大量注意力的方面：即"信息不对称"。正如我在第6章中定义和讨论的，分享经济平台可以减少许多形式的信息不对称。经济理论的预测是**信息不对称的减少会增加工资，而不是减少工资。**

下面，通过进一步引用二手车市场的例子——乔治·阿克洛夫（George Akerlof）曾在其获得诺贝尔奖的研究中对该例子有经典引用，我来解释一下信息不对称的后果，特别是"逆向选择"的影响。在阿克洛夫的模型中，有两种类型的二手汽车——高质量和低质量。假设潜在买家购买二手车之前没有办法确定它的真实质量。买家愿意支付的价格将介于一辆高品质汽车的价值和一个低质量的价值之间（如果买家是风险保守型，那么成交价可能将低于高低两个价格相对比率加权后的平均值）。然而，当预期价格低于车辆的价值时，优质卖家会退出市场，市场里只留下低质量的车。交易比需求的发生更少。现在考虑引入车辆检验。买家现在有更大的"质量透明度"——他们能够清楚地了解任何候选车辆是否和广告上说得一样好。高质量汽车销售商可以让他的产品获得更公正的价格。买家开始变得更信任二手车市场，人们的汽车贸易发生得更频繁，经济进一步增长，更重要的是，二手车的平均价格和平均质量有所增长，而不是下降。

因此，Upwork、Handy和TaskRabbit的出现，特别是它们的筛选程序和评估系统，起到了类似于二手车检验的作用。潜在消费者现在可以依靠来自群众和专家的评估获得对不同的服务提供者的质量有更深入的了解。与过去相比，有更多的人在获取这些服务。较好的供应商有了更大的动力，因为他们的时薪更接近于他们服务的真实价值，还因为糟糕的表现将会导致潜在客户看到自己的负面评价从而影响未来的工作机会。

此外，从长远来看，更透明的工资水平对劳动者也有益处，而且不仅仅是针对现在的局域服务性点对点平台。举个例子，一个类似Upwork的平台要求用户和供应商都要遵守行业规范。一个人希望在该平台上找到一个有资质的人按一个单词1美分的报酬来写公司文稿，但他将很快发现有资质的作者根本不接报酬这么低的工作。这些平台上的新设计师、程序员和作家也在他们职业生涯的不同阶段了解了同行的工资水平（举个例子，一个年轻作家会很快知道美国现行的校对、编辑和作家的工资水平，以及经验和酬金是如何进行排序的）。

因此，进入这个行业的劳动者可以按照其国内由行业需求制定的行业标准来设定自己的报酬水平，在相比购买力较低的国家里劳动者，可能会意识到他们的技能比他们认为的更有价值。通过这种方式，在供应者中减少信息不对称可能会抵消不断加剧的全球竞争带来的一些负面影响，尽管从长远来看它是否会彻底抵消这些负面影响仍然不明确。[1]

新多面手

在过去500年的大部分时间里，特别是因为工业化的出现，在经济领域我们正越来越专业化。在19世纪和20世纪初，随着制造业变得越来越封闭，我们发现了此趋势。例如鞋跟可以在一家店里加工，然后在另一家店里再和鞋体相黏合。在20世纪，随着科学技术变得越来越复杂，从医学到教育的其他各个领域也出现逐渐专业化的趋势。一般内科让位给了越来越多的内科亚学科。在一个学校里有一个老师负责教1~12年级学生的所有科目的情况，已经发展成为按照不同的年龄、水平、潜力和主题来进行分工的越来越多的专业学校。在各领域里，一个人在经济上的成功越来越取决于专业化程度。

然而在分享经济平台上，我们正在见证一个有趣的多面手的复兴。个人和专业之间、正式工作和休闲之间日渐模糊的界限为非专业人员创造了大量机会。实验室技术人员可以轻松地兼职作为房主在Airbnb上出租空房。同样，正如我曾在2015年全国公共广播电台采访中所讨论的，已经准备好通过兼职做按需服务的工作，来提供部分生活来源的、有抱负的行动者，可以在新平台上很容易找到疏通堵塞下水道或将人从一个地方运送到另一个地方的工作。一个有着制作珠宝的私人爱好的会计可以在Etsy开店作为制

---

1 关于这一点，另一个例子是美国国家冰球联盟（National Hockey League，NHL）。1989年，NHL公开了年度球员的工资。在之后的5年里，球员的平均薪资飙升;1989年，一个球员的平均工资是20万美元，而到了1994年，平均工资是1989年的三倍。

造商赚一些外快（甚至实现自己的收支平衡）。简而言之，**分享经济平台通过启用越来越多的非专业人士而远离了专业化——这些非专业人士由分享平台授权获得了可以面向市场的服务能力。**

在许多方面，这一趋势紧跟在一次转变之后，该转变由迈克尔·哈默（Michael Hammer）在1990年《哈佛商业评论》上发表的具有高度影响力的文章《重构工作：不要自动化，就是毁灭》（*Reengineering Work: Don't Automate, Obliterate*）中进行了预测。当时，哈默说："在拥有各种各样竞争的环境里，在计算机出现之前，我们的许多工作设计、工作流程、控制机制和组织结构随着时间逐渐出现。它们是为了效率和控制。然而，新的十年口号是创新、速度、服务和质量。"相比专家，哈默更进一步宣扬了"多面手"的价值：在他的文章发表十年之后，通过各行业剧烈的重组，他预测的情景在一定程度上得到了实现。

但在很多方面，今天在分享经济中发生的事情甚至超过哈默对未来工作重构的大胆设想。哈默认识到关于工作的一切都需要变化——工作设计、组织结构、管理系统等任何与工作过程相关的事——他的观点继续将公司组织放在经济中心。"大型、传统的公司组织，"哈默认为，"不一定是注定要灭绝的恐龙，但是它们背负着非生产性的各种上层机构以及大量的不参加生产的员工。"

今天我们看到的是更广泛的转变。除了哈默预测的工作重构，我们看到随着越来越多的商业交易不需要中心决策，也不需要永久的员工，而是通过选择特定的人才来完成特定的项目或任务来开展公司业务，集中的工作场所正在消失。同时，正如我在第5章所讨论的，这些分享经济平台中嵌入了一些特定功能，这些功能降低了许多行业专业化的需求——在某些方面，类似于向某些企业颁发特许经营的方式。

即时劳动力供给

工作曾经是与工作时间紧密相关。根据不同的职业，工作分为12小时倒班制或8小时工作制。今天，工作可以发生在越来越多的小时间单元里，间隔短至一到两分钟。分享经济催生的新市场使我们能以更精密和更有效的方式供给劳动力。

以按需服务平台Spare5为例。Spare5允许人们在他们的移动设备上完成小任务以换取一定的费用。美国人每天大约花三个小时使用智能手机。虽然完成任务要花费一定时间（例如，通过一个在线银行应用程序订购商品或支付账单），一个对在星巴克排队或在高峰时间乘坐公共汽车的人们的快速调查显示，大部分人用三个小时在做没那么必要、"非生产性"的事情，比如玩糖果粉碎传奇（Candy Crush）或水果忍者（Fruit Ninja）等小游戏。

Spare5只需要这些空闲时间的5分钟（或更多），将花在玩游戏或浏览社交媒体的时间变成可以赚钱的时间。这些工作任务包括从标记照片到完成调查，都是简单的任务（有时还有些无聊），但是在以科技为中心的社会中却很必须。

理论上，公司通过利用有技能、有知识的劳动者来获利，而劳动者通过挽回流失的时间而获利（例如，他们浪费在上班和下班，坐在等候室、医生办公室、孩子游泳课的社区中心大厅里等待的时间）。简而言之，**劳**

动效率提高不是通过榨取更多现有劳动者来实现，而是寻找浪费掉的可以变成工作的时间。当然，这可能会带来一个社会成本：如果我们把所有的业余时间都忙于进行数字化的微型工作，我们可能会牺牲宝贵的休闲时间，忽略一些作为小企业经营者的工作生活相平衡的好处。

任务经济

在过去，雇用成千上万的劳动者去执行很多小任务并不可行，因为这样一个组织的行政成本非常高。今天，越来越多的小任务可以越来越容易地以最小的交易成本外包给数字平台上的劳动者。在著名的Web服务应用程序接口亚马逊的土耳其机器人（Amazon's Mechanical Turk）上可以看到这种"任务形成"（taskification）的早期例子。这个机器人向消费者连接了世界各地的数百万劳动者，这些劳动者将任务项目分解为简单的任务，每个任务的价格从几便士到几美元。

有人可能会想，如果一个像亚马逊土耳其机器人的平台，比如Spare5，主要被用于简单的任务如照片标记和调查反馈等，会对经济的主体生产性工作的完成起到削弱作用。例如，我们会看到复杂的咨询项目或销售活动被分解成小任务由这些平台上的人在业余时间来完成吗？

当然，关于微任务平台上可以做的工作范围我们已经讨论了，它似乎是有限的。然而，一个被NBA达拉斯小牛队的所有者以及美国真人秀节目《鲨鱼坦克》（*Shark Tank*）的投资者马克·库班（Mark Cuban）所支持的平台HourlyNerd，创建了一个类似TaskRabbit的管理咨询市场。位于瑞典的Universal Avenue（主要为各个平台匹配合适的销售人员的互联网公司）正在创建一个提供销售人员的按需服务的市场。由WorkMarket（兼职劳务资源平台）开发的这样的企业软件将使公司更容易进入这些按需市场，并将该市场整合到企业的工作任务流中。

一个特别引人注目的例子来自最近由未来研究所（Institute of the Future）的戴文·费德勒（Devon Fidler）首创的一个事物，它被称为临时首席执行官（iCEO），"虚拟管理系统通过自动将复杂工作划分成小的、独立的任务"。费德勒的系统演示了通常与高级管理人联系在一起的复杂工作如何通过oDesk、Elance（两者均为自由职业工作平台，于2015年合并同时推出一个新的品牌产品Upwork）等软件以及亚马逊土耳其机器人上的劳动者将任务分成小份。例如，临时首席执行官被要求为财富50强的客户创建一个124页的研究报告。费德勒形容说：

> 我们用几个小时的时间插入项目的参数，即任务流程结构化，然后点击启动。例如，为了创建一个石墨烯生产情况的深入评估体系，iCEO要求亚马逊土耳其机器人上的劳动者搜集关于这个主题的一系列文章。去除重复性的内容后，文章列表将会被传递给来自oDesk的技术分析师，由此人提取和排列文章的主要观点。然后，一组Elance的作家将这些变成连贯的文字，再由另一组的相关专家进行审查，将材料按照oDesk的编辑、校对员以及核查人员的顺序进行传递。
>
> iCEO将任务发送给来自世界各地的23个人，包括创建60个图像和图形，然后固定格式和成型准备。我们站在幕后，看着iCEO执行这个项目。我们很少需要进行干预，甚至当报告的各个独立

组件提交给iCEO进行质量检查或花时间招聘员工时也不例外，因为品管部门和人力部门也由iCEO实现了自动化（例如，oDesk承包商为这个项目进行招聘本身就是一个oDesk任务）。

工作被分成更小的单元或特定任务，因此公司组织可以和过去一样让一个全职员工做更多的工作，或者让原来由一个全职员工完成的工作由一个或多个兼职外包劳动者来完成。后一个组织方法的优点是有更大余地去保证任务在时限前完成，而且确保没有白拿工资的闲人。此外，招聘、用人以及支付薪酬可以在工作时间以外进行，因为匹配外包劳动者和公司组织分享经济平台总是"工作中"的。工作和技能进行匹配变得越来越自动化，这也使公司组织更容易与在不同时区的外包劳动者进行合作。

看不见的工作

当我们进入一个经济体时，在这里工作被分解为许多个任务在世界各地范围内通过人们利用空闲时间或通过按需平台被完成，而且这里的服务是由多样化的各种平台上的自由职业者提供，或者由在别的方面也是专家的多面手提供，所以我们来跟踪该经济体就业情况的系统开始面临严重挑战。在20世纪下半叶的大部分时间里，大多数美国人只在一个领域，从事全职工作。如果他们失去了工作，他们会保持失业状态直到他们找到另一个全职工作。在今天的经济中，就业或失业越来越难以衡量，因为微创业行为、多重兼职、自由职业以及流动性自主创业扰乱了传统的定义和衡量标准。参议员马克·华纳在《今日美国》的一次视频采访中谈到劳动力性质的改变时，提到了他三个女儿在20岁时的态度：那一代的人，见面第一个问题不是"在哪里工作"，而是"现在你在做什么"。

随着越来越多的劳动者在他们的业余时间成为微型创业者，越来越多的人不再符合20世纪的理想"工作状态"，没有"工作"和拥有"工作"之间的界限变得越来越难以衡量。那么我们如何衡量分享经济中的就业情况呢？

在美国一个常见的问题是美国劳工部收集失业人数的数据是否足够精密以反映出这些变化。想象一个人曾经有一份全职工作，但现在离职了，在Uber开车或在TaskRabbit上提供服务。如果那个人在回应劳工统计局的调查时说这个新工作是为了赚钱，那么他们将继续被算作就业中。

但是，劳工统计局报告的数字并没有捕捉到这些每周至少工作1小时的非雇用劳动者所产生的额外"就业"或"工作"（比如，同时也从事Lyft业务的软件承包人）。此外，劳工统计局调查对既参与分享经济又同时拥有全职工作的人没有很好地统计入内（比如，一个投资银行家也在Airbnb定期出租公寓，一名医生同时在Etsy上制作并售卖手工艺品）。

正如2013年我与《大西洋传媒》（*Atlantic Media*）的记者艾米丽·巴杰（Emily Badger）讨论到的，部分挑战还在于参与这些工作的人怎么思考自己正在做的工作。调查问卷上关于工作、主要工作、其他工作或产业等问题的提法，可能导致分享经济中的人们都仅仅因为他们不认为他们所从事的活动，符合这些提法而没有将自己的情况报告出来。我向巴杰解释说："Etsy上的编制手工艺人认为她出售的是其爱好的产品，BlaBlaCar的司机认为他只是从慕尼黑到汉堡顺道载了人而收一点油钱。而Airbnb的房主从不去计算上周她花了多少小时'招待'从芝加哥来的游客。显然，我们需要重新思考如何完全统计经济体中所有工作的方法。"

除了反思我们的统计方式之外，还有更多值得关注的地方。正如已经证明，以现有的经济衡量手段难以完全反映分享经济的影响，如GDP（在第5章中详细讨论过），通过现有的雇用办法，分享经济创造的工作也不能很容易被理解。我们还需要引入关于工作质量、收入稳定、工作与生活的平衡等指标。一份通勤时间长、花费高的全职工作可能比不上两个在家进行的兼职工作。以现有的标准去衡量是很难得出这个结论的。无论新引入什么样的指标，有一件事是清楚的——我们现有经济衡量方法需要考虑其他因素（工作与生活的平衡、可持续发展、公平等），我们就业方面的衡量也一样。

我通过强调针对Uber的正在进行的劳资纠纷问题作为本章的开头。正如我在本章已经讨论过的，这只是冰山一角，只是一个更广泛的由数字化带来的对全世界工作的重新定义的一小部分。无论这些还在继续的事件结果如何，也许对于Uber的劳动争议最重要的影响是社会注意力引入了将在未来几十年里展开的更深层次的社会问题。我们需要在这场正在进行的转变完成之前拥有新的劳动政策，摒弃过去错误的将人分为"雇员"和"个体经营者"的二分法，从而对生产性工作的分类进行重新定义，打破社会保障体系必须和全职工作挂钩的关系，以更好地支持新兴网络社会的小企业主。我们还需要认真思考20世纪企业的所有权结构是否适合这个新世界的工作。我将在下一章深入讨论这些问题。

第8章
未来的工作：需要做什么

这个时候，陪审团将会得到一个方形钉子，然后被要求在两个圆孔之间进行选择。

——文斯·查布里亚，美国地区法官

The Future of Work:
What Needs to Be Done

毫无疑问，经济正在经历一场可能和工业革命一样重要的重大转变。但是变化不是这里争论的内容。相反，还未解答的关键问题是这些变化是否最终将为工作创造一个更美好的未来，以及我们能做什么来推动事情朝着正确的方向前进。

分享经济是否将最终代表微型自主创业者（microentrepreneur）———一个可以选择任何时候、任何地点进行工作和工作强度水平也取决于他们对生活水平的期望值的个体从业群体———的崛起？或者它是否表明了美国在20世纪五六十年代经历的广泛高生活水平的终结———即一个令人沮丧的逐底竞争，让世界各地的劳动者工作更多的时间却得到更少的钱，以及最小的工作保障和福利？换句话说，未来的工作是否会被由成功的微型创业者，比如大卫和他的车队、Turo、Etsy上艾丽西娅·谢弗的品牌ThreeBird-Nest以及唐·丹尼斯从吉厄岛开始运行的生意等推而广之？抑或未来是否会充斥着在各种平台上奔忙只是为了拼凑他们下一个零碎工作的得不到保障的劳动？

在这一章中，我将未来工作的劳工问题作为核心内容来介绍。第一，分析了当前对于分享经济劳动者就业状况的讨论，提议扩展美国劳动力的分类模型。第二，提出一个问题，我们如何确保社会保障体系对于选择非全职形式工作的人也一样适用呢？从长远来看，实行社会基本工资（universal basic income）可能是社会所期待的，尽管制定社会保障基金由个人、市场和政府共同承担的政策在政治上可能更可行。第三，我猜想帮助小规模的真正的创业者平台将会比那些平台和经营者是层级关系的平台产生更有包容性的增长，同时列出了20个评判指标，以帮助判定谁是真正的基于平台的创业者。第四，分析了（社会）对"平台合作化"的兴趣增长，还提出了部分拥有分享所有权结构的组织在不牺牲股份制机构所享有的经济优势下如何合理的存在的问题。最后简要讨论了"数据达尔文主义"，以及在工作机会和用户评论、评分紧密相关的（未来）世界里工作的风险。

个体劳动者和专有承包人

当我写这本书时，分享经济的主要劳动力的政策问题似乎关注的就是全新的、灵活的就业状态。他们是雇员，还是独立承包人或者是别的什么？因为我研究的是经济和商业，而不是法律，因此我不会浪费你的时间，让你与一个外行探讨全职工作对Lyft司机和Instacart购物者的适用性在法律上的细微差别（如美国风险投资公司Greylock Partners的风险投资家西蒙·罗斯曼向我指出的，在硅谷，劳动法似乎是新的知识产权法：每个人都是其中一方面的专家）。相反，在这一节中我所做的是列出，随着我们向更灵活的分类模型的工作转移，应该纳入政策讨论的五个关键点，我提议该分类模型应经审议逐渐实施，同时要进行试点，要有安全区域，所以在对当前的框架有任何重大扩展之前，我们要采集更多的数据。

第一，雇员/独立承包人的问题不是新问题。正如贾斯汀·福克斯（Justin Fox）在《彭博资讯》（*Bloomberg View*）的文章中援引法官威利·布朗特·拉特利奇（Wiley Blount Rutledge）的观点：

> 明确的主雇关系和明确的独立经营者之间存在着的巨大中间态，引发了许多法律问题。很少有其他法律问题比它有更多应用前景，同时引发更多冲突。

正如福克斯指出的，拉特利奇不是一个在2014年评论Lyft的地方法官，而是在1944年作为美国最高法院法官判决报童的就业性质，这是一个使国家劳工关系委员会与媒体巨头赫斯特集团（Hearst）对立起来的一个事件。正如美国劳工部长汤姆·佩雷斯（Tom Perez）在2015年12月的阿斯彭研究所研讨会上所提到的"便携式福利"，劳动力的分类不清既不是一个新的挑战，也不是由按需经济引起的。因此，劳动力分类是一个历史上的棘手问题，而不是新的分享经济企业巨头发展带来的新挑战。

第二，对"雇员"与"独立承包人"进行定义不是做算数。的确，问题讨论总是关于独立承包人有多独立，以及潜在的雇主向潜在的承包人或雇员施加了多少控制。然而，普通法和其他监管主体都有不同的指导方针。例如，美国国税局（Internal Revenue Service）使用SS-8号表格去辅助单独个体，按照以下因素设计的一系列问题的答案去作出主观的决定[1]：

（1）行为方面：公司正在控制或有权控制员工做什么以及如何做吗？

（2）金融方面：员工工作的日常事务由雇主控制吗？包括职工如何支付费用、费用是否报销、谁来提供工具或支持等吗？

（3）关系类型：存在书面合同或员工式的福利（比如养老金计划、保险或带薪休假）吗？这样的关系会持续吗？这项工作是一个关键的业务吗？

然而这些国税局的指导方针有时与《公平劳动标准法案》（*Fair Labor Standards Act*）、习惯法和法律先例的理念不相符。在2015年12月一个创建"独立工作者"类别的提议中，该提议是由康奈尔大学赛斯·哈里斯（Seth Harris）和普林斯顿大学的阿兰·克鲁格为布鲁金斯研究所（Brookings Institute）的汉密尔顿项目所编写的，作者总结了"雇员"的不同性质的定义，见表8.1。

第三，真正的根本问题并不是劳动者热切希望从事全职工作，而是希望从目前的状态中获得专属的好处。福克斯指出，自1944年的裁决以来——针对前述的集体诉讼，将小报童归为雇员——被列为雇员的劳动者"现在享受着各种各样的联邦、州和地方的保护，从最低工资及加班保障到失业保险，这些对于独立承包人均不适用"。

---

1 SS-8 号表格，参阅 http://www.irs.gov/pub/irs-pdf/fss8.pdf。详细的补充条款，参阅 http:// www.irs.gov/Businesses/Small-Businesses-&-Self-Employed/Independent-Contractor-Self- Employed-or -Employee。

表 8.1 在选定的条例下对"员工"定义

	工作重要性：该工作对于雇主的业务是不可或缺的吗？	技能需求：工作需要依赖于特殊技能吗？	投资：雇主是否提供必要的工具和（或）设备，并承担这些投资损失的风险？	商业独立判断能力：劳动者是否远离激烈的市场竞争只为雇主工作？
《公平劳动标准法案》（集中在对雇主的经济依赖程度）	是	是	是	是
国内税收法规（IRC）（集中在控制）	是[a]	是	是[b]	是[c]
全美互助保险公司上诉达顿商学院案（雇员退休收入保障法案[ERISA]和其他法规）[d]	是	是	是	不适用
普通法（《第二次代理法重述》第220章）	是	是	是	是

持续时间：劳动者和雇主之间的关系是永久的，还是不确定的？	是	是	是	是
控制：雇主是否设定了支付金额、工作时间和执行方法等工作要求？	是	是	是	是
福利：劳动者拥有保险、养老金计划、病假或其他暗示雇用关系的福利待遇吗？	不适用	是	是	不适用
工资形式：劳动者是获得固定工资或薪金，还是按任务计件收费？	不适用	是	是	不适用
目的：双方是否认为他们已经建立了一个主雇关系？	不适用	不适用	不适用	是

资料来源：赛斯·哈里斯和阿兰·克鲁格（Seth Harris and Alan Krueger，2015）。

注：答案为"是"，表明劳动者是一个"雇员"；"不适用"，表示该因素不适用特定法律。

a. 美国国税局将工作的作用看作一个控制指示器——如果该工作是雇主的"关键"业务，雇主可能会有权去引导或控制该工作的开展。

b. 美国国税局还特别关注劳动者是否有高水平的未报销费用。

c. 美国国税局一般不使用"商业判断"这个词，但如果劳动者的服务是直接面向市场的就问这个问题。

d. 美国最高法院对全美互助保险公司上诉达顿商学院案503 U.S.318（1992）进行了多因素测试。

这个重要区别有很多原因，其中最明显的原因是对未来诉讼的恐惧可能会阻止劳动者从平台的收益中获利。因为美国国税局判断一个劳动者是否是雇员的一个标准是看他是否获利，而平台将独立承包人性质的劳动者获得的福利看作类似一个保留策略，或吸引新劳动者的一种方式，从而回避这类问题，避免潜在的诉讼。2015年10月，国会分享经济专题会议就这个问题反复进行了讨论（我在第6章中提到了）。某些希望通过向劳动者提供反馈来帮助他们把工作做得更好，或者提供帮助使他们能提供多元化服务体系的平台，担心这些行为这可能被视为雇员式的"训练"。某些向劳动者提出如何更有效地挖掘高需求领域的平台，则担心这可能被视为雇员式的"管理"。

正如我在第7章提到的，似乎大多数Uber司机不想放弃独立承包者的灵活性。在你吃惊于我建立在由硅谷专家进行了快速调查基础上的结论前，让我向你展示一份74页的关于美国劳动力队伍的报告的分析结论，该报告由美国政府问责办公室（Government Accountability Office，GAO）[1]完成，它是一个独立的无党派的、为国会工作的机构（见表8.2）。

这些研究结果显示，早在 2005 年，很明显绝大多数个体经营者和独立承包者不希望雇用模式发生变化（这些都是这个机构最近提供的数据）。当然，也许其中很多人并不会介意作为雇员享受的福利待遇，但是我们却不得不要求他们思考福利和独立之间的平衡。为什么如果要追求这种保护就必须浮士德式地做出交换去接受全职工作呢？

---

1 美国政府问责办公室，通常被称为"国会监督"，调查联邦政府对纳税人的钱的使用情况。该报告可以参阅http://www.gao.gov/assets/670/669766.pdf。

表 8.2 2005年想要改变就业形式的劳动者的估计百分比（单位：%）

你喜欢另一种类型的就业形式吗？	机构临时工	按需劳动者和按日计酬的零工	独立承包人	个体经营者
是	59.3（+/−7.4）	48.3（+/−5.5）	9.4（+/−3.8）	7.5（+/−4.9）
视情况而定	6.8（+/−11.3）	6.2（+/−7.4）	5.4（+/−3.9）	4.0（+/−5.0）
否	33.8（+/−9.5）	45.5（+/−5.7）	85.2（+/−1.5）	88.4（+/−1.7）

第四，最近许多新闻报道强调的在分享经济中，当前和未来的就业差距可能与平台本身关系不大，而与在点对点平台兴起之前劳动法的普及等条件有关。当然，Airbnb的许多房主有额外的空间和时间，只是想增加他们的退休收入；而许多Etsy卖家除了作为爱好者追求一份副业的同时，还要抚养一个家庭。正如在Re/code网站的利兹·加尼斯（Liz Gannes）2014年引人注目的"即刻的满足"（Instant Gratification）系列文章中，提到了分享经济中的独立经营："一般来说，这些人并不是一个传统的稳定劳动力，而是一个灵活的、可伸缩的网络劳动力——即'零碎劳动力'，可以根据需要和适合程度随时启用和结束。"

然而，这种描述并不适用于所有的分享经济提供者。许多Uber和Lyft司机、Handy供应者，以及TaskRabbit任务人，在这些平台上的收入占了其生活收入的很大部分，而且在世界范围内这样的劳动力将在未来几年内不断增长。虽然全职员工可以在《国家劳资关系法案》（*National Labor Relations Act, NLRA*）的保护下作为整体进行讨价还价以及采取集体行动，但NLRA不能保护独立承包人，而当前的反垄断法可能会对他们这样的行为进行惩罚。伊丽莎白·肯尼迪（Elizabeth Kennedy）在她2005年关于承包商联盟集体谈判行为的论文中，曾使用个体经营的医生的例子强调过这一点。而且，正如纽约市劳工维权人士蒲艾真（Ai-Jen Poo）在几十年里不断强调的，适用于家务劳动者的劳动法相比其他行业的劳动法有着不公正的偏见。[1]

第五，目前的劳动法带来的约束使基于市场的解决方案很难轻易出现。正如我已经指出的那样，在当前的法律结构下，我们看不到足够的空间使得在平台对劳动者的福利和其他保护措施下，灵活的按需劳动服务能自如地供应。2015年夏，随着针对平台的集体诉讼案件大量集中发生，许多分享经济平台——包括Shyp、Luxe、Eden（按需技术支持平台），以及Instacart——都重新将其灵活就业的劳动者变为全职员工或兼职员工。也许，正如家政服务平台Hello Alfred的CEO马塞拉·萨朋所说，这与特定的商业模式相符，特别是那些涉及重复性的客户互动行为。但如果早期创业公司为他们的业务和劳动者选择的都是次优的工作安排，仅仅是因为恐惧未来的诉讼，那这将是一件很不幸的事。

怎么能让我们在既能发现市场会自然地提供什么，又能判断我们需要政府在何处介入、如何发生作用的情况下使这些约束不再存在？在美

1　蒲艾真是美国全国家政工人联盟的负责人。参阅http://www.domesticworkers.org。

国，有种解决方式中提出了建立第三个类别，称为"专有承包人"[1]或"独立雇员"。需要再次说明的是，这不是一个新想法。这种类别存在于许多国家，包括德国。在1965年的一篇文章中，加拿大法律学者H.W.阿瑟（H.W.Arthurs）分析了在北美地区引入这种劳动力分类的法律环境，并开始反思该术语中存在的固有矛盾：

> 因为不管选择哪一个法律定义——"雇员"或"独立承包人"，事实上都预示着他们有权进行集体谈判，因此需要一个新的术语："专有承包人"。他们在经济上有"专属性"，虽然法律上具有"承包人"的性质。他们定位的模糊性和自相矛盾性从这个定义他们属性的术语中就反映出来了。

最早关于分享经济中"第三种"劳动力分类方法的讨论，来自美国奥巴马政府首届国家劳工关系委员会主席威尔玛·利伯曼（Wilma Liebman），以及麻省理工学院的丹尼斯·程（Denise Cheng）在2015年罗斯福研究所的指导文件中提到的。[2]2015年12月由哈里斯和克鲁格提出的更详细的布鲁金斯研究所关于"独立劳动者"的提案，凸显了针对这个定义需要伴随许多法律改革。其中最突出的是需要改变反垄断法以允许独立劳动者可以进行集体议价（正如我前面讨论的）；需要建立使用独立劳动者所提供劳动的实体，而可以免于提供最低工资、加班费，以及其他基于小时

1　作为一个有用的参考，关于这个话题可以参阅利兹·加尼斯（Liz Gannes，2014）。关于这个话题由卡洛琳·奥多诺万（Caroline O'Donovan）在2015年发起的有意义的讨论，参阅http://www.buzzfeed.com/carolineodonovan/ meet-the-new-worker-same-as-the-old-worker#.umQGJQbGY。

2　参阅http://nextamericaneconomy.squarespace.com/thought-briefs/2015/7/7/barriers-to-growth-in-the-sharing-economy。

工作的劳动保护措施；需要允许平台提供劳动保险，而不会引起对不同员工区别对待；需要允许非雇主型平台（或所谓的"中介机构"）可以预扣税款。作者还建议由一个中介负担劳动者向联邦保险捐税法支付的工资税的一半（大约为工资的13.8%，目前完全由独立承包人承担）。

虽然引入第三类劳动者的分类方法将帮助许多分享经济提供者，而且还将使当今的平台在向劳动者提供以市场为基础的保护和福利时，可能比现在有更大的灵活性。但是在我写这本书的时候，我认为在对新种类的边界进行定义和厘清与每个利益相关者（平台或其他公司、供应者本身、政府的不同部门）相应的特定义务时，谨慎行事是非常重要的。对分类方法的任何更改将不只是运用于分享经济工作者，也可能是针对现在被划分为全职员工、隶属于数字中介和其他传统企业的劳动者（例如，如果推向极端，哈里斯和克鲁格提出的"工作时间不可测量"原理可以适用于各种各样执行弹性工作制或从事知识性劳动的全职员工）。

非常可能存在一些意想不到的后果，这些后果可能减缓几十年劳工改革的进步。例如，正如我纽约大学的同事约翰·霍顿（John Horton）在2011年的一篇博客文章中说，平台实施最低工资的想法似乎是进步的，但是可能会无意中通过"定价"将部分供应者从市场排除出去了，从而将这些人的收入转向市场上有更高技能或能力的供应者那里。正如他总结说："这显著突出了最低工资作为社会政策的真正缺点，那就是它可能在全球视角来看是进步的，但是在局部来看因为其对市场的人为削减而对劳动者来说反而是退步。"

在此期间，我感觉为特定分享经济创造一个"安全港"的平台是非常有用的，这样的平台可以向他们的独立承包人性质的供应者提供福利、培训、保险，以及其他形式的保护措施，而不会触动将这些供应者进行重新分类的要求。我们仍然在分享经济引发的劳动力转化的非常早的时期。劳动法一般持续数十年，但我们在这几年中关于分享经济劳动活动的数据却很少。创建这种类型的安全港今天可能是正确的行动，因为它给了我们时间和"空间"去了解什么样的保护和福利可能会随着市场运行自然而然地出现——比如，平台是否会真的投资于培训他们的供应者，或者用福利来吸引更好的供应者——以及哪些领域可能需要政府干预。毕竟，至少在美国，许多"员工福利"，比如带薪产假、收入稳定、比平均医疗和牙科保险更好的补贴、带薪假期等，实际上并不是由法律规定的，常常是由企业自愿提供的，因为他们希望留住优秀的人才并合理地培养他们。一个安全港口将使我们能够了解，如果可以投资于供应者而不必全职雇用他们，风险投资支持平台将如何相应地对供应者进行培养。

最后，想要知道目前哪些因素有助于做出该决定，以及它们如何适用于分享经济，2005年国家劳资关系委员会所做的决定似乎值得一看（2015年初威尔玛·利伯曼在我们的一次非常有趣的谈话中提到过）。这件事又是关于送报人到底是雇员还是承包人。确认送报人是承包人性质所依照的标准是按照以下几个方面进行制定的。

（1）劳动者履行了一个程序还是一个合同（目前还不清楚填写网络表格是否算作完成一项程序）？雇员按照程序来完成工作，而承包人按照合同。

（2）税收被预扣了吗？雇主被要求必须从雇员的工资中预扣税款，但承包人如果在年底从雇主处获得超过1099美元，那么他将直接向政府纳税。Airbnb在越来越多的城市预扣酒店税。虽然方便了管理，但显然不应该因此改变房主的职业定位。

（3）对于工作中的问题，谁提供所需的解决工具？雇员通常需要获得雇主提供的工具来完成工作，而承包人将自己向自己提供工具。那么统一向每个供应者和客户提供使用的Uber、Airbnb、Etsy等软件是否应该被视为一个"工具"呢？

（4）可以对劳动者实施纪律处分吗？虽然独立承包人可能会终止他们的合同，他们却不能像雇员一样受到纪律约束。那么阻止某人暂时访问平台，或降低他在推荐供应商名单中的排名等，是否构成"处分"呢？而每个平台都有能力做到这一点。

（5）劳动者是否能自由招揽新客户和设定自己的价格？同样，承包商可以招揽新客户，而在大多数情况下雇员不能也不期望这样做（在本章后面的部分，我会再次提到这一点）。

（6）谁负责培训？大多数承包商负责自己的培训，而雇员的话一般会期望受到培训（参加Airbnb房主大会是否构成"培训"？）。

如果我们在分享经济中应用这些美国国税局的劳动力指南，很明显我们需要对机构与劳动者关系的其他各种方面进行更细致的定义，而不只是"控制"和"依赖"。在Etsy上，如果销售通道关闭，也许很多出售东西的市场潜力就会受到影响，这使得许多Etsy卖家"经济上依赖"平台。但是理性的人不会认为他们是雇员。我在第3章中指出了各种平台的不同构成，我在本章后面的部分会提出一个长期解决方案的基础。

新的社会保障体系

在新的工作分类方法形成之前，我们仍会继续进入到一个经济体中，其中越来越多的人将不再寻找固定工资的工作。通常，由大型机构雇主提供或担保的重要劳动保护措施，比如医疗保险、工伤保险、带薪假期、稳定收入，以及其他保障措施，需要寻求其他的来源。这个挑战由参议员马克·华纳在其关于兼职经济的专栏中进行了归纳，我在第7章中也引用到了："所以这些劳动者，即使他们做得很好，也在走钢丝，而且没有安全网。这种情况将继续存在，直到它被改变的那一天。那一天也是可以将账单交到纳税人手里的一天，这就是为什么华盛顿需要开始面对一些困难的政策问题。"

2015年10月，一群背景各异的人联名签署了一封信，信中提议向分享经济工作者提供便携式福利待遇。这个群体的领头人包括：分享经济集体行动平台Peers的联合创始人娜塔莉·福斯特，前白宫高级顾问格雷格·纳尔逊（Greg Nelson），企业社会责任专家、自由职业者利比·雷德（Libby Reder），以及前麦肯锡顾问莱尼·门多萨（Lenny Mendoza）。我也是签署人之一，其他还包括为自由职业者提供医疗保险和其他资源的非营利性协会Freelancers Union的创始人萨拉·霍洛维茨和美国劳动者权益网站coworker.org的创始人米歇尔·米勒，我在第7章中曾提到过这两位。

还有其他40位左右的首批签署人，包括Etsy的首席执行官查德·迪克森（Chad Dickerson），Handy的首席执行官奥辛·罕拉汉（Oisin Hanrahan）

和Instacart的首席执行官阿普瓦·麦赫塔（Apoorva Mehta），Lyft的董事长约翰·齐默及其首席执行官洛根·格林，硅谷明星蒂姆·奥莱利（Tim O'reilly），颇具影响力的劳工组织者和前工会主席安迪·斯特恩（Andy Stern），风险资本家布拉德·博哈姆、西蒙·罗斯曼和亨特·沃克（Hunter Walk），还包括阿斯彭研究所、罗斯福研究所、未来研究所的主要负责人以及其他来自加州大学伯克利分校、哈佛大学和西北大学的一些教授。

这封信设定了许多原则来指导创建这些便携式福利。其中包括对模型的要求：

（1）独立：任何劳动者都应该作为一个个体来获得某些基本的保护，无论他们从何处获得收入来源。

（2）便携性：劳动者在出入各种工作场景时都应该获得福利和保护。

（3）通用：所有劳动者不管其就业状况如何，都应该获得一系列基本的福利待遇。

（4）支持创新：企业应该不管他们所用劳动者的种类，都要去探索和试点保障网。

这些简单又直观的原则勾画出了一个综合概念，其利益相关者的多样性为实现此愿景而需要进行的立法行动和监管改革指出了一个强大的未来。

然而，这个印象虽然引人注目，但并没有解决这个保障网的资金从哪里来的问题。像在1997年创立了Freelancers Union的萨拉·霍洛维茨等行动者，几十年来一直试图建立起一个自由职业者自筹福利基金的解决方案。很自然，可以看出该融资模式可能取决于自由职业者有多依赖他们的自由职业谋生。莎拉自己的研究表明，在美国自由职业的定义有很多种：虽然她估计自由职业者2015年的人次非常惊人地达到了5300万，在美国大约四个人中就有一个是"兼职族"，或通过自由职业为全职工作增加收入的人；而还有280万人是拥有雇员的小企业主，但他们仍被认为是自由职业者。[1]

我于2014年在《政策网络》（*Policy Network*）上发表的一篇文章中提出，政府筹集这些新的对社会有益的资本时将面临重大挑战。要打破保障体系与全职工作的必然联系，甚至在许多由国家支付保障费用的国家里都需要进行一些调整，比如采用了通常被称为"北欧模式"的福利国家模式的北欧国家。在另一些国家将存在更大的挑战，如美国和英国，这些国家里大型机构雇主需要提供更大规模的劳动者福利。

尽管在将适用于规模较小的国家（人口少于600万，比如丹麦）的解决方案向更大的国家（人口超过3000万，比如美国）推进时面临明显的挑战，它仍然建设性地提出了北欧模式的一个特别关注点，即弹性保障（Flexicurity），这是一个由"灵活"（flexible）和"保障"（security）组成的合成词。这个模型提出的劳动政策允许双方在合同和就业流动形式上有更大的灵活性，通过积极主动的职业培训计划来实现；它能确保人们在工作转换期间的收入稳定。从历史平均收入水平来看，这个简单的发展可以减少数周或数月之内的收入波动。

在这个思路下，一个更有力的可行性存在于另一个想法，即由政府来担保固定的月收入。虽然这想法似乎非常极端，但它的拥趸包括社会企业家彼得·巴恩斯（Peter Barnes），在其《所有人的自由和红利》（*With Liberty*

1　参阅https://fu-web-storage-prod.s3.amazonaws.com/content/filer_public/c2/06/c2065a8a-7f00-46db-915a-2122965df7d9/fu_freelancinginamericareport_v3-rgb.pdf。

and Dividends for All）的书中讨论了对基本收入的普遍愿望。还有联合广场投资公司的风险投资家阿尔伯特·温格，他在2014年11月纽约的TEDx上谈到基本收入说。在劳伦·斯迈利（Lauren Smiley）发布于娱乐媒介上的名为《硅谷的基本收入》（Silicon Valley's Basic Income Bromance）的文章中，讨论了在科技行业中的各种利益相关者中对基本收入的支持的不同原因。

基本收入的基本理念很简单。在一个国家里，每个适龄劳动者每月都会从政府得到收入，没有附加条件。虽然看似激进，但它比人们想象的更接近现实。事实上，瑞士于2016年举行了一个关于创立一个3万法郎（比3万美元高一点）的年收入制度的全民公投。由德国著名社会学家乌尔里赫·贝克（Ulrich Beck）提出的另一个概念中，基本收入不是免费的，但将从一个系统中产生，这个系统下公民交替从事有偿工作和"公民劳动"。

而这种社会保障网的一个显而易见的缺点在于，担心它会降低人们工作的动力。然而，我们从之前的实验中得到的一点证据却证明并非如此。1974年，加拿大马尼托巴省的多芬镇进行了一项实验：在5年中向30%的城镇人口发放最低收入。对（三个实验区域）的劳动者的最低收入降低35%~75%，因此得出不同保障收入水平对寻求就业的结构性抑制作用。尽管有这样的设计，正如经济学家伊夫林·福尔热（Evelyn Forget）的一项研究中报道的，"实验"组（30%得到最低收入的人）中寻求就业的人的比例下降相对较小（1%的男性、5%的未婚女性、3%为已婚女性），而福尔热进一步报告，这个项目的社会效益大于劳动力输出带来的损失。

在纽约最近一次由娜塔莉·福斯特主持的小组讨论上，温格以阿拉斯加永久基金（Alaska Permanent Fund）为例，认为每月收入1000美元，其花费占美国GDP的比例不到20%。除了激励效应，显然获得基本收入的关键挑战是政治问题而不是经济问题，特别是如何启动基金。

与此同时，有先例表明，将市场纳入的妥协方案并不是一个坏主意。例如，由于企业养老金计划在美国过去的几十年里已经减少，退休储蓄401（k）计划及相关保障计划已经发展起来以补充退休计划。这些代表了不同利益相关者之间的伙伴关系——个人将每月收入的一部分存放起来，企业补充一部分，然后政府提供税收减免。我不是说401（k）计划就会解决每个人的退休问题，只是说这些计划代表了一个在过去几十年建立起来的伙伴关系模型，一个对雇主提供福利的替代选择。我们可以寻求在保障体系的其他区域内创建起类似的结构。

参议员华纳提出了另一种不同的混合模型，即"时间"银行，通过它将创立为多个平台工作的劳动者提供福利的底层基础设施。正如华纳描述的，它"被建筑行业使用了60年，管理一系列承包人成员的福利。它也可以部分是由消费者驱动的——允许消费者指定一部分款项进入一个资助劳动者的基金"。Turo创始人之一谢尔比·克拉克（Shelby Clark），同时也是Peers.org截至2015年的执行董事，他提出这样一个模型需要有三个特点：自由选择（劳动者可以脱离雇主独立选择福利）、创新性福利（一个保障体系适合在多个平台工作的人们的现实需求）和灵活支付方式（让劳动者和一个或多个"雇主"共同分担）。

另一种可能是让平台本身承担责任。通过提高其收入来保护劳动者可能不仅仅是简单地做正确的事，它也可以是智能化的资本主义。正如我在第3章讨论的，今天的互联网市场不仅仅是匹配和比价的信息交换场所。相反，它们是新市场的混合体，将某些特定活动（品牌化、信任、支付、有时还有定价和客户服务）集中起来，同时将其他行为（创建供应基础设施和实际服务提供）分散出去。提供持续高质量的品牌服务体验要求可靠、稳定的高质量劳动者的供应。这样的供应必须由平台保证，而平台缺乏经典的指挥权或建立企业文化等传统企业用来管理员工的能力。换句话说，平台最重要的经济"输入"就是它的劳动供应者。确保他们是受到保护的、安全的，然后他们才会更关注于自己的劳动工作，这样才能形成良好的长期的商业价值。

有理由相信，保护劳动者对于平台来说也将是一个有效的保留策略。如果对独立承包人进行集中组织的行为变得合法，平台必须考虑劳动供应者的工会化。这些平台的前景还必须考虑到随着当地合作社的创建可能会形成大规模的劳动供应者的迁移（我在本章后面会进一步详细讨论这一点）。同时，正如我在第4章提到的，后者的情况——对任何依赖于供应者的平台的威胁——对于以下类型的平台更有可能发生，比如类似Lyft和Uber的出租车或雇用司机的城市交通平台，类似Instacart、TaskRabbit和Handy等依赖于地缘优势的平台，这些平台上每个消费者的大部分需求都集中在一个特定的城市，使全球网络效应遇到一个不那么有效的门槛。这些风险可以部分通过创建一个特定于平台的劳动保障网并且建立一个与供应者的长期合作来缓解。

虽然让平台接受这种想法并且将支持劳动者保护作为一种商业策略可能有些理想化，但如同过去已经发生的，似乎劳动者保护也将取决于新类型的劳动者联盟的出现。从早期的让工匠控制当地市场从而为他们的工作实现更高价格的行业协会，到20世纪的工会，我们找到了历史上在各种经济模型下工人组织活动使其在个人和集体层面上都得到增强的例子。继续往前发展，我们可能期望看到专注于保护工人利益的新团体的崛起。这些团体有巨大的潜力来使用我们在第6章已经讨论过的杰里米·海曼斯和亨利·蒂姆斯提出的"新势力"，这样使他们扮演了一个类似于过去工会的角色，以在供应者与平台之间进行力量平衡。毕竟，与只被少数人所掌握的所谓旧力量相比，新力量将会变得更加开放、高参与度以及同伴驱动——对资源进行流通而不是囤积，资源才会变得最强大。第二种情况包含了更像是传统团体组织的崛起，比如美国家庭用人联盟（National Domestic Workers Alliance），其主要使命是鼓吹新劳动法。最后，正如科罗拉多大学的内森·施耐德（Nathan Schneider）在2015年《纽约客》的一篇文章中讨论的，我们可能将见证新的行业协会的出现，制定工人自己的服务标准。这些协会起到类似原来由一些专业组织，比如美国医学会（American Medical Association）发挥的作用，如果它们确实出现了，似乎很自然地就会期望其作用得到扩展，从而促进它们所代表的劳动力的集体行动。

你平台的创业性如何

比较Etsy和Uber的平台就会发现，它们与其供应者的关系相当不一样。Uber设定价格，还控制交易；Uber的用户不能选择他们的司机。而且Uber还通过向司机提供汽车融资资助了数以千计的新的小型创业者，在某种程度上他们现在都在经营着自己的小型企业。相比之下，Etsy的卖家更像传统意义上的企业。尽管他们可能依赖于Etsy平台来接触客户和进行销售，但他们自己定价，选择客户和被客户选择，自己对自己的生意负责。

在微创业经济中，真正的创业性水平的促进方式似乎是一个很自然的方式，其中可以定义平台和员工之间的关系。在第3章的表3.1中，我对很多用来对平台进行分析的不同维度进行了简要概述。要评估平台是否支持创业，你可以重新对照表格，检查平台上哪些方面的规定与传统的合同工相似、哪些方面更具创业精神。你也可以将相关因素分成三类——孵化、独立以及基础设施（见表8.3）。

孵化

我们已经看到许多机构"孵化"或"加速"了在过去的几年里出现的创业初期的企业。简单地说，它们的目标是帮助创业企业迅速崛起，通过为有抱负的企业家提供成功所需的资源和服务促进其加速发展。为了了解P2P平台是否支持创业，最重要的是要看该平台是否做了任何事情去孵化羽翼未丰的微型企业。

例如，Uber通过有争议地向可能没有资格获得汽车贷款的司机提供融资（比如，因为司机是居住国的新移民，没有信用记录）来孵化了许多羽翼未丰的企业。Airbnb通过自愿的、非正式的培训项目（比如，邀请新房主与经验丰富的房主进行交流），而且最近已经开始向房主提供更多的正式培训项目的形式，也可以说是一个通过向新创业者提供成功所需的技能来孵化业务的平台。Etsy的论坛，通过让卖家建立起社群并充分利用其他卖家各方面的专业知识，从诊断平台漏洞到如何利用社交媒体平台推广其在Etsy上的店铺，也是促进孵化的平台的一个例子。

表 8.3 评估一个平台是否支持创业的因素

孵化	平台提供集中的指导
	平台支持点对点指导
	平台支持供应者之间的社区组织
	平台向供应者提供"生产性"融资
独立	供应者自己定价
	供应者可以与消费者私下交流
	供应者的"库存/供应管理"任务很复杂
	供应者可以与他们认为合适的对象自由交易（通过描述、图片等）
	供应者拥有或使用自己的资产进行生产
	供应者很容易进入和退出某个平台
	供应者可以通过网络直接与客户联系
	平台提供了集中的客户支持
	透明的点对点反馈系统
	平台向供应者提供了逐日的操作输入
	供应者选择自己的客户
基础设施	点对点反馈系统
	平台向客户提供物流服务
	对平台上的供应商进行筛选
	平台提供保险、托管及其他风险最小化措施
	平台处理支付事宜
	与外部信用指标相连接

独立

表8.3中的因素，有很多方面关于"独立"。许多平台要求供应者自己拥有或者"带来"用来提供服务的资产：TaskRabbit的任务人可能需要提供车辆，Lyft的司机和Getaround的供应者必须拥有自己的汽车，Airbnb的房主拥有或租用了自己的空间，Etsy的卖家必须拥有自己的生产设施。似乎所有的平台都在这个方面促进了独立，但在未来却不一定——我们一定会看到不同类型的集中生产设施的出现，无论是Uber的无人驾驶车队或是拥有不同叠层制造能力的制造空间，而且我们还可能需要弄清平台在多大程度上要求其供应者必须使用自己的集中资产。

第二个方面是如何定价、供应和经营。在大多数情况下，大多数分享经济平台，如TaskRabbit、Airbnb、Uber、Lyft、Getaround，允许它们的供应者选择他们自己、他们的资产或者他们的服务什么时候是可用的。这迫使供应者"学习"如何管理自己的交易清单——什么时候通过Lyft驾驶汽车，几月份在Airbnb上出租房屋，一天中哪几个小时提供Getaround出租，或者一周中哪几天可以当一个Handy供应者去帮助别人。

价格控制水平也会有发生波动的时候。Uber和Lyft在每一个城市分别定价，而Sidecar允许司机自己设定价格。TaskRabbit允许房屋清洁工来选择自己的价格，而HomeJoy习惯于在每个城市设置一个平均的小时工资率。Airbnb提供完全的定价灵活性，但为房主提供了一个定价工具，该工具可能部分是基于一个集中的收入管理方法。Etsy卖家、Getaround供应者、Airbnb房主要对经营进行大量投资（描述他们的产品或属性的照片、图片等），而Uber和Lyft并不要求司机这样做，尽管这可能只是反映了所提供的服务的性质，而没有反映出平台本身的性质。

类似地，当供应者可以选择客户，客户也可以选择供应者时，这些标志着更大程度的独立，因为它允许创建特定于供应者的客户关系，这种关系更有创业性而不是承包性质。同样，在这方面，平台之间也各有不同。Airbnb允许客户完全自由地选择房主，房主也可以完全自由地选择客户（尽管有一个"马上预订"的选择，但这是一个由房主来进行的选择）。TaskRabbit允许客户选择供应者，但系统对客户可以选择的供应者限制相当严格。另一方面，供应者可以自由接受或拒绝客户。

平台可以提供的孵化形式与允许的独立水平之间有一个微妙的平衡。在这方面Airbnb提供了一个有趣的平衡。房主可以自由出租他们选择的任何空间，并控制客人的"用户体验"。而游客可能会，也可能不会欣赏房主的装饰、清洁度或回应时间，平台也没有限制什么类型的住宅、在什么条件下可以出租。在一天结束的时候，一个Airbnb房主可以选择不打扫卫生，或者不提供干净的毛巾和床单，而后果则会通过在线反馈系统让房主承担。

基础设施

正如我在第2章所讨论的，从Craigslist以来我们已经走了很长的路，而今天大多数的分享经济平台都提供一些基础设施来促进它们所支持的商业。大多数都提供各种不同形式的信用方式，让它们的"空间"成为一个培育它们业务安全的地方。

一个简单的评价角度是平台是否提供进行经济交易所需的基础设施（尽管随着时间的推移它可能会变得不那么重要）。例如，平台提供了一个安全的方式来完成交易吗？说得更清楚一些，平台提供经济交易而不依赖传统的信托第三方吗？另外一个评价角度是关于平台是否提供客户关系管理（customer relationship management，CRM）机制来向供应者的客户服务进行援助。Airbnb提供了一个促进主客交流的点对点消息传递服务，而Uber的客户支持几乎都集中由平台提供。

当一个人需要考虑平台是否有潜力向客户和供应者同时提供保证和保险时，这样的连接就会变得有一点复杂。人们可能通常将风险最小化的基础设施（如汽车保险、房主保险、劳动赔偿险）通过相关法律与雇员而不是创业者相联系，但是这种保险和托管也让平台成为一个"发展微型企业"的安全的地方。

在分享经济中分享所有权

虽然不如股份公司常见，但共享所有权结构已经在美国和欧洲经济中出现，（截至2009年）超过30,000个合作社在美国的73,000个地区开始了运行，它们拥有超过20,000亿美元的资产，年收入超过6,500亿美元。

詹妮尔·奥尔西是早期在分享经济中呼吁这种结构的一个重要人物，她是全球最大的社会企业组织Ashoka的成员，被认为是分享经济法律方面的领头人。2010年，奥尔西成立了可持续经济法律中心（Sustainable Economies

Law Center，SELC）来研究可以维持各种不同劳动合作社的法律基础设施和法律专业知识。[1]更广泛地说，SELC的重点在于对新经济模型的广泛创新进行干预，（其干预手段）包括从直接对合作社进行法律支持到起草新的法律。她和她的团队正在建立法律从业者和变革者的社群网络，他们的目标是建立一个新的法律类别并且培养专业律师，从而直接支持新的分享经济活动。另一个倡导者切尔西·拉斯特拉姆（Chelsea Rustrum）指出，她的数字合作社101也能够支持更大的社区发展。[2]

2015年，新学院（The New School）的特里伯·朔尔茨（Trebor Scholz）和科罗拉多大学的内森·施耐德已经成为呼唤建立"平台合作社"运动的代言人，"平台合作社"是指由供应者自己共同拥有分享经济平台并通过风险投资以外的机制进行融资。[3]他们的首届"平台合作化"会议在2015年11月举行，会议聚集了数百名希望创建下一代组织以实现诺贝尔奖得主埃莉诺·奥斯特拉姆（Elinor Ostrom）提出的"公有管理"愿景的热衷者，还播下了新一轮对在互联网技术推动下创造代替股份企业所有权结构的新型结构的思考和研究的种子。

面对这个新出现的乐观主义，分析为什么劳动合作社在美国一直很少存在的原因很有指导意义。虽然有一些成功的劳动合作社（例如，Sunkist，加州以前的一个水果交易中心，自1893年以来完全由柑橘种植者拥有），大多数美国的劳动合作社已被证明很难成功且很难持续。但经济理论表明，当劳动者的贡献水平差别不大、外部竞争的水平很低，或不需要为了

---

1 SELC的网站，参阅http://www.theselc.org/。
2 关于数字合作社101的介绍，请参阅http://rustrum. com/digital-cooperative-101/。
3 参阅内森·施耐德和特里伯·朔尔茨（Nathan Schneider and Trebor Scholz，2015），他们在2014年年底提出的思路也很有趣;以及特里伯·朔尔茨（Trebor Scholz，2014）和内森·施耐德（Nathan Schneider，2014）。

应对技术变化进行频繁投资时，劳动合作社比股份公司更有效率。这可以解释为什么Sunkist这个劳动合作社自19世纪后期以来蓬勃发展，而其他类型的合作社均宣告失败。

当前正在发展的点对点平台行业和Sunkist有什么共同之处吗？其实想一想，一个劳动者共有的Uber似乎是很可行的。毕竟，出租车司机是在一个竞争有限的行业中，而且提供的服务也是一致的。一旦与e-hail（数字叫车技术）相关的技术商品化，劳动合作社产生的可能性就很大了，因为每个局域市场都是充满竞争的，就像第5章里提到过的。Swift（司机们共有的平台）的出现可能就是一个早期的领先标志[1]（至少要等到无人驾驶汽车车队成为主流）。

分享经济中许多活跃的参与者将财富分享视为一种道德的必要；其他人则认为它有很好的商业意义。在2014年《快公司》（*Fast Company*）杂志的一篇文章中，丽莎·甘斯基总结了分享经济的早期演化。她写道："早期的公司，比如Uber、Lyft、Quirky、Airbnb、TaskRabbit、RelayRides以及99Designs，赚了许多知名度，但这些公司是由风险资本所资助的，着眼于为投资者赚钱——却不一定是为了使企业得到生存发展的司机、房主、制造者以及销售者的利益。"作为一个活跃的投资者，她指出："该方法并没有什么错。多年来我自己也投资了几家私人公司，一直是这种投资方式的受益人。"然而，在讨论到扩张时，她指出："要构建起一种商业模式，它会给劳动者带来尊严，以及随着获得所有权而带来的激励，从而增强其韧性和品牌价值。类似Sunkist的合作模式是一个发展方向，还有其他模式。有

1　参阅http://www.fastcompany.com/3057014/fed-up-with-uber-and-lyft-drivers-plan-to-launch-competing-app。

韧性的品牌和市场都明白留住高水准的劳动群体对任何行业而言都是成功的关键。"

然而，当它落实到真正去创建合作社的时候，许多创业者发现用共有模式构建一个有扩展性的商业机构时，其发展道路遇到了挑战。2015年，在朱丽叶·斯格尔（Juliet Schor）和我参加的一次"平台合作化"会议的小组讨论中，斯格尔强调了她注意到的分享经济合作社面临的两个特定挑战：第一，他们的价值体系比他们的价值主张更深思熟虑（换句话说，他们倾向于过分关注如何分享财富，而不是首先强有力地建立起价值体系）；第二，她在种族研究中观察到分享经济合作社中存在严重的阶级、种族、性别的排他性。

要克服斯格尔提出的这两个挑战，似乎是平台合作社取得广泛成功的关键。然而，我最常听到人们提到的挑战却是筹集资金，特别是早期的资本注入。简单地说，企业的所有权模式本身就会很自然地去筹集大量的资金，而代价是所有权的外化。

2014年9月，我在社会资本市场会议（Social Capital Markets Conference，SOCAP）上主持了一个关于分享经济中新的所有权模式的小组讨论。小组成员包括奥尔西、甘斯基以及Yerdle的联合创始人亚当·韦巴赫（Adam Werbach），Yerdle是一个交换个人资产的平台，我在前言中有所介绍。韦巴赫还曾是塞拉俱乐部（Sierra Club）的董事长。韦巴赫讨论了他在尝试将Yerdle以合作社的方式进行组织的同时，仍然保留筹集必要外部资本的能力时（他认为要实现企业目标，资金也是必要的）所面临的挑战。他提到他对奥尔西的研究非常熟悉，同时韦巴赫也将探索所有权模型作为一个挑战，他说：

> 我曾经很熟悉合作社结构，也对相关的不同模型进行过大量的讨论——它们很快就成为我们的一个棘手难题：非常困难、没有好的预想模型、实际操作方法不明，而同时我们正试图建立一个成品和组织。我们发现，作为一个选择，可以以加州的福利企业（benefit corporation）的模式开始启动……这是加州公司法的一部分。它允许你建立一个公司且你的任务被放在最为重要的位置，但你可以做出对于你的任务来说没有经济意义的选择，而你的领导不能因此解雇你，你的股东也不能因此告你，这是一个对公司组织的基本保护。

韦巴赫接着讨论了如何让种子轮融资（初期投资）成功，但是他身边的人觉得他作为一个福利企业在下一轮融资中将面临重大挑战。Yerdle最终获得了韦斯特利集团（Westly Group）（连接建筑项目和施工队的平台，Honest Buildings的投资者，同时也是一个福利企业）的融资，从那时起，他也已经从传统风险资本投资者那里获得了其他资金，但他的经历凸显了不按传统方式组织公司的企业家感受到的壁垒。

从许多方面来说，这些融资挑战反映了OuiShare的联合创始人本杰明·汀克提出的想法（参阅第1章的内容，他描述了为何许多分享经济企业家在将理想付诸行动时往往被归入资本现实）。因为提比略·布拉斯塔维斯阿奴（Tiberius Brastaviceanu）等人努力将尤查·本科勒"基于大众的同伴生产"的概念（也在第1章讨论过）进行扩大，超出了依赖免费劳动力的维基百科和Linux的创业者，所以没有组织和筹资的标准方法。正如他在2014年告诉内森·施耐德的："我们试图建立的东西并没有任何蓝图。"

然而，许多新的供选择的融资模式正在形成，使"分享财富"这一愿景在分享经济中变得可行。其中一个是来自卡尔·肖格伦（Karl Sjogren）的"公平分享"（Fairshare）模型，它设计了一个不同类型身份拥有不同所有权份额的结构，分为创始人、长期员工、用户和投资者，这些不同的利益相关者的身份反映了不同的贡献值。[1]在很多方面，这个设计似乎是不同类型合作社和股份公司的一个混合体，而且它的思路让人想起BackFeed（美国互联网公司）的马坦·菲尔德，正如我在第4章所讨论的，想象的不同类型的"硬币"将有力推动未来市场。还有另一个，以Swarm（支持人工生命建模的面向对象模拟平台）的乔尔·迪茨（Joel Dietz）为代表，它将基本收入的概念和不同身份在分布式协作组织中的不同角色相结合，去创造一种众筹式的合作组织。第三个模型，体现在例如Cutting Edge Capital等互联网融资公司的尝试里，目的是通过创建在线市场将现有的"直接公开发行"的模式带入数字化时代。还有多种形式的类似合作社的传统众筹，包括Peak Agency以及类似Democracy Collaborative等连接新公司与慈善家、非营利组织及各领域的基金会的组织。

随着不同的平台合作模式实验的继续，一个不同却熟悉的想法——分配平台股票（保持股份公司模式）给供应者——似乎是分享经济财富的最务实的短期方法。这种"供应者股票所有权计划"（provider stock ownership programs，PSOPs）可以将实现平台共有所有权与对传统组织进行补充的员工持股计划（employee stock ownership programs，ESOPs）的分红模式相结合

1　参阅https://www.inkshares.com/projects/the-fairshare-model。

（这种所有权的水平可以非常明显。1995年，美国航空公司雇员拥有股票占了该公司55%的股份）。这种方式的早期例子有Juno，它是一个乘车分享服务平台，它努力确保在2026年时其司机拥有该公司50%的股票。

数据达尔文主义

2013年3月，发生了Uber司机因其平均用户评级低于最低值而被平台开除后进行抗议的事件，该抗议在当时是很不寻常的。该事件后，GigaOm（美国一个科技博客网站）的创始人欧姆·马利克（Om Malik）发布了一篇博客日志，其中他提出我们看到的也许是新型的劳资纠纷："在工业时代，当工人觉得老板从他们身上不正当地获利时，就会发生劳资纠纷。我想在网络时代，我们会看到劳资纠纷发生在当人们被毫不客气地从按需劳动力市场中被排除出来的时候。"

马利克的评论似乎有点开玩笑的意味，但它却奇妙地对未来几年会发生的事情有了预见。更重要的是，他的日志中有一个更深刻的观点。马利克预测了他称之为"数据达尔文主义"的出现，而且暗示这在未来的数年内将是一个重要的社会和劳工问题。

那么数据达尔文主义究竟是什么？关键理念在于我们如何评估我们的供应者、分享经济的劳动力，以及这些数字化的评价如何影响劳动者获得工作的机会。

想想2013年被平台除名的Uber司机的例子，也许事实上，这些都是在

Uber的点对点反馈系统中应该被淘汰的"坏苹果"。但是，如果这些司机只是被消费者所丑化了呢？如果这个司机只是这天工作心情不好，导致一些消费者对他的评价很差呢？如果某个社区的居民有组织地不喜欢某个特定种族的人，而这位司机碰巧在某天到了这个社区。或者如果如同乔希·德兹扎（Josh Dzieza）在他2015年的文章《评级的游戏》（*The Rating Game*）中提到的，在线反馈系统使用范围的扩大只是使我们的客户变成了非常坏的老板。马利克的文章中有一个很简单的观点：也许Uber的评级系统不应该太急于做出判断。

但更重要的一点是，现在的工作机会也影响一个未来的工作机会。早期在Yelp上获得好评价的餐馆，往往会由于被认为更有价值而得到更多的认同，使他们（如果他们的确很好）获得一个更牢固的好名声。如同哈佛商学院的教授迈克尔·卢卡曾表示，人们倾向于受到他们已经看到的评级的影响从而产生偏见，对评价高的餐馆进行高评价仅仅是因为它一开始就有了一个较高的分数。而且，正如沃顿商学院的卡提克·霍桑纳格（Kartik Hosanaga）和丹尼尔·弗莱德（Daniel Fleder）展示的，自动推荐系统可以放大这种偏见，促使潜在的消费者选择此前已经有了较高分数的产品，在小范围内使其更加受欢迎。

这是基于用户反馈数据的评级系统的进化论的一面。强者愈强，适者生存。即使这些适用性评估可能太繁杂了。

当我们开始将这些产品和商业评级系统应用到寻找工作谋生的个人身上时，情况又是怎样呢？2015年，TaskRabbit开始为每个潜在客户推荐特定的任务人，而不是让客户和任务人简单地基于请求和标的而相互寻找。很可能"推荐参考"会偏向于那些已经建立了良好声誉的任务人。随着时间的推移，对我们获得工作机会影响更大的将是在线反馈系统的"公平性"，而不是现实世界的审查机构提供的资格认定或LinkedIn上的档案列表。

正如Button（通过移动应用程序使交流更无障碍的平台）的联合创始人迈克·杜达斯（Mike Dudas）（其创始人还包括纽约大学斯特恩商学院的坦纳·哈科特[Tanner Hackett]）在一篇博客文章中所讨论的："这样的公平性来自于市场参与者在市场中向消费者提供商品或服务时其表现转化成的评价性数据。这些数据可以采取排名、评论、成品、图片以及收入报告等形式。这些数据是该系统的核心，今天的市场就是利用它来建立信用的。"

在这样一个世界里，"平台事业"的几个早期的失误可能会产生严重的后果，特别是分享经济平台开始变成重要的工作渠道（就像现在亚马逊成为了通过邮购销售小众商品的必不可少的渠道）。

随着世界的工作开始更多地依赖这些数据，另一个使用上的障碍可能是当你想进入另一个平台或另一个渠道工作时无法"带上这个数据"。现在，当你在Airbnb或Etsy上开始创业时，你是在没有任何评价的状态下开始的。根据杜达斯所说，有一种可能是对社会更好的选择：下一步计划是允许市场服务提供者在他们选择离开特定的平台或市场时可以将数据（评级、评论、图片、损益表等）带走。我称之为雇员数据的可移植性。雇员数据的可移植性将赋予劳动者力量，为他们再就业装备强大工具和有价值的数据，这些数据可以用来直接提供给市场的潜在客户。

在本章一开始，我就描述了分享经济可能为工作带来的两个截然不同的未来：一个使企业家更强大，而另一个却使缺少社会保障的自由职业者更有力量。本章讨论的内容说明，我们必须主动进入这个激动人心而又不确定的未来，努力准备应对复杂的社会问题，包括工作的重新分类、社会保障体系的筹资、新所有权结构的创建等。

　　重要的是，我们意识到没有哪种未来是由经济基础决定的。分享经济还处于婴儿阶段，我们一定会看到两种情况的混合体。但我们做出的决定，将决定在未来十年哪一个占主导地位。

第9章
文末结语

在一本篇幅有限的书中讨论一个自己喜欢的话题，需要做一些艰难的抉择，我不得不省略了一些我同样感兴趣的内容。为了平衡现实的描述和未来的展望，这本书更多地关注了分享经济的近期发展情况，而不是更遥远的未来。在住宿、交通、自由劳动者等领域最早看到了分享经济引起的巨大变化，但商业地产、医疗服务、能源生产及配送等领域将很快跟进。而在未来十年中，物质数字化将会在美国、西欧和亚洲部分地区使无人驾驶汽车得到普及，将从根本上重塑汽车工业，将市场主导力量从今天领先的制造商转移到一系列技术平台上——比如Uber、Lyft、滴滴，以及苹果、谷歌甚至亚马逊。同时，叠层制造革命将改变制作工艺，将生产越来越分散到大众人群中。区块链革命可能创造全新的可能现在还没有开始萌芽的全球化交易。

我们的城市基础设施也将被群体伙伴关系模型所重塑。今天的按需服务平台已经产生了一种创造性的公共和私人交互的新混合体。这些被维克森林大学（Wake Forest University）教授劳伦·鲁河（Lauren Rhue）和我称之为"看不见的基础设施"的东西，也就是利用闲置产能和数字平台建设起覆盖整个城市或国家的功能设施，而这些功能曾经需要投入钢铁和水泥才能建成——可能会改变未来的城市基础设施。BlaBlaCar的全国交通网络、JustPark的虚拟停车场、Airbnb的救灾住房平台都是早期的例子。随着人们参与分享经济的程度不断加深，社会信用也不断进化从而发挥关键作用，使"看不见的基础设施"的普及成为可能。因此，**深化我们对社会信用数字化以及数字技术如何改变人与人之间的信任水平的理解是至关重要的**。我希望与BlaBlaCar的弗雷德里克·马塞拉和纽约大学的马勒科·默尔曼（Mareike Mohlmann）共同进行的研究成果将朝着这一方向迈出第一步，在本书付梓的同时该研究也在继续，它会在2016年通过纽约大学和BlaBlaCar的网站公布出来。

同时，随着我们变得更加"群体化"，城市政府将努力变得更加"分享化"。随着时间的推移，政府很可能会意识到要解锁分享经济的真正潜力需要从根本上重新思考规划、管理以及对住宅分区和监管机构功能的激进改革。

分享经济只是一个重回熟悉的20世纪管理资本主义的有趣的社会实验吗？看起来并不是这样。在2015年9月《评论汇编》（*Project Syndicate*）专栏中，我在纽约大学斯特恩商学院的同事，也是诺贝尔经济学奖得主迈克尔·斯彭斯（Michael Spence）总结原因道：

事实上，由网络驱动的发掘低效利用资源价值的过程——无论是物质化以及资金化的资本，还是人力资本和才能——不仅不会停止还在不断加快。长期效益不仅包括效率和生产率的增长（其增长数据大到足以显示在宏观数据中），还包括制造了大量的新工作，而这些工作也需要各种各样的技能。事实上，那些担心自动化会破坏和抢夺就业岗位的人应该重新思考分享经济，然后舒一口气。

我身体里的那个作为学者的"我"，希望这本书能留给你一个拥有新视角的思维框架，一个能使你提升自己，更深入理解这个复杂的新世界的关键视角。正如马塞尔·普鲁斯特（Marcel Proust）已经告诉我们的："真正的发现之旅不在于寻求新的风景而在于拥有新的视角。"

第1章，给出了第一个视角，透过它来思考在分享经济中社会和经济的奇怪融合，强调了正在我们眼前发生的一切为何同时拥有商业经济和礼物经济的元素。第2章，以科技为中心的视角，用对数字技术的发展性认知思考了未来的资本主义。未来的资本主义将会被数字化和决定信用的各种因素所重塑。第3章，接触了交易成本、市场和层级结构这个视角，思考通过什么样的机构，有形和无形的手之间界限可能会被打乱。第4章，通过对数字化推动的新浪潮及其历史先例的简短讨论，一个更好的视角观察了分散的点对点经济模式变革的发展，以及在充斥着理想主义的氛围中，认识到通过大型中介机构使价值重新聚集的极大可能性。前4章重点在于分析原因。它们最终对社会、经济、如何调节人际交往以及未来的工作将是什么样子都产生了影响。

第5章，概括了一些基础概念，在此基础上可以对将来会发生什么，以及如何衡量最终的经济影响有一个更明智的讨论和分析。第6章，通过对公共和私人参与者重新进行平衡、对老的社区监管进行新的数字化表现，设想了一个全新的监管模式。第7章，对哪些地方发生了变化进行了更清晰的描绘，除了外包和自动化，我们应该对我们的劳动者有所期待。第8章，加强了对政策将在未来几年遇到的一些关键挑战的理解。

这个正在进行的变化过程的复杂性——它是世界经济论坛的创始人克劳斯·施瓦布教授（Klaus Schwab）称为"第四次工业革命"的更为广泛的变革的一部分——也许可以解释社会为何努力想用"分享"这个标签来命名我称之为群体资本主义的各种现象。或许，就像生活中最有趣的事情，分享经济是由其内部矛盾所塑造的。

资本主义还是社会主义？商业经济还是礼物经济？市场还是层级结构？经济影响是世界性的还是区域性的？监管仲裁还是自我管理？集中式还是分散式获利？企业家得到授权还是剥夺无人机的权利？破坏就业还是增加就业？充满隔膜的社会还是相互沟通的社会？

正如你到现在可能已经意识到的，在分享经济中，每一个问题的答案都是肯定的。

这是我写的第一本书，所以我想感谢过去所有对本书内容有贡献的人。为了不让这篇鸣谢的篇幅过长，我只能选出其中一小部分。如果我无意中没有将您包含在内，希望您能了解我虽然健忘但同样心怀感激。非常感谢每个人！请访问http://oz.stern.nyu.edu/thanksforsharing，我将继续更新我对本书的说明。

人们将经济社会中发生着的这些变化称为"分享经济"，而我只是将它们看作经济和社会不断进化的最新阶段，影响它们的原因部分在于数字技术的发展。这本书的内容主要是我在纽约大学研究项目的主题和主要成果。很多年前在我开始研究这些变化的过程时，我的两位同事，瓦森特·达哈（Vasant Dhar）和罗伊·拉德纳（Roy Radner）是我特别重要的知识启发人和导师。在过去的十年里，在我研究数字技术下的经济学和社会学时，我与很多纽约大学的同事或前同事进行过讨论，从这些讨论中我受益匪浅。他们有：

乌利齐·贝尔（Ulrich Baer）　戴维·巴库斯（David Backus）

扬尼斯·巴克斯（Yannis Bakos）　路易斯·卡布拉尔（Luis Cabral）

罗希特·德奥（Rohit Deo）　辛西亚·富兰克林（Cynthia Franklin）

斯科特·盖洛威（Scott Galloway）　阿宁德亚·高斯（Anindya Ghose）

彼得·亨利（Peter Henry）　帕诺斯·艾佩罗提斯（Panos Ipeirotis）

乔安妮·哈瓦拉（Joanne Hvala）　丽卡·纳泽木（Rika Nazem）

斯瑞坎斯·加嘎巴苏拉（Srikanth Jagabathula）　约翰·霍顿（John Horton）

纳塔莉亚·维纳（Natalia Levina）　埃坦·泽梅尔（Eitan Zemel）

吉塔·梅农（Geeta Menon）　伊丽莎白·莫里森（Elizabeth Morrison）

贝丝·默里（Beth Murray）　莎拉·拉伯维兹（Sarah Labowitz）

杰西卡·内维尔（Jessica Neville）　曼蒂·奥斯本（Mandy Osborne）

帕特里克·佩里（Patrick Perry）　迈克尔·波斯纳（Michael Posner）

福斯特·普罗沃斯特（Foster Provost）　保罗·罗默（Paul Romer）

克莱·舍基（Clay Shirky）　克里斯汀·索苏勒斯基（Kristen Sosulski）

拉古·孙达拉姆（Raghu Sundaram）　普拉桑纳·塔姆贝（Prasanna Tambe）

杰米·托拜厄斯（Jamie Tobias）　亚历山大·图纸林（Alexander Tuzhilin）

迈克·乌勒斯基（Mike Uretsky）　蒂莫西·万·灿特（Timothy Van Zandt）

尼俄伯·韦（Niobe Way）　劳伦斯·怀特（Lawrence White）

诺曼·怀特（Norman White）　卢克·威廉姆斯（Luke Williams）

希拉·利夫希茨–阿萨夫（Hila Lifshitz–Assaf）

我也永远感激莎伦·金姆（Sharon Kim）和雪莉·刘（Shirley Lau），她们给我的专业研究带来了一些组织和结构上的帮助，如果没有她们，我可能永远没有时间完成这本书。

我与分享经济相关的企业高管、活动家、决策者以及思想家有过成百上千次的谈话。我在书中也提到了很多人，我非常感激他们能专门花时间坐下来与我谈论本书的写作。他们有：

詹尼弗·比洛克（Jennifer Billock）　布莱恩·切斯基（Brian Chesky）

安东尼·伦纳德（Antonin Léonard）　亚当·卢德温（Adam Ludwin）

弗雷德里克·马塞拉（Frédéric Mazella）　本杰明·汀克（Benjamin Tincq）

约翰·齐默（John Zimmer）

其他还有许多有意义的谈话帮助我将分享经济这个复杂的拼图一块一块组合在了一起。早期对我影响很大的人有：

奥迪勒·贝尼弗拉（Odile Beniflah）　劳伦·卡珀兰（Lauren Capelin）

谢尔比·克拉克（Shelby Clark）　苏尼尔·保罗（Sunil Paul）

杰西卡·斯科皮奥（Jessica Scorpio）　艾丽卡·斯沃洛（Erica Swallow）

莫莉·特纳（Molly Turner）　哈尔·范里安（Hal Varian）

其他非常重要的以及经常给我灵感的人还包括：

波巴维什·阿加沃尔（Bhavish Aggarwal）　阿丽莎·阿里（Alisha Ali）

道格拉斯·阿特金（Douglas Atkin）　米歇尔·阿维托勒（Michel Avital）

艾米丽·巴杰（Emily Badger）　马拉·巴勒斯特瑞尼（Mara Balestrini）

尤查·本科勒（Yochai Benkler）　雷切尔·博茨曼（Rachel Botsman）

旦那·博伊德（Danah Boyd）　内森·布莱查克杰克（Nathan Blecharczyk）

詹妮弗·布拉德利（Jennifer Bradley）　程维（Cheng Wei）

瓦伦蒂娜·卡蓬（Valentina Carbone）　艾米丽·卡斯托（Emily Castor）

大卫·赵（David Chiu）　马克·戴维·求克瑞（Marc–David Choukroun）

索娜尔·乔克西（Sonal Choksi）　彼得·科尔斯（Peter Coles）

切普·康利（Chip Conley）　阿丽亚娜·康拉德（Ariane Conrad）

阿纳卜·达斯（Arnab Das）　克里斯蒂安·弗莱明（Cristian Fleming）及其团队

理查德·佛罗里达（Richard Florida）　娜塔莉·福斯特（Natalie Foster）

贾斯汀·福克斯（Justin Fox）　利兹·加尼斯（Liz Gannes）

丽莎·甘斯基（Lisa Gansky）　玛丽娜·戈尔比斯（Marina Gorbis）

尼尔·格兰弗洛（Neal Gorenflo）　艾丽森·格列斯伍德（Alison Griswold）

维贾伊·古巴夏尼（Vijay Gurbaxani）　坦纳·哈科特（Tanner Hackett）

阿西亚·哈龙·哈克（Aassia Haroon Haq）　黄蕴瑶（Jamie Wong）

杰里米·海曼斯（Jeremy Heimans）　萨拉·霍洛维茨（Sara Horowitz）

萨姆·霍奇斯（Sam Hodges）　米莉森特·约翰逊（Milicent Johnson）

挪亚·卡雷什（Noah Karesh）　史蒂芬·卡斯瑞尔（Stephane Kasriel）

莎拉·凯斯勒（Sarah Kessler）　大卫·柯克帕特里克（David Kirkpatrick）

马里奥·科伊维斯托（Marjo Koivisto）　卡里姆·拉克尼（Karim Lakhani）

凯文·劳斯（Kevin Laws）　迈克尔·卢卡（Michael Luca）

贝妮塔·马托夫斯卡（Benita Matofska）　安德鲁·麦卡菲（Andrew McAfee）

瑞恩·麦克利恩（Ryan McKillen）　雷萨·米切尔（Lesa Mitchell）

艾米·尼尔森（Amy Nelson）　杰夫·尼克森（Jeff Nickerson）

梅丽莎·欧阳（Melissa O' Young）　詹妮尔·奥尔西（Janelle Orsi）

杰里米·奥斯本（Jeremy Osborn）　杰瑞米·欧阳（Jeremiah Owyang）

弗雷德·彼得米尔（Wrede Petersmeyer）　蒲艾真（Ai-Jen Poo）

安德鲁·拉西耶（Andrew Rasiej）　西蒙·罗斯曼（Simon Rothman）

安妮塔·罗斯（Anita Roth）　切尔西·拉斯特拉姆（Chelsea Rustrum）

卡洛琳·赛义德（Carolyn Said）　马塞拉·萨朋（Marcela Sapone）

玛丽·施尼根斯（Marie Schneegans）　特里伯·朔尔茨（Trebor Scholz）

斯瓦特·沙玛（Swati Sharma）　克莱·舍基（Clay Shirky）

戴恩·施坦格勒（Dane Stangler）　亚历克斯·斯特凡尼（Alex Stephany）

詹姆斯·苏罗维奇（James Surowecki）　詹森·坦茨（Jason Tanz）

玛丽·特恩斯（Marie Ternes）　亨利·蒂姆斯（Henry Timms）

薇芙·王（Viv Wang）　埃里克·布莱恩约弗森（Erik Brynjolfsson）

亚当·韦巴赫（Adam Werbach）　斯科特·海夫曼（Scott Heiferman）

卡罗琳·伍拉德（Caroline Woolard）

感谢众多OuiShare团队的成员：

弗洛尔·贝尔林根（Flore Berlingen）　阿斯玛·古尔迪拉（Asmaa Guedira）

艾伯特·坎尼古尔若（Albert Cañiguera）　西蒙·西塞罗（Simone Cicero）

贾维尔·克雷乌斯（Javier Creus）　　亚瑟·德·格雷夫（Arthur De Grave）

埃琳娜·德纳若（Elena Denaro）　　戴安娜·费里波娃（Diana Fillipova）

玛格丽特·格朗让（Marguerite Grandjean）　　朱丽·布拉卡（Julie Braka）

安娜·曼萨内多（Ana Manzanedo）　　伯尼·米切尔（Bernie Mitchell）

埃德温·木图萨米（Edwin Mootoosamy）　　鲁希·沙米姆（Ruhi Shamim）

玛伊瓦·托尔多（Maeva Tordo）　　弗朗西斯卡·皮克（Francesca Pick）

许多在特定领域的集中讨论也使我受益颇深，包括：

分享经济的群体生态学方面：

纳夏·戈恩达尔（Neha Gondal）

租借的其他模式方面：

吉恩·霍米基（Gene Homicki）

区块链和去中心化点对点技术方面：

普里马韦拉·德·菲利皮（Primavera De Filipi）

马坦·菲尔德（Matan Field）

信用方面：

拉维·帕普纳（Ravi Bapna）　　莎拉·赖斯（Sarah Rice）

胡安·卡塔赫纳（Juan Cartagena）　克里斯·德拉若卡斯（Chris Dellarocas）

奥洛克·古普塔（Alok Gupta）

维丽娜·布特·德艾斯珀斯（Verena Butt d'Espous）

平台方面：

保罗·多尔蒂（Paul Daugherty）　彼得·埃文斯（Peter Evans）

杰弗里·帕克（Geoffrey Parker）　布鲁斯·维因内尔特（Bruce Weinelt）

马歇尔·凡·阿尔斯丁（Marshall Van Alstyne）　阿南德·沙（Anand Shah）

资本方面：

布拉德·博哈姆（Brad Burnham）　坎伊·马克贝拉（Kanyi Maqubela）

西蒙·罗斯曼（Simon Rothman）　克雷格·夏皮罗（Craig Shapiro）

阿尔伯特·温格（Albert Wenger）

合作社方面：

詹妮尔·奥尔西（Janelle Orsi）　内森·施赖伯（Nathan Schreiber）

特里伯·朔尔茨（Trebor Scholz）

市场模式方面：

乌曼·杜瓦（Umang Dua）　奥辛·罕拉汉（Oisin Hanrahan）

弥迦·考夫曼（Micah Kaufmann）　朱诺·马柯能（Juho Makkonen）

监管方面：

阿什维尼·恰布拉（Ashwini Chhabra）　大卫·埃斯特拉达（David Estrada）

阿尔泰亚·埃里克森（Erickson Althea）　布鲁克斯·雷恩沃特（Brooks Rainwater）

尼克·格罗斯曼（Nick Grossman）　戴维·哈特曼（David Hantman）

亚历克斯·霍华德（Alex Howard）　米拉·乔希（Meera Joshi）

维罗妮卡·华雷斯（Veronica Juarez）　克里斯·勒翰（Chris Lehane）

迈克·马塞曼（Mike Masserman）　帕登·墨菲（Padden Murphy）

约瑟夫·欧克帕库（Joseph Okpaku）　莫莉·科恩（Molly Cohen）

艾谱莉·林内（April Rinne）　索菲亚·兰克尔达斯（Sofia Ranchordàs）

迈克尔·西马斯（Michael Simas）　杰西卡·辛格尔顿（Jessica Singleton）

亚当·蒂埃尔（Adam Thierer）　布拉德利·图斯克（Bradley Tusk）

分享经济中科学数据的应用方面：

埃琳娜·格雷瓦尔（Elena Grewal）　凯文·诺瓦克（Kevin Novak）

克里斯·波略特（Chris Pouliot）

未来的工作方面：

内莉·阿伯内西（Nellie Abernathy）　辛西亚·埃斯特朗德（Cynthia Estlund）

史蒂夫·金（Steve King）　威尔玛·利伯曼（Wilma Liebman）

玫莉索·麦基（Marysol McGee）　布莱恩·米勒（Brian Miller）

米歇尔·米勒（Michelle Miller）　凯特琳·皮尔斯（Caitlin Pearce）

利比·雷德（Libby Reder）　朱莉·塞缪尔（Julie Samuels）

克里斯汀·夏普（Kristin Sharp）　丹·特朗（Dan Teran）

费利西亚·黄（Felicia Wong）　马可·赞帕科斯塔（Marco Zappacosta）

在许多分享经济政策的关键问题上的引领和声明，我也很感谢：

达瑞尔·艾莎（Darrell Issa）　埃里克·史瓦维尔（Eric Swalwell）

马克·华纳（Mark Warner）

我现在以及曾经的学生和同事也为我全面探索这个经济活动组织的新模型提供了宝贵的帮助和灵感。关于分享经济的研究成果离不开他们：

希拉里·简·迪瓦恩（Hilary Jane Devine）　劳伦·鲁河（Lauren Rhue）

塞缪尔·弗赖伯格（Samuel Fraiberger）　劳伦·莫里斯（Lauren Morris）

马里奥斯·可可迪斯（Marios Kokkodis）　马雷拉·马丁（Marella Martin）

马勒科·默尔曼（Mareike Mohlmann）

卡洛斯·赫雷拉–亚格（Carlos Herrera–Yague）

阿波斯托洛斯·菲里帕斯（Apostolos Fillipas）

我也很感谢来自考夫曼基金会（Ewing Marion Kauffman Foundation）和谷歌研究（Google Research）对该领域研究的经济支持。我的早期研究和思维模式得到了由纽约大学本科生和工商管理硕士生共同承担的各种各样的独立研究项目的成果的启发。其中最出色的包括：

关于分享经济的包容性增长：

霍梅拉·费兹（Humaira Faiz） 西妮·格鲁萨克（Sydnee Grushack）
吴恩达（Andrew Ng） 杰拉·斯摩尔（Jara Small）

关于Airbnb和城市管理：

约拿·波鲁姆斯坦（Jonah Blumstein） 瓦列里娅·格林（Valeriya Greene）
埃里克·雅各布森（Eric Jacobson）

关于分享经济平台的组织：

安德鲁·科沃尔（Andrew Covell） 瓦伦·杰恩（Varun Jain）
琼·钦（June Khin）

关于动态定价策略：

菲尔·海斯（Phil Hayes）

关于需求劳动力：

迪米特瑞斯·西奥蔡瑞斯（Dmitrios Theocharis） 西瑞·詹（Siri Zhan）

关于全球监管多样性：

安·丹格（Ann Dang）　露易丝·莱（Louise Lai）

丹妮娜·塔皮亚（Daniella Tapia）

关于自动驾驶车辆的监管：

劳伦·泰（Lauren Tai）

关于研究的去中心化模式：

卡尔·古尔盖（Karl Gourgue）　曼娜莎·格兰迪（Manasa Grandhi）

乔伊斯·费（Joyce Fei）

关于服装租赁模式：

阿拉·马莱克（Arra Malek）　安什·帕特尔（Ansh Patel）

哈雷·周（Haley Zhou）

关于点对点金融：

劳拉·克特尔（Laura Kettell）　卡琳娜·阿尔克哈斯亚恩（Karina Alkhasyan）

关于点对点零售：

吉尔斯·莫得盖尔（Keerthi Moudgal）

　　虽然多年来我一直着迷于分享经济，真正促使这本书诞生的是我在麻省理工学院出版社的编辑艾米丽·泰伯（Emily Taber）2015年4月发给我的一系列电子邮件。她简直是太棒了，因为之后的几个月里，（在她的帮助下）我迅速地完成了这本书的前两稿。如果你也想写你的第一本书，我希望你也能幸运地拥有一个像艾米丽一样的编辑。在这个过程中，我也荣幸地获得了来自传奇的文学代理人拉斐尔·萨加林（Raphael Sagalyn）和宣传大师利姆夏姆·戴伊（Rimjhim Dey）的明智建议，并从中获益匪浅。我也非常感激麻省理工学院出版社的许多人，包括：玛西·罗斯（Marcy Ross），感谢她对我不断延长修改期限的无限耐心；以及简·麦克唐纳（Jane Macdonald）和科琳·兰尼克（Colleen Lanick）。玛丽·巴格（Mary Bagg）是一个了不起的审稿人，凯特·伊奇霍恩（Kate Eichhorn）在本书早期计划时帮助我梳理了本书的结构。我还要感谢我的好朋友拉克·瓦尔马（Rakhi Varma）同意承担对本书初稿的阅读及反馈的艰难工作，还有四名匿名图书评审员为我提供了宝贵的意见。

　　在2015年夏秋，当我修改和打磨这本书时，我的女儿玛雅（Maya）（现在已经12岁了）经常不得不接受一个不能分心的、工作异常繁忙的父亲，而她对这种情况平静的理解和接受，远远超越了她的年龄。随着本书内容的不断充实，她与我共同分享了创造新事物的兴奋，并惊叹于一个大规模的研究项目竟然可以量化为数万字的文章。她激励着我去把握流行趋势，想象一个更好的未来。我希望这本书的思路能于微末处帮助我们找到属于她那一代人的未来（同时，她也很高兴我终于完成了写作）。

Acemoglu, Daron, and James Robinson. *Why Nations Fail*. Crown Business, 2012.

Anderson, Chris. *The Long Tail: Why the Future of Business Is Selling Less of More.*

Hyperion, 2008.

Andreessen, Marc. "Why Bitcoin Matters." *New York Times*, January, 21, 2014 (http://

dealbook.nytimes.com/2014/01/21/why–bitcoin–matters/).

Arthurs, H.W. "The Dependent Contractor: A Study of the Legal Problems of Countervailing

Power." *The University of Toronto Law Journal*, Vol. 16 No.1, 1965, pp.89–117.

Badger, Emily. "The Rise of Invisible Work." *CityLab*, October 31, 2013 (http://www.citylab.

com/work/2013/10/rise–invisible–work/7412).

Barnes, Peter. *With Liberty and Dividends for All: How to Save Our Middle Class When Jobs

Don't Pay Enough*. Berrett–Koehler Publishers, 2014.

Barro, Josh. "Taxi Mogul, Filing Bankruptcy, Sees Uber–Citibank Plot."*New York Times*,

July 22, 2015 (http://www.nytimes.com/2015/07/23/ upshot/taxi–mogul–filing–

bankruptcy–sees–a–uber–citibank–plot.html?abt=0002&abg=1).

Bartle, Ian, and Peter Vass. "Self–Regulation and the Regulatory State." Research Report 17

(http://www.bath.ac.uk/management/ cri/pubpdf/Research_Reports/17_Bartle_Vass.pdf).

Bauwens, Michel. "The Political Economy of Peer Production." *CTheory*, 1, 2005 (http://

www.ctheory.net/articles.aspx?id=499).

Benkler, Yochai. "Coase's Penguin, or, Linux and the Nature of the Firm." *Yale Law Journal,* Vol.112 No.3, 2002, p.369.

Benkler, Yochai. "'Sharing Nicely': On Shareable Goods and the Emergence of Sharing as a Modality of Economic Production." *Yale Law Journal,* Vol.114 No.2, 2004, pp.273–358, 278 (http://benkler.org/SharingNicely.html).

Black, Julia. "Decentering Regulation: Understanding the Role of Regulation and Self-Regulation in a 'Post–Regulatory' World." *Current Legal Problems,* 54, 2001, p.103.

Blinder, Alan S., and Alan B. Krueger. "Alternative Measures of Offshorability: A Survey Approach." National Bureau of Economic Research Working Paper No. w15287, 2009 (http://www.nber.org/papers/w15287).

Blinder, Alan S. "How Many U.S. Jobs Might Be Offshorable?" CEPS Working Paper No.142, Princeton, NJ, March 2007 (https://www.princeton. edu/ceps/workingpapers/142blinder.pdf).

Blinder, Alan S. "Offshoring: The Next Industrial Revolution?" *Foreign Affairs,* March/Apri, 2006.

Botsman, Rachel, and Roo Rogers. *What's Mine Is Yours: The Rise of Collaborative Consumption*. HarperCollins, 2010.

Botsman, Rachel. "The Sharing Economy Lacks a Shared Denition."*Fast Company*, Nov.21, 2012 (http:// www.fastcoexist.com/3022028/the–sharing–economy–lacks–a–shared–definition).

Bourdieu, Pierre. "The Forms of Capital." in J. Richardson (ed.), *Handbook of Theory and Research for the Sociology of Education*. Greenwood, 1986, pp.241–258.

Bresnahan, Timothy F., Erik Brynjolfsson, and Lorin M. Hitt."Information Technology, Workplace Organization, and the Demand for Skilled Labor: Firm–Level Evidence."

Quarterly Journal of Economics, 117, 2002, pp.339–376.

Brynjolfsson, Eric, Yu Hu, and Michael D. Smith. "Consumer Surplus in the Digital Economy: Estimating the Value of Increased Product Variety at Online Booksellers." *Management Science,* August 2003, pp.1580–1596, 1581.

Brynjolfsson, Erik, and Andrew McAfee. *The Second Machine Age: Work, Progress, and Prosperity in a Time of Brilliant Technologies*. W.W. Norton, 2014.

Brynjolfsson, Erik, and Lorin Hitt. "Beyond Computation: Information Technology, Organizational Transformation and Business Performance." *Journal of Economic Perspectives,* Vol.14 No.4, 2000, pp.23–48.

Burnham, Brad. "Introducing OB1." USV Blog, June 11, 2015 (https://www .usv.com/blog/ introducing–ob1).

Butcher, Fred. "What Is a Smart Refrigerator." (https://fredsappliance.com/2014/06/smart –refrigerator).

Buterin, Vitalik. "Decentralized Protocol Monetization and Forks." Ethereum Blog, April 30, 2014 (https://blog.ethereum.org/2014/04/30/ decentralized–protocol–monetization– and–forks).

Cahn, Edgar S., and Christine Gray. "The Time Bank Solution." *Stanford Social Innovation Review*, 2015 (http://www.ssireview.org/articles/ entry/the_time_bank_solution).

Card, David, and John E.DiNardo. "Skill–Biased Technological Change and Rising Wage Inequality: Some Problems and Puzzles." *Journal of Labor Economics,* Vol.20 No.4, 2002, pp.733–783.

Chandler, Alfred D., Jr. *The Visible Hand: The Managerial Revolution in American Business*. Harvard University Press, 1993.

Chase, Robin. *Peers Inc: How People and Platforms Are Inventing the Collaborative Economy and Reinventing Capitalism*. PublicAffairs, 2015.

Chesbrough, Henry. *Open Innovation: The New Imperative for Creating and Pro ting from Technology*. Harvard Business School Press, 2003.

Clark, Shelby. "'Uber' Benets: The New Safety new for the On– Demand Economy." *Forbes*, July 22, 2015 (http://www.forbes.com/sites/ valleyvoices/2015/07/22/uber–benefits–the–new–safety–net–for–the–on–demand –economy).

Cohen, Molly, and Arun Sundararajan. "Self–Regulation and Innovation in the Peer–to–Peer Sharing Economy." *University of Chicago Law Review*, 116, 2015, pp.82–116 (https://lawreview.uchicago.edu/page/self– regulation–and–innovation–peer–peer–sharing–economy).

Coleman, James. *Foundations of Social Theory*. Harvard University Press, 1990.

"Common Ground for Independent Workers." WTF, November 10, 2015 (https://medium.com/the–wtf–economy/common–ground–for–independent– workers–83f3fbcf548f#.nxpr7mck5).

Dahlander, Linus, and David M.Gann. "How Open Is Innovation?" *Research Policy*, 39, 2010, p.700.

Dellarocas, Chrysanthos, and Charles A. Wood. "The Sound of Silence in Online Feedback: Estimating Trading Risks in the Presence of Reporting Bias." *Management Science*, Vol.54 No.3, 2008, pp.460–476.

Dellarocas, Chrysanthos. "The Digitization of Word of Mouth: Promise and Challenges of Online Feedback Mechanisms." *Management Science*, Vol.49 No.10, 2003, pp.1407–1424.

Deller, Steven, Ann Hoyt, Brent Heuth, and RekaSundaram–Stukel. "Research on the

Economic Impact of Cooperatives." University of Wisconsin Center for Cooperatives, 2009 (http:// reic.uwcc.wisc.edu/sites/all/REIC_FINAL.pdf).

Dha, Vasantr, and Arun Sundararajan. "Information Technologies in Business: A Blueprint for Education and Research." *Information Systems Research*, 18, 2007, pp.25–141 (http://dx.doi.org/10.1287/isre.1070.0126).

Dillet, Romain. "'La Ruche Qui DitOui' Scores $9 Million from USV and Felix Capital for Its Local Food Marketplace." *TechCrunch*, June 16, 2015 (http://techcrunch. com/2015/06/16/la–ruche–qui–dit–oui–scores–9–million–from– usv–and–felix–capital–for–its–local–food–marketplace).

Dixon, Chris. "Some Ideas for Native Bitcoin Apps." CDixon Blog, October 4, 2014 (http:// cdixon.org/2014/10/04/some–ideas–for–native–bitcoin–apps).

Dudas, Mike. "Employment Data Portability in the Marketplace Economy." *Just Dudas*, December 28, 2013 (http://mikedudas.com/2013/12/29/employee– data–portability–in–the–marketplace–economy).

Dunne, Carey. "How One Woman Makes Almost a Million a Year on Etsy." *Fast Company*, February 15, 2015 (http://www.fastcodesign.com/3042352/how –one–knitter–makes–almost–1–million–a–year–on–etsy).

Dzieza, Josh. "The Rating Game." *The Verge*, October 28, 2015 (http:// www.theverge. com/2015/10/28/9625968/rating–system–on–demand–economy– uber–olive–garden).

Edelman, Benjamin, and Michael Luca. "Airbnb A." Harvard Business School Case 912–019, December 2011.

Eisenmann, Thomas R., Geoffrey Parker, and Marshall W.Van Alstyne. "Strategies for Two–Sided Markets." *Harvard Business Review*, Vol.96 No.4, 2006, pp.581–595 (https://hbr.

org/2006/10/strategies–for–two–sided–markets).

Erickson, Althea, quoted in Anne Rice. "Q&A Part Two: Etsy's Public Policy Director on
Trade laws and Regulations." Roll Call, September 9, 2014 (http://blogs.rollcall.com/
technocrat/etsys–althea–erickson–on–trade–laws –regulations–and–etsys–sellers/).

Fidler, Devon. "Here's How Managers Can Be Replaced by Software." *Harvard Business
Review*, April 21, 2015 (https://hbr.org/2015/04/heres–how– managers–can–be–
replaced–by–software).

Filippova, Diana. "The Quest for New Values." *OuiShare: The Magazine*, October 27, 2014
(http://magazine.ouishare.net/2014/10/the–quest–for–new–values–1).

Fillipi, Primavera De. "Ethereum: Freenet or Skynet?"Berkman Klein Center, April 15, 2014
(https://cyber.harvard.edu/events/luncheon/2014/04/difilippi).

Fleder, Daniel, and Kartik Hosanagar. "Blockbuster Culture's Next Rise or Fall: The Impact
of Recommender Systems on Sales Diversity." *Management Science*, Vol.55 No.5, 2009,
pp.697–712.

Forget, Evelyn. "The Town with No Poverty." February, 2011 (http:// public.econ.duke.
edu/~erw/197/forget–cea%20%282%29.pdf).

Foster, Natalie. "It's Time for CPUC to OK Ride Shares." SFGate, September 13, 2013
(http://www.sfgate.com/opinion/openforum/article/It–s–time–for–CPUC –to–OK–ride–
shares–4825997.php).

Fowler, Geoffrey A. "There's an Uber for Everything Now." May 5, 2015 (http://www.wsj.com/
articles/theres–an–uber–for–everything–now–1430845789).

Fox, Justin. "Uber and the Not–Quite–Independent Contractor." *Bloomberg View*, June 23.
2015 (http://www.bloombergview.com/ articles/2015–06–23/uber–drivers–are–neither–

employees—nor —contractors).

Fradkin, Andrey. "Search Frictions and the Design of Online Marketplaces." September 30, 2015 (http://andreyfradkin.com/assets/SearchFrictions.pdf).

Fraiberger, Samuel P., and Arun Sundararajan. "Peer–to–Peer Rental Markets in the Sharing Economy." NYU Stern School of Business Research Paper, March 6, 2015 (http://dx.doi.org/10.2139/ssrn.2574337).

Gannes, Liz. "It Takes a New Kind of Worker to Make 'Instant' Happen." Re/code, 2014 (http://recode.net/2014/08/05/it–takes–a–new–kind–of–worker–to– make–instant–happen/).

Gansky, Lisa. "Collaborative Economy Companies Need to Start Sharing More Value with the People Who Make Them Valuable." *Fast Company*, December 4, 2014 (http://www.fastcoexist.com/3038476/collaborative- economy–companies–need–to–start–sharing–more–value–with–the–people–who– make–th).

Gansky, Lisa. *The Mesh: Why the Future of Business Is Sharing.* Portfolio Penguin, 2010 (https://informationdj.files.wordpress.com/2012/01/ future–of–business–is–lisa–gansky.pdf).

Ghose, Anindya, and Panagiotas G.Ipeirotis. "Estimating the Helpfulness and Economic Impact of Product Reviews: Mining Text and Reviewer Characteristics." *IEEE Transactions on Knowledge and Data Engineering*, Vol.23 No.10, 2011, pp.1498–1512.

Ghose, Anindya, Panagiotis G.Ipeirotis, and Arun Sundararajan. "Opinion Mining Using Econometrics: A Case Study on Reputation Systems." Meeting of the Association of Computational Linguistics, 2007 (http://www.cs.brandeis.edu/~marc/misc/proceedings/acl–2007/ACLMain/pdf/ACLMain53.pdf).

Ghose, Anindya, Rahul Telang, and Michael D. Smith."Internet Exchanges for Used Books:

An Empirical Analysis of Product Cannibalization and Welfare Impact." *Information Systems Research*, Vol.7 No.1, 2006, pp.3–9 (http://pubsonline. informs.org/doi/ abs/10.1287/isre.1050.0072).

Gordon, Robert. "US Economic Growth Is Over: The Short Run Meets the Long Run." in "Think Tank 20: Growth, Convergence and Income Distribution: The Road from the Brisbane G–2– Summit." Brookings Institute, 2015 (http://www.brookings.edu/~/media/ Research/Files/ Interactives/2014/thinktank20/chapters/tt20–united–states–economic– growth –gordon.pdf?la=en).

Graeber, David. *Debt: The First 5000 Years*. Melville House, 2011.

Grave, Arthur De. "The Sharing Economy: Capitalism's Last Stand?." *OuiShare: The Magazine,* March 21, 2014 (http://magazine.ouishare.net/2014/03/the–sharing– economy–capitalisms–last–stand).

Greenberg, Andy. "Inside the 'DarkMarket' Prototype, a Silk Road the FRI Can Never Seize." *Wired*, April 24, 2014 (http://www.wired.com/2014/04/ darkmarket).

Greif, Avner. "Reputation and Coalitions in Medieval Trade: Evidence on the Maghribi Traders." *The Journal of Economic History,* Vol.49 No.4, 1989, pp.857–882.

Griswold, Alison. "Airbnb Is Thriving. Hotels Are Thriving. How Is that Possible?" *Slate*, July 6, 2015 (http://www.slate.com/articles/business/ moneybox/2015/07/airbnb_ disrupting_hotels_it_hasn_t_happened_yet_and_ both_are_thriving_what.html).

Gurbaxani, Vijay, and Seungjin Whang. "The Impact of Information Systems on Organizations and Markets." *Communications of the ACM*, Vol.34 No.1, 1991, pp.59–73.

Hall, Jonathan V., and Alan Krueger. "An Analysis of the Labor Market for Uber's Driver– Partners in the United States." Princeton University, IRS Working Papers, 2015.

Hammer, Michael. "Reengineering Work: Don' t Automate, Obliterate." *Harvard Business Review*, Vol.68 No.4, 1990, pp.104–112 (https://hbr.org/1990/07/ reengineering-work-dont-automate-obliterate).

Hantman, David. "Fighting for You in New York." Airbnb, October 6, 2013 (http:// publicpolicy.airbnb.com/fighting-for-you).

Harris, Seth D., and Alan B. Krueger. "A Proposal for Modernizing Labor Laws for Twenty-First-Century Workers: The 'Independent Worker.'" The Hamilton Project, Brookings Institute, December, 2015 (http://www.hamiltonproject.org/assets/files/modernizing_labor_laws_for _twenty_first_century_work_krueger_harris.pdf).

Heimans, Jeremy, and Henry Timms. "Understanding 'New Power.'" *Harvard Business Review*, December, 2014 (https://hbr.org/2014/12/understanding-new -power).

Horton, John J. "Should Online Labor Markets Set a Minimum Wage?" October 29, 2011 (http:// john-joseph-horton.com/should-online -labor-markets-set-a-minimum-wage/).

Hutt, Peter Barton, and Peter Barton Hutt II. "A History of Government Regulation of Adulteration and Misbranding of Food." *Food, Drug, and Cosmetic Law Journal*, 39, 1984, pp.2–73, 12.

Hyde, Lewis. *The Gift: Creativity and the Artist in the Modern World*, 25th anniversary edition. Vintage, 1983, xvi.

Johnson, Cat. "The Tool Library Movement Gains Steam."January 29, 2014 (http://www.shareable.net/blog/the-tool-library-movement-gains-steam).

Johnson, Steven. *Future Perfect: The Case for Progress in a Networked Age*. Riverhead Books, 2012.

Kelley, Jemima. "Nine of the World' s Biggest Bank Join to Form Blockchain Partnership."

Reuters, September 15, 2015 (http://www.reuters.com/ article/2015/09/15/banks-blockchain–idUSL1N11L1K720150915#k5rPvtF0 AteX3fFK.97).

Kelly, Jemima. "Three Banks Join #3 Blockchain Consortium Taking Total to 25." Reuters, October 28, 2015 (http://www.reuters.com/ article/2015/10/28/us–global–banks-blockchain–idUSKCN0SM1U120151028#2r AUwQDFjkKbPeS1.97).

Kennedy, Elizabeth. "Freedom from Independence: Collective Bargaining Rights for Independent Contractors." *Berkeley Journal of Employment and Labor Law*, Vol.26 No.1, 2005, pp.155–157 (http://scholarship.law.berkeley.edu/ cgi/viewcontent.cgi?article=1348&context=bjell).

Lebergott, Stanley. *Manpower in Economic Growth*. McGraw Hill, 1964.

Léonard, Antonin. "BlaBlaCar Community Members Trust Each Other More Than Their Neighboors." *OuiShare: The Magazine*, 14 January, 2013.

Lessig, Lawrence. *Code and Other Laws of Cyberspace*. Basic Books, 1999.

Lessig, Lawrence. Remix: Making Art and Commerce Thrive in the Hybrid Economy. Penguin, 2009, p.145.

Levine, Dan, and Edward Chan. "Uber and Lyft Fail to Convince Judges." *Business Insider*, March 2015 (http://www.businessinsider.com/uber –and–lyft–fail–to–convince-judges–their–employees–are–independent–contractors –2015–3#ixzz3UIFTYbVy).

Levy, Frank, and Richard J.Murnane. *The New Division of Labor: How Computers Are Creating the Next Job Market*. Princeton University Press, 2004.

Lifshitz–Assaf, Hila. "From Problem Solvers to Solution Seekers: The Permeation of Knowledge Boundaries at NASA."SSRA, May 14, 2016 (http://ssrn.com/ abstract=2431717).

Lobel, Orly. "The Renew Deal: The Fall of Regulation and the Rise of Governance in Contemporary Legal Thought." *Minnesota Law Review,* 89, 2004, p.342.

Lucas, Robert. "The Industrial Revolution: Past and Future." 2004 (https://www.minneapolisfed. org/publications/the–region/the–industrial– revolution–past–and–future).

Malik, Om. "Uber, Data Darwinism and the Future of Work." Gigaom, March 17, 2013 (https://gigaom.com/2013/03/17/uber–data–darwinism–and–the– future–of–work).

Malone, Thomas W., Joanne Yates, and Robert I.Benjamin. "Electronic Markets and Electronic Hierarchies." *Communications of the ACM,* Vol.30 No.6, 1987, pp.484–497.

McLaren, Duncan, and Julian Agyeman. *Sharing Cities*. MIT Press, 2015.

Moftt, Sean, and Mike Dover. *WikiBrands*. McGraw Hill, 2011.

Moglen, Eben. "Anarchism Triumphant: Free Software and the Death of Copyright."First Monday, Vol.4 No.8, Aug. 2, 1999 (http://firstmonday. org/ojs/index.php/fm/article/ view/684/594).

Morgan, Bronwen, and Karen Yeung. *Introduction to Law and Regulation: Text and Materials*. Cambridge University Press, 2007.

National Labor Relations Board. *Decisions and Orders of the National Labor Relations Board*. Bernan Assoc, 2001.

New York State Office of the Attorney General. "Airbnb in the City." October, 2014 (http:// www.ag.ny.gov/pdfs/Airbnb%20report.pdf).

Nisbet, Rober. *The Quest for Community: A Study in the Ethics of Order and Freedom*. Intercollegiate Studies Institute, 2010.

North, Douglass C., and Barry R.Weingast. "Constitutions and Commitment: The Evolution of Institutional Governing Public Choice in Seventeenth–Century England." *Journal of*

Economic History, Vol.49 No.4, 1989, pp.303–332, 303.

North, Douglass C. "Economic Performance Through Time." *The American Economic Review,* Vol.84 No.4, 1994, pp.359–368.

Nosko, Chris, and Steven Tadelis. "The Limits of Reputation in Platform Markets: An Empirical Analysis and Field Experiment." Working Papers, February 8, 2015 (http://faculty.haas.berkeley.edu/stadelis/EPP.pdf).

Ogilvie, Sheilagh. "The Economics of Guilds." *Journal of Economic Perspectives,* 28, 2014, pp.69–192.

Omarova, Saule T. "Wall Street as Community of Fate: Toward Financial Industry Self-Regulation." *University of Pennsylvania Law Review,* 159, 2011, p.411.

Osisanwo, Folasade, Shade Kuyoro, and OludeleAwodele. "Internet Refrigerator—A Typical Internet of Things (IoT),"http://iieng.org/siteadmin/upload/2602E0315051.pdf.

Ostrom, Elinor. *Governing the Commons: The Evolution of Institutions for Collective Action* Cambridge University Press, 1990.

Owyang, Jeremiah. "Quick Guide: The Collaborative Economy Body of Work for Corporations."updated March 2016 (http://www.web-strategist.com/blog/2013/08/22/table-of-contents-the-collaborative-economy/).

Page, Susan. "Sen. Mark Warner: Rethinking the Social Contract in the Age of Uber." *USA Today*, June 3, 2015 (http://www.usatoday.com/story/ news/politics/2015/06/03/capital-download-mark-warner-gig -economy/28414187).

Peter, Blair Henry. *Turnaround: Third World Lessons for First World Growth*. Basic Books, 2013.

Pick, Francesca. "What OuiShare Means to Me."Ouishare Radio, Nov. 23, 2014 (https://medium.com/ ouishare-connecting-the-collaborative-economy/what-ouisharemeans—to—me —4f275d9917f).

Piketty, Thomas. *Capital in the 21st Century*. Harvard University Press, 2014, p.571.

Quinn, James. "Strategic Outsourcing: Leveraging Knowledge Capabilities." *MIT Sloan Management Review*, July 15, 1999 (http://sloanreview.mit.edu/ article/strategic—outsourcing—leveraging—knowledge—capabilities).

Ranchordàs, Sofia. "Innovation Experimentation in the Age of the Sharing Economy." SSRN, July 31, 2015 (http://ssrn.com/ abstract=2638406).

Reich, Robert. "The Share—the—Scraps Economy." Robert Reich, February 2, 2015 (http:// robertreich.org/post/109894095095).

Resnick, Paul, et al. "Reputation Systems." *Communications of the ACM*, Vol.43 No.12 , 2000, pp.45—48.

Reynolds, Christina. "Reality Check: Hillary Clinton and the Sharing Economy." The Brieng, July 16, 2015 (https://www.hillaryclinton. com/p/briefing/updates/2015/07/16/reality—check—sharing—economy/).

Rinne, April. "Lessons from Micro nance for the Sharing Economy." Sharable, November 27, 2012 (http://www.shareable.net/blog/lessons—from— microfinance—for—the—sharing—economy).

Roberts, Jeff John. "As 'Sharing Economy' Fades, These 2 Phrases Are Likely to Replace It." *Fortune*, July 29, 2015 (http://fortune.com/2015/07/29/ sharing—economy—chart).

Romer, Paul. "Talkin' Bout a Revolution." January 2, 2015 (http://paulromer .net/talkin—bout—the—revolution).

Royal Society of Arts. "Microbusinesses Outgunning Large Firms in the UK's Fastest Growing Industries." RSA (https://www.thersa.org/about—us/media/2015/ microbusinesses—

outgunning-large-firms-in-UK-fastest-growing-industries).

Sapone, Marcella. "The On-Demand Economy Doesn't Have to Imitate Uber to Win." Quartz, June 15, 2015. (http://qz.com/448846/the-on-demand- economy-doesnt-have-to-imitate-uber-to-win).

Schneider, Julie. "Quit Your Day Job: Yokoo." Etsy Seller Handbook, 2012 (https://blog.etsy.com/en/tags/quit-your-day-job).

Schneider, Nathan, and Trebor Scholz. "The Internet Needs a New Economy." November 8, 2015 (http://www.thenextsystem.org/the-internet-needs-a-new-economy/).

Schneider, Nathan. "The New Guilded Age." *New Yorker*, October 12, 2015 (http://www.newyorker.com/business/currency/the-new-guilded-age).

Schneider, Nathan. "Owning Is the New Sharing." Shareable, December 21, 2014 (http://www.shareable.net/blog/owning-is-the-new-sharing).

Scholz, Trebor."Platform Cooperativism vs. the Sharing Economy." Medium, December 5, 2014 (https://medium.com/@trebors/platform-cooperativism-vs-the-sharing-economy-2ea737f1b5ad#.v78qh7ewj).

Schwab, Klaus. *The Fourth Industrial Revolution.* The World Economic Forum, 2016.

Shirky, Clay. Collaborative-Peer-Sharing Economy Summit, New York University, May 30, 2014.

Simon, Herbert A. "Organizations and Markets." *The Journal of Economic Perspectives,* 5, 1991, pp.25-44.

Spence, Michael. "The Inexorable Logic of the Sharing Economy." Project Syndicate, September 28, 2015 (https://www.project-syndicate.org/commentary/ inexorable-logic-sharing-economy-by-michael-spence-2015-09).

Stangler, Dane, and Robert E.Litan. "Where Will the Jobs Come From?" Kauffman

Foundation Research Series: Firm Foundation and Economic Growth, November, 2009 (http://www.kauffman.org/~/media/kauffman_org/research%20reports%20and%20 covers/2009/11/where_will_the_jobs_come_from.pdf).

Stein, Joel. "Tales from the Sharing Economy." *Time*, February 7, 2015 (http://time. com/3687335/in–the–latest–issue–21).

Stephany, Alex. *The Business of Sharing: Making It in the New Sharing Economy* . Palgrave Macmillan, 2015.

Stigler, George J. "The Theory of Economic Regulation."*Bell Journal of Economics*, 2, 1971, pp.3–21.

Sundararajan, Arun. "The New 'New Deal'? Sharing Responsibility in the Sharing Economy." Policy Network, October 30, 2014 (http://www.policy –network.net/pno_detail. aspx?ID=4762).

Surane, Jennifer."New York's Taxi Medallion Business Is Hurting. Thanks to Uber and Lyft." Skift, July 15, 2015 (http://skift.com/2015/07/15/new–yorks– taxi–medallion–business– is–hurting–thanks–to–uber–and–lyft).

Surowecki, James. "UberAlles." *New Yorker*, September 16, 2013 (http://www.newyorker. com/magazine/2013/09/16/uber–alles–2).

Swallow, Erica. "The Rise of the Sharing Economy." February 7, 2012 (http://mashable. com/2012/02/07/sharing–economy).

Swan, Melanie. *Blockchain: Blueprint for a New Economy.* O'Reilly Media, Inc., 2015.

Tambe, Prasanna, and Lorin M.Hitt. "Job Hopping, Information Technology Spillovers, and Productivity Growth." *Management Science*, Vol.60 No.2, 2013, pp.338–355.

Tambe, Prasanna, Lorin Hitt, and Erik Brynjolfsson. "The Extroverted Firm: How External

Information Practices Affect Innovation and Productivity." *Management Science*, 58, 2012, pp.678–697.

Tanz, Jason. "How Airbnb and Lyft Finally Got Americans to Trust Each Other." *Wired*, April 23, 2014 (http://www.wired.com/2014/04/trust–in–the –share–economy).

"The 'Sharing' Economy: Issues Facing Platforms, Participants, and Regulators." Federal Trade Commission workshop transcript, June 9, 2015 (https://www.ftc.gov/system/files/ documents/public_events/636241/sharing_ economy_workshop_transcript.pdf).

Thierer, Adam. "Permissionless Innovation: The Continuing Case for Comprehensive Technological Freedom." Mercatus Center (http://mercatus.org/sites/default/files/ Permissionless. Innovation.web_.v2_0.pdf).

Turkle, Sherry. *Alone Together: Why We Expect More from Technology and Less from Each Other.* Basic Books, 2011.

Tuzhilin, Alexander, and Gedas Adomavicius. "Toward the next Generation of Recommender Systems: A Survey of the State–of–the–Art and Possible Extensions." *IEEE Transactions on Knowledge and Data Engineering,* Vol.17 No.6, 2006, pp.734–739 (http://ieeexplore.ieee.org/xpls/abs_all. jsp?arnumber=1423975&tag=1).

Varian, Hal R., and Carl Shapiro. *Information Rules: A Strategic Guide to the Network Economy.* Harvard Business Books, 1999.

Varian, Hal. "Computer–Mediated Transactions." *American Economic Review* , Vol.100 No.2, 2010, pp.1–10.

Warner, Mark R. "Asking Tough Questions about the Gig Economy." *Washington Post*, June 18, 2015 (https://www.washingtonpost.com/opinions/ asking–tough–questions–about–the–gig–economy/2015/06/18/b43f2d0a–1461 –11e5–9ddc–e3353542100c_story.html).

Warner, Mark. "Asking Tough Questions about the Gig Economy." *Washington Post*, June 18, 2015 (https://www.washingtonpost.com/opinions/ asking–tough–questions–about–the–gig–economy/2015/06/18/b43f2d0a–1461 –11e5–9ddc–e3353542100c_story.html).

Weber, Lauren. "What If There Were a New Type of Worker: Dependent Contractor?" *Wall Street Journal*, January 28, 2015 (http://www.wsj. com/articles/what–if–there–were–a–new–type–of–worker–dependent –contractor–1422405831).

Weiser ,Benjamin. "Ross Ulbricht, Creator of Silk Road Website, Is Sentenced to Life in Prison," New York Times, May 29, 2015. http://www.nytimes. com/2015/05/30/ nyregion/ross–ulbricht–creator–of–silk–road–website–is–sentenced –to–life–in–prison.html.

Wenger, Albert. "Bitcoin as Protocol." USV Blog, October 31, 2013 (https:// www.usv.com/ blog/bitcoin–as–protocol).

Williams, Alex. "That Hobby Looks Like a Lot of Work." *New York Times*, December 16, 2009 (http://www.nytimes.com/2009/12/17/fashion/17etsy.html).

Williamson, Oliver E. *Markets and Hierarchies: Analysis and Antitrust Implications.* Free Press, 1975.

Yoshimura, Midori. "Interview: Funding Circle Co–Founder Sam Hodges Talks Regulations, Factors Driving P2P Lending in the US."Crowdfund Insider (http://www. crowdfundinsider.com/2015/05/68361–interview–funding –circle–co–founder–sam–hodges–talks–crowdfunding–regulations–factors–driving –P2P–lending–in–the–us/).

Zervas, Georgios, DavideProserpio, and John Byers. "The Rise of the Sharing Economy: Estimating the Impact of Airbnb on the Hotel Industry."Boston University School of Management Research Paper No.2013–16, May 7, 2015 (http://dx.doi.org/10.2139/

ssrn.2366898).

Zhou, Jianming, and Ryder Pearce. "Do On–Demand Workers View Themselves
as Independent Contractors or Employees?" SherpaShare, June 15, 2015
(https://sherpashare.com/static/resources/SherpaShare–IndependentContrac
torEmployeeSurveyResults.pdf).

Zindro, Dionysiss. "A Pseudonymous Trust System for a Decentralized Anonymous
Marketplace." GitHub Gist, 2015 (https://gist.github.com/dionyziz/
e3b296861175e0ebea4b).